JN086081

図解入門
ビジネス

Shuwasystem Business Guide Book

How-nual

障害者総合支援法がよ〜くわかる本

[第7版]

弁護士法人AURA 著

秀和システム

はじめに

　障害者総合支援法は、障害者および障害児の日常生活や社会生活の支援、福祉の増進、障害の有無にかかわらず安心して暮らすことのできる地域社会の実現などを目的とした法律です。2005年に障害者自立支援法として成立した法律が、2012年の改正で障害者総合支援法に改称されました。障害者総合支援法は、障害者等の地域生活や就労の支援の強化等によって、障害者等の希望する生活を実現するため、2022年に改正されました。これに合わせて、関連する法律（「障害者の雇用の促進等に関する法律」・「精神保健及び精神障害者福祉に関する法律」・「難病の患者に対する医療等に関する法律」等）も改正されています。

　法律（の条文）がわかりにくいのは、効果が発生するための要件（条件）をすべて網羅しなければ誤解を生じるため、日常用語の用法には従えないからです。読みやすくすれば正確性が犠牲になるため、難解でも正確性を優先せざるを得ないのです。本来、国民に周知しなければならない法律の条文が、とても一般人に判読できる代物ではなく、あたかもできの悪いジグソーパズルのようなものなのです。

　本書は、読者が障害者総合支援法をなるべくカンタンに理解できるようにいろいろな工夫をすることで生まれましたが、今回の改訂では、まず最初に超重要なポイントを2行にまとめ、これを図表を用いて見開き2ページにまとめるという本書のコンセプトを踏襲しつつ、新たな章をもうけ、かつ、従前のものといれかえるなど全体を再構成することにより、旧版よりも読者の理解を早めるようにしました。関連する法律についてもその概要を解説しています。

　本書が、障害者施設等で勤務する方々や利用者のご家族の一助となれば幸いです。

2023年11月　著者記す

図解入門ビジネス
障害者総合支援法が
よ〜くわかる本［第7版］
CONTENTS

第1章 障害者福祉の歩みと実態

第2章 2022年改正のポイント　障害者支援の進化と質の向上

第3章 障害者総合支援法の全体像

第4章 障害者総合支援法で使えるサービス

第5章　サービスの申請と利用法（費用負担と減免）

第6章　障害者に関連する法制度の概要

巻末資料

図で見る日本の障害者福祉

障害者総合支援法成立までの日本の障害者福祉の流れと、今後の障害者総合支援法の改正について、簡単に整理してみましょう。

第二次世界大戦前

恤救規則(じゅっきゅう)(1874年)

救護法(1929年)

障害者は救貧の対象、精神障害者については治安・取り締まりの対象。

障害者の保護はその家族の責任とする考え方が強く、国の施策の対象としては、傷痍軍(しょうい)人に対する施策として軍事扶助法(1917年制定、1937年改定)などがあったのみでした。

第二次世界大戦後

日本国憲法制定
(1947年)

日本国憲法25条
①すべて国民は、健康で文化的な最低限度の生活を営む権利を有する。
②国は、すべての生活部面について、社会福祉、社会保障及び公衆衛生の向上及び増進に努めなければならない。

福祉三法

生活保護法 (1946年)	身体障害者福祉法 (1949年)	児童福祉法 (1947年)

※この福祉三法に、社会福祉事業法が加わる。

福祉は行政による措置(福祉は国の責任)、費用は応能負担(措置を受ける人の支払能力に応じて徴収)、という方向性になりました。

1960年代

無拠出制の福祉年金の支給（1960年）　身体障害者雇用促進法（1960年）

1970年代

心身障害者対策基本法（1970年）

目的は障害発生の予防や施設収容等の保護を中心としたもので、まだ戦前の制度を色濃く残すものでした。しかも、精神障害者は除外されていました。

1980年代

国際障害者年
（1981年）　障害者に対する行動
計画（1982年）　国連・障害者の10年
（1983年〜1992年）

障害のある者とそうでない者とは、それぞれが区分されることなく、社会生活を共にするのが当然であり、それが正常で、本来の望ましい姿であるとする考え方（ノーマライゼーション）の理念が普及しました。

1990年代

いわゆるバブル経済の崩壊により景気後退期に入り、税収も減少。
また社会全体の高齢化も問題となってきて、制度の抜本的な改革が求められるようになりました。

以下のコンセプトから制度の改革が試みられました。

措置から契約へ	公から民へ	質、透明性の確保
・制度に永続性を持たせるためには、ある程度の利用者負担が必要になる。 ・利用者がサービスを選べるようにするためには、一方的な措置制度はなじまない。	・公営の施設は必ずしも効率的ではなく、民間に任せたほうがよい場合がある。 ・営利団体を含む経営主体の多様化が必要になった。	・さまざまな質的な問題があり、それが公にならないケースがあった。

2000年代

支援費制度の導入（2003年）

支援費制度では、障害者の自己決定に基づくサービスの利用が可能となりました。ですが、以下のような問題も生じました。

財源問題

・利用者数の増大による財源不足が生じた。

障害種別間の格差

・身体障害、知的障害、精神障害によって受けられるサービスが異なるという事態になった。

地域間格差

・サービス水準の地域間格差があり、財源の乏しい地域ではサービス水準の低下が生じた。

障害者自立支援法の制定（2005年公布）

サービス体系を一元化するとともに、障害の状態を示す全国共通の尺度として「障害支援区分」が導入されました。また、サービス量に応じた定率の利用者負担の導入が決まりました。ただ、この制度でも様々な問題が生じました。

まだ残る財源問題

・利用者の定率負担では財源に永続性を持たせられないため、2010年から応能負担に変更された。

制度でカバーしきれない障害

・難病等は障害として扱われておらず、サービスが必要な人がサービスを受けられないということがあった。

障害者総合支援法に改正（2012年）

障害者の範囲に難病等が追加され、ほかに障害者に対する支援の拡充が行われました。

改正された障害者総合支援法の目的

　障害者及び障害児が、基本的人権を享有する個人としての尊厳にふさわしい日常生活または社会生活を営むことができるよう、必要な障害福祉サービスに係る給付、地域生活支援事業その他の支援を総合的に行い、もって障害者及び障害児の福祉の増進を図るとともに、障害の有無にかかわらず国民が相互に人格と個性を尊重し安心して暮らすことのできる地域社会の実現に寄与すること。

障害者総合支援法による障害者支援の拡充

・**自立支援給付**
　介護給付費、特例介護給付費、訓練等給付費、自立支援医療費、療養介護医療費、補装具費及び高額障害福祉サービス等給付費その他
・**地域生活支援事業**
　相談支援事業、移動支援事業、日常生活用具給付等支援事業、コミュニケーション支援事業その他。

障害者総合支援法施行後の見直し

・厚生労働省社会保障審議会障害者部会によって、「障害者総合支援法施行3年後の見直しについて」の報告書（障害者部会報告書）が取りまとめられた。

　報告書では、次の10項目について、その現状・課題、そして今後の取組みの整理が行われた。

①常時介護を要する障害者等に対する支援について
②障害者等の移動の支援について
③障害者の就労支援について
④障害支援区分の認定を含めた支給決定のあり方について
⑤障害者の意思決定支援・成年後見制度の利用促進のあり方について
⑥手話通訳等を行う者の派遣その他の聴覚、言語機能、音声機能その他の障害のため意思疎通を図ることに支障がある障害者等に対する支援のあり方について
⑦精神障害者に対する支援のあり方について
⑧高齢の障害者に対する支援のあり方について
⑨障害児支援について
⑩その他の障害福祉サービスのあり方について

改正障害者総合支援法の成立

　改正障害者総合支援法は、衆議院、参議院の厚生労働委員会、本会議ともに賛成多数で可決され平成28年5月25日に成立した。
　施行日は平成30年4月1日（2・(3)については公布の日）。

改正障害者総合支援法の概要

1. 障害者の望む地域生活の支援

(1) 施設入所支援や共同生活援助を利用していた者等を対象として、定期的な巡回訪問や随時の対応により、円滑な地域生活に向けた相談・助言等を行うサービスを新設する(自立生活援助)

(2) 就業に伴う生活面の課題に対応できるよう、事業所・家族との連絡調整等の支援を行うサービスを新設する(就労定着支援)

(3) 重度訪問介護について、医療機関への入院時も一定の支援を可能とする

(4) 65歳に至るまで相当の長期間にわたり障害福祉サービスを利用してきた低所得の高齢障害者が引き続き障害福祉サービスに相当する介護保険サービスを利用する場合に、障害者の所得の状況や障害の程度等の事情を勘案し、当該介護保険サービスの利用者負担を障害福祉制度により軽減(償還)できる仕組みを設ける

2. 障害児支援のニーズの多様化へのきめ細かな対応

(1) 重度の障害等により外出が著しく困難な障害児に対し、居宅を訪問して発達支援を提供するサービスを新設する

(2) 保育所等の障害児に発達支援を提供する保育所等訪問支援について、乳児院・児童養護施設の障害児に対象を拡大する

(3) 医療的ケアを要する障害児が適切な支援を受けられるよう、自治体において保健・医療・福祉等の連携促進に努めるものとする

(4) 障害児のサービスに係る提供体制の計画的な構築を推進するため、自治体において障害児福祉計画を策定するものとする

3. サービスの質の確保・向上に向けた環境整備

(1) 補装具費について、成長に伴い短期間で取り替える必要のある障害児の場合等に貸与の活用も可能とする

(2) 都道府県がサービス事業所の事業内容等の情報を公表する制度を設けるとともに、自治体の事務の効率化を図るため、所要の規定を整備する

障害者基本法の改正

　2011年7月、障害者基本法の改正が成立し同年8月5日公布されました。改正の大まかな内容は次のとおりです。なお、ここで紹介する改正点のうち、「総則関係」と「基本的施策関係」については、すべて公布の日から施行されています。また、「障害者政策委員会」に関する規定は、2012年5月21日から施行されています。

◆総則関係

(1) 第1条 (目的) に文言 (色字部) を追加

　この法律は、全ての国民が、障害の有無にかかわらず、等しく基本的人権を享有するかけがえのない個人として尊重されるものであるとの理念にのっとり、全ての国民が、障害の有無によって分け隔てられることなく、相互に人格と個性を尊重し合いながら共生する社会を実現するため、障害者の自立及び社会参加の支援等のための施策に関し、基本原則を定め、及び国、地方公共団体等の責務を明らかにするとともに、障害者の自立及び社会参加の支援等のための施策の基本となる事項を定めること等により、障害者の自立及び社会参加の支援等のための施策を総合的かつ計画的に推進することを目的とする。

(2) 第2条 (定義) に規定する定義の変更

　改正前の規定では、「障害者」とは、身体障害、知的障害、精神障害があるために継続的に日常生活または社会生活に相当な制限を受ける者と定義していました。

　これが2011年の改正で、「障害者」の定義を「身体障害、知的障害、精神障害（発達障害を含む。）その他の心身の機能の障害がある者であって、障害及び社会的障壁により継続的に日常生活又は社会生活に相当な制限を受ける状態にあるものをいう。」として、精神障害の中に発達障害を含むことを明らかにし、さらに「その他の心身の機能の障害がある者」まで範囲を拡大しています。

　また、「社会的障壁」について新たに定義を設け、「障害がある者にとって日常生活又は社会生活を営む上で障壁となるような社会における事物、制度、慣行、観念その他一切のものをいう。」としました。

(3) 地域社会における共生等 (第3条)

　第1条で定める「全ての国民が、障害の有無によって分け隔てられることなく、相互に人格と個性を尊重し合いながら共生する社会」の実現は、全ての障害者が、障害者でない者と等しく、基本的人権を享有する個人としてその尊厳が重んぜられ、その尊厳にふさわしい生活を保障される権利を有することを前提としつつ、次の①②③の事項を旨として図られなければならないこととしました。

①全て障害者は、社会を構成する一員として社会、経済、文化その他あらゆる分野の活動に参加する機会が確保されること。

②全て障害者は、可能な限り、どこで誰と生活するかについての選択の機会が確保さ

れ、地域社会において他の人々と共生することを妨げられないこと。

③全て障害者は、可能な限り、言語（手話を含む。）その他の意思疎通のための手段についての選択の機会が確保されるとともに、情報の取得又は利用のための手段についての選択の機会の拡大が図られること。

（4）差別の禁止（第4条）

障害者に対する差別を禁止する規定を新設しました。

①何人も、障害者に対して、障害を理由として、差別することその他の権利利益を侵害する行為をしてはならない。

②社会的障壁の除去は、それを必要としている障害者が現に存し、かつ、その実施に伴う負担が過重でないときは、それを怠ることによって①の規定に違反することとならないよう、その実施について必要かつ合理的な配慮がされなければならない。

③国は、①の規定に違反する行為の防止に関する啓発及び知識の普及を図るため、当該行為の防止を図るために必要となる情報の収集、整理及び提供を行うものとした。

（5）国際的協調（第5条）

2011年の改正は、障害者の権利に関する条約（仮称）の締結に向けた国内法の整備を始めとする障害者に係る制度改革の一環として行われたものです。そこで第1条が規定する「全ての国民が障害の有無によって分け隔てられることなく、相互に人格と個性を尊重し合いながら共生する社会の実現」は、「そのための施策が国際社会における取組と密接な関係を有していることに鑑み、国際的協調の下に図られなければならない」とする規定を新設しました。

（6）国及び地方公共団体の責務・国民の理解と責務

「全ての国民が障害の有無によって分け隔てられることなく、相互に人格と個性を尊重し合いながら共生する社会」の実現を図るために、国・地方公共団体は、第3条から第5条に定める基本原則にのっとり、障害者の自立及び社会参加の支援等のための施策を総合的かつ計画的に実施する責務を有すると定めました。

また、第7条で、国及び地方公共団体は、「基本原則に関する国民の理解を深めるよう必要な施策を講じなければならない。」とし、さらに国民は、「基本原則にのっとり、第1条に規定する社会の実現に寄与するよう努めなければならない。」としました。

（7）施策の基本方針

施策の基本方針として、改正前の障害者基本法に「障害者の福祉に関する施策は、障害者の年齢及び障害の状態に応じて」策定・実施されなければならないとあった部分を、障害者の自立及び社会参加の支援等のための施策は、障害者の「性別、年齢、障害の状態、生活の実態」に応じて施策を策定・実施しなければならないとしました。

また、国及び地方公共団体は、障害者の自立及び社会参加の支援等のための施策を講ずるに当たっては、障害者その他の関係者の意見を聴き、その意見を尊重するよう努めなければならないと規定しました。

◆基本的施策関係（国及び地方公共団体の施策についての責務・事業者の責務）

1	医療・介護等	①障害者がその性別、年齢、障害の状態及び生活の実態に応じ、医療、介護、保健、生活支援その他自立のための適切な支援を受けられるよう必要な施策を講じなければならない。 ②医療若しくは介護の給付又はリハビリテーションの提供を行うに当たっては、障害者が、可能な限りその身近な場所においてこれらを受けられるよう必要な施策を講ずるものとするほか、その人権を十分に尊重しなければならない。 ③福祉用具及び身体障害者補助犬の給付又は貸与その他障害者が日常生活及び社会生活を営むのに必要な施策を講じなければならない。
2	教育関係	①障害者が、その年齢及び能力に応じ、かつ、その特性を踏まえた十分な教育が受けられるようにするため、可能な限り障害者である児童及び生徒が障害者でない児童及び生徒と共に教育を受けられるよう配慮しつつ、教育の内容及び方法の改善及び充実を図る等必要な施策を講じなければならない。 ②障害者である児童及び生徒並びにその保護者に対し十分な情報の提供を行うとともに、可能な限りその意向を尊重しなければならない。 ③障害者である児童及び生徒と障害者でない児童及び生徒との交流及び共同学習を積極的に進めることによって、その相互理解を促進しなければならない。 ④障害者の教育に関し、調査及び研究並びに人材の確保及び資質の向上、適切な教材等の提供、学校施設の整備その他の環境の整備を促進しなければならない。
3	療育	①障害者である子どもが可能な限りその身近な場所において療育その他これに関連する支援を受けられるよう必要な施策を講じなければならない。 ②療育に関し、研究、開発及び普及の促進、専門的知識又は技能を有する職員の育成その他の環境の整備を促進しなければならない。
4	職業相談等	①障害者の職業選択の自由を尊重しつつ、障害者がその能力に応じて、適切な職業に従事することができるようにするため、障害者の多様な就業の機会を確保するよう努めるとともに、個々の障害者の特性に配慮した職業相談、職業指導、職業訓練及び職業紹介の実施その他必要な施策を講じなければならない。 ②障害者の多様な就業の機会の確保を図るため、①に規定する施策に関する調査及び研究を促進しなければならない。
5	雇用促進等	①国及び地方公共団体並びに事業者における障害者の雇用を促進するため、障害者の優先雇用その他の施策を講じなければならない。 ②事業主は、障害者の雇用に関し、その有する能力を正当に評価し、適切な雇用の機会を確保するとともに、個々の障害者の特性に応じた適正な雇用管理を行うことによりその雇用の安定を図るよう努めなければならない。

6	住宅の確保	障害者が地域社会において安定した生活を営むことができるようにするため、障害者のための住宅を確保し、及び障害者の日常生活に適するような住宅の整備を促進するよう必要な施策を講じなければならない。
7	バリアフリー化等	①障害者が円滑に情報を取得し及び利用し、その意思を表示し、並びに他人との意思疎通を図ることができるようにするため、障害者が利用しやすい電子計算機及びその関連装置その他情報通信機器の普及、電気通信及び放送の役務の利用に関する障害者の利便の増進、障害者に対して情報を提供する施設の整備、障害者の意思疎通を仲介する者の養成及び派遣等が図られるよう必要な施策を講じなければならない。 ②災害その他非常の事態の場合に障害者に対しその安全を確保するため必要な情報が迅速かつ正確に伝えられるよう必要な施策を講ずるものとするほか、行政の情報化及び公共分野における情報通信技術の活用の推進に当たっては、障害者の利用の便宜が図られるよう特に配慮しなければならない。
8	相談等	①障害者の意思決定の支援に配慮しつつ、障害者及びその家族その他の関係者に対する相談業務、成年後見制度その他の障害者の権利利益の保護等のための施策又は制度が、適切に行われ又は広く利用されるようにしなければならない。 ②障害者及びその家族その他の関係者からの各種の相談に総合的に応ずることができるようにするため、関係機関相互の有機的連携の下に必要な相談体制の整備を図るとともに、障害者の家族に対し、障害者の家族が互いに支え合うための活動の支援その他の支援を適切に行う。
9	文化的諸条件の整備	障害者が円滑に文化芸術活動、スポーツ又はレクリエーションを行うことができるようにするため、施設、設備その他の諸条件の整備、文化芸術、スポーツ等に関する活動の助成その他必要な施策を講じなければならない。
10	防災・防犯	障害者が地域社会において安全にかつ安心して生活を営むことができるようにするため、障害者の性別、年齢、障害の状態及び生活の実態に応じて、防災及び防犯に関し必要な施策を講じなければならない。
11	消費者としての保護	①障害者の消費者としての利益の擁護及び増進が図られるようにするため、適切な方法による情報の提供その他必要な施策を講じなければならない。 ②事業者は、障害者の消費者としての利益の擁護及び増進が図られるようにするため、適切な方法による情報の提供等に努めなければならない。
12	選挙等における配慮	法律又は条例の定めるところにより行われる選挙、国民審査又は投票において、障害者が円滑に投票できるようにするため、投票所の施設又は設備の整備その他必要な施策を講じなければならない。

13	司法手続における配慮	障害者が、刑事事件若しくは少年の保護事件に関する手続その他これに準ずる手続の対象となった場合又は裁判所における民事事件、家事事件若しくは行政事件に関する手続の当事者その他の関係人となった場合において、障害者がその権利を円滑に行使できるようにするため、個々の障害者の特性に応じた意思疎通の手段を確保するよう配慮するとともに、関係職員に対する研修その他必要な施策を講じなければならない。
14	国際協力	国は、障害者の自立及び社会参加の支援等のための施策を国際的協調の下に推進するため、外国政府、国際機関又は関係団体等との情報の交換その他必要な施策を講ずるように努めるものとする。

◆障害者政策委員会の設置

　内閣府に、障害者政策委員会を置き、同委員会は、障害者基本計画の策定に関する調査審議・意見具申や障害者基本計画の実施状況の監視・勧告を行います。

　この障害者政策委員会は、障害者、障害者の自立及び社会参加に関する事業に従事する者並びに学識経験のある者のうちから、内閣総理大臣が任命する30人以内の委員で組織されます。

障害者虐待防止法の成立 (第6章で詳述)

　2011年6月に「障害者虐待の防止、障害者の養護者に対する支援等に関する法律
(略称:障害者虐待防止法)」が成立し、2012年10月1日から施行されています。
　従来から福祉施設内で、障害者に対する虐待が日常的に繰り返されているという指
摘がありました。その多くは「しつけ」や「指導」という名目で行われており、表面
化していないものも数多くあるといわれています。障害者の中には判断能力に問題が
ある人もあり、自分が虐待を受けていること自体を認知できない場合もあります。ま
た、判断能力に問題がない人でも、施設に対する遠慮などから声を上げて訴え出るこ
とができない場合もあります。
　この法律では家族などの養護者、福祉施設職員、事業者などの使用者が行う次の行
為を「虐待」と定義して禁止しました。

①身体的虐待　障害者の身体に外傷が生じ、若しくは生じるおそれのある暴行を
　加え、または正当な理由なく障害者の身体を拘束すること。
②性的虐待　障害者にわいせつな行為をすること、または障害者をしてわいせつ
　な行為をさせること。
③心理的虐待　障害者に対する著しい暴言、著しく拒絶的な対応、または不当な
　差別的言動その他の、障害者に著しい心理的外傷を与える言動を行うこと。
④放棄・放任 (ネグレクト)　障害者を衰弱させるような著しい減食または長時
　間の放置、養護者以外の同居人や、他の施設入居者・利用者・他の労働者等に
　よる上記①~③の行為と同様の行為を放置する等擁護すべき義務を著しく怠る
　こと。
⑤経済的虐待　障害者の財産を不当に処分することその他障害者から不当に財産
　上の利益を得ること。

　また、障害者虐待を発見した者に対して、自治体等への通報を義務付けて、さらに
通報した者が不当な取扱い (施設職員であれば解雇など) を受けないような配慮を規
定しています。

1 成年被後見人等の権利の制限に係る措置の適正化等を図るための関係法律の整備に関する法律の制定

標題の法律が、令和元年6月7日に成立し、令和元年6月14日に公布されました。略称は「成年後見制度適正化法」です。

その内容は、内閣官房関係、内閣府関係、総務省関係、法務省関係、財務省関係、文部科学省関係、厚生労働省関係、経済産業省関係、国土交通省関係、環境省関係、防衛省関係の多くの法令について、成年被後見人や被保佐人（成年被後見人等）を、資格や職種そして業務から排除する規定である欠格条項を設けている各制度ごとに、成年被後見人等であることによって一律に排除するのではなく、必要な能力の有無を個別に審査して判断することへと適正化するとともに、所要の手続きを整備するものとされています。

審査の対象とされる法律は、国家公務員法、自衛隊法、学校教育法、地方自治法、農業協同組合法、公認会計士法、医師法、弁護士法など数多くあり、180を超えます。

2 障害者の法定雇用率の引き上げ

国や地方自治体も民間企業も、すべての事業主には法定雇用率以上の割合で障害者を雇用する義務があります。障害の有無や程度には関係なく、本人の希望や能力に応じた職業を通じて誰もが社会参加できる共生社会を実現するため、この義務の履行が求められているのです。これを障害者雇用率制度といいます。

令和3年3月1日以降、この法定雇用率が以下のように引き上げられました。

> ①国や地方公共団体 ⇒2.6%
>
> ②都道府県等の教育委員会 ⇒2.5%
>
> ③民間の企業 ⇒2.3%

第 1 章

障害者福祉の
歩みと実態

　日本の障害者に対する政策は、いくつもの移り変わりを経て、今日に至っています。明治期の社会福祉政策は慈善的・救貧的・恩賜的な要素を持った政策でした。そして第二次世界大戦後には、日本国憲法の制定・施行により、すべての国民が健康で文化的な生活を営む権利を持っていることが宣言され、社会福祉政策のあり方もまた変わってきたのです。

1-1
日本の障害者福祉は
こうして始まった

　奈良時代には、障害者に対する税の減免の定めがあったそうです。しかし、日本では、障害者・障害児に対する施策の有無、そして基本的な理念、内容にも時代によって多くの移り変わりがありました。

ここだけは絶対覚えておこう

　昔は、障害者の自立を促すという発想はなく、収容して保護するという単純なものだった。

▶▶ 障害者福祉の始まり

　日本の障害者に対する特別な政策は、奈良時代に始まるといわれています。この時代は日本が統一国家として生まれ変わろうとしていた時代です。もちろんそれ以前から各地の有力者が行ったものがあったかもしれません。しかし、あまり古いことは記録には残っていないのです。そして時代は流れ、国家や社会の、障害者に対する見方や扱い方もそのときどきで変化しました。

　現代になって、我が国は第二次世界大戦後、混乱の時期に入りました。この時期は国民全体が食べるのがやっとという時代でした。戦災によって障害を受けたのは軍人に限りません。多くの国民が身体に障害を抱えることになりました。しかし、障害者に対する福祉という考え方もあまり一般国民の中にありませんでした。この時期の障害者政策は、障害者の自立を促すという発想はなく、収容して保護する単純なものだったのです。

　そして、1946年には日本国憲法が公布され、第25条は国民の生存権、そして国の生存権保障義務を規定しました。しかし、一般国民の中に福祉の概念が定着するまでには、その後も時間が必要でした。

> **憲法第25条**
> ①すべて国民は、健康で文化的な最低限度の生活を営む権利を有する。
> ②国は、すべての生活部面について、社会福祉、社会保障及び公衆衛生の向上及び増進に努めなければならない。

昭和24年身体障害者福祉法制定

　第二次大戦後、1947年に傷痍軍人のための身体障害者収容授産施設が設置されました。そして1949年には、「身体障害者福祉法」が成立し、翌年から施行されました。戦前の障害者支援は、救貧と結びついていたものでした。しかし、身体障害者福祉法は大きな特徴を持っていました。この法律は、障害者が職業につけるように自立を促すことを基本理念として持っており、救貧政策とは異なったものだったのです。

社会福祉政策の流れ

第二次大戦前	・恤救規則に始まる明治から昭和初期の社会福祉政策は、貧民や弱者に対しては慈善的・救貧的・恩賜的要素が強かった。
第二次大戦後	・敗戦処理政策として復員軍人や遺族の経済問題に対処するため生活保護法が制定された。次いで戦争孤児のための児童福祉法が制定され、この法律に基づいて児童養護施設が次々と民間で設置される。さらに傷痍軍人の救済を目的として身体障害者福祉法の制定。 ➡ **この3法を福祉三法と呼ぶ。** ・1960年代に入って、現在の知的障害者福祉法の前身である精神薄弱者福祉法、老人福祉法、現在の母子及び寡婦福祉法が制定。これにより福祉六法が出揃う。 ・時代の変遷に伴って、福祉関係の法律も改正を重ねる。2000年には高齢者向けの保健・福祉サービスを統合した介護保険法が施行。 ➡ **従来の措置制度から支援費制度への転換。**

1-2
行政が独断で行う制度から
利用者の意思の反映へ

障害福祉サービスの種類や内容の決定は、従来は行政が独断で行うもの(措置制度)でした。そこには利用者の意思が反映されることはなく、一方通行との批判がありました。そこで、支援費制度への転換が行われたのです。

ここだけは絶対覚えておこう

サービスの必要性や内容を行政が判断するのが措置制度。支援費制度は利用者が判断・選択・決定する。

▶▶ 措置制度とは

従来我が国の障害者政策は、措置制度に基づいて行われていました。措置制度とは、行政庁が職権でサービスの必要性を判断し、どのようなサービスを行うか、どこがサービスを提供するかなどを決定する仕組みです。この制度のもとでは、サービスの利用を希望する人から申請があったときは、市町村がサービス内容、施設などを選定・決定して、利用者の意思や要望が反映されることはありません。あくまで行政側の都合で事が運ばれたのです。

▶▶ 支援費制度への転換

1997年から2000年にかけて行われた社会福祉基礎構造改革によって、障害者福祉の方向性が大きく変化しました。措置制度から支援費制度への転換です。福祉サービスが必要な場合、利用者が自分自身でどのサービスを受けるかを選択し、サービス提供者との間で契約を締結し、その利用料金について行政が支援する制度へ変わったのです。これに伴って、社会福祉サービスの世界に規制緩和が行われ、民間の営利事業団体を含めた、多様な経営主体が社会福祉の世界に参入できるようになったのです。

利用者の自己決定権の尊重という点では評価できますが、よいことばかりでは

ありません。支援費制度の対象は、身体障害者と知的障害者に限られており、3つの障害のうちのもう一つである精神障害者に対する施策は含まれていなかったのです。

　また、自分で決定するということは、契約に問題があった場合や、事業者の選定に失敗したら、その責任も自分で負うことになるのです。

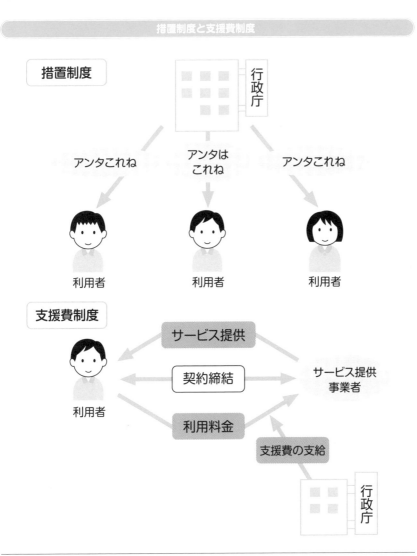

措置制度と支援費制度

1-3
支援費制度の問題点は？

障害者・障害児に関する政策にも、障害の種別や居住している地域によって扱いが異なる時代が長く続きました。これは措置制度から支援費制度に変わっても同じだったのです。

▶▶ 障害者の種別による格差

第二次世界大戦後長い間、日本の福祉政策は、身体障害の分野、知的障害の分野、そして精神障害の3つの分野に区分され、それぞれ別個に施策の運営が行われてきました。その結果、3つの障害の間にいくつかの格差の問題が生じていたのです。例えば入所施設における費用の給付対象の範囲や在宅サービスの整備状況もそれぞれに異なっていたのです。

▶▶ 地域の間の格差

3つの障害の間での格差の他にも、障害者福祉に関してもう一つ大きな格差の問題があります。サービス水準が、実施主体である市町村ごとに大きく異なっているのです。介護保険の要介護認定者数が、地域ごとに大きく異なるのです。

つまり、障害者が住み慣れた地域でサービスを受けようとしても、その地域では希望するサービスを受けられないといった状況が生じていたのです。

▶▶ 予算の不足

支援費制度の財源は税金で賄われます。しかし、支援費制度導入後、事業者数の確保が求められ、規制緩和が行われたことで、多くの事業者が参入しました。その結果、利用者が急激に増加し、サービスの提供量も増加、これに伴い自治体

の費用負担が急激に増加し、財源が不足してしまう事態が発生しました。

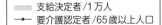

サービス水準にもおおきな地域間較差が存在

人口1万人対支給決定者数（平成15年4月）

人口1万人当たりの支援費ホームヘルプサービスの
支給決定者数と介護保険の要介護認定者数の割合

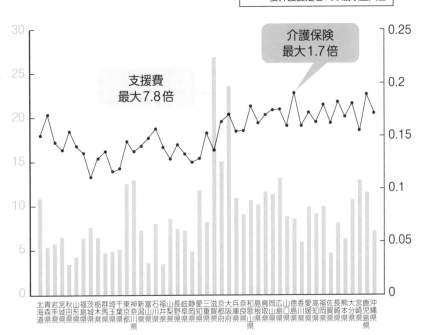

（資料：厚生労働省HPから）

1-4
障害者自立支援法そして
障害者総合支援法の成立

支援費制度の問題点が浮き彫りになり、これを克服するために制定された障害者自立支援法。しかし、この法律にもまた問題点が指摘され、利用者負担のあり方について変更・検討が行われ障害者総合支援法が成立したのです。

ここだけは絶対覚えておこう

支援費制度の問題点をなくすため障害者自立支援法が制定され、障害者総合支援法への橋渡しをした。

支援費制度の問題点を克服できるか

障害者福祉が措置制度から支援費制度へ移行が図られました。そして支援費制度にも一定の問題点があることが浮き彫りになってきました。この支援費制度の問題点を受けて障害者自立支援法が制定され、3つの障害に関するサービス体系を一元化し、その扱いの違いをなくしたのです。これにより、3つの障害について統一した共通の基盤ができあがり、これに基づいて共通のサービスの利用が可能になったのです。

> ### 障害者自立支援法第4条
> この法律において「障害者」とは、身体障害者、知的障害者のうち18歳以上である者及び精神障害者のうち18歳以上である者をいう(一部省略)。

就労支援の強化

障害者の就労については従来から、一般就労と**福祉的就労***の2つに区別されていました。そしてこのうちの福祉的就労が中心となっていたのです。施設には、福祉関係の法律に基づく授産施設と福祉工場、法律に基づかない作業所があります。このいずれの施設でも、障害者の工賃は驚くほど低く、自立した生活など無

***福祉的就労**　福祉的就労とは、障害者が、福祉施設で支援を受けながら訓練を兼ねて働くこと。

理な話でした。自立支援法の施行により、これらの施設は再編され、2011年から一般就労への移行者数を大幅に増やす計画が進んでいます。

「障害者自立支援法」のポイント

自立支援法による改革

●障害者施策を3障害一元化

従来
- 3障害(身体・知的・精神)ばらばらの制度体系(精神障害者は支援費制度の対象外)
- 実施主体は都道府県、市町村に二分化

○3障害の制度間格差を解消し、精神障害者も対象に
○市町村に実施主体を一元化し、都道府県はこれをバックアップ

●利用者本位のサービス体系に再編

従来
- 障害種別ごとに複雑な施設・事業体系
- 入所期間の長期化などにより、本来の施設目的と利用者の実態とが乖離

○33種類に分かれた施設体系を6つの事業に再編。あわせて、「地域生活支援」「就労支援」のための事業や重度の障害者を対象としたサービスを創設
○規制緩和を進め既存の社会資源を活用

●就労支援の抜本的強化

従来
- 養護学校卒業者の55%は福祉施設に入所。就労を理由とする施設退所者はわずか1%

○新たな就労支援事業を創設
○雇用施策との連携を強化

●支給決定の透明化、明確化

従来
- 全国共通の利用ルール(支援の必要度を判定する客観的基準がない)
- 支給決定プロセスが不透明

○支援の必用度に関する客観的な尺度(障害程度区分)を導入
○審査会の意見聴取など支給決定プロセスを透明化

●安定的な財源の確保

従来
- 新規利用者は急増する見込み
- 不確実な国の費用負担の仕組み

○国の費用負担の責任を強化(費用の1/2を負担)
○利用者も応分の費用を負担し、皆で支える仕組みに

資料

障害者総合支援法への道
違憲訴訟と厚生労働省の実態調査の背後にある経緯

◆障害者総合支援法の前身

　我が国の障害者福祉政策は、措置制度から支援費制度へ、そして支援費制度の問題点克服のために、障害者総合支援法の基になった障害者自立支援法（以下、「自立支援法」と略します。）が、2006年4月から施行されました。この法律の施行により、障害の種別にかかわらずサービスが利用できるように仕組みが一元化され、施設・事業の再編、そして就労支援の強化なども条文に謳われました。しかし、この法律は制定当初からいくつもの問題点が指摘され、施行後間もない頃から改正の必要が叫ばれていました。

◆自立支援法と違憲訴訟

　2008年8月には、障害者自立支援法訴訟全国弁護団が結成されました。そして同年9月には自立支援法の規定が個人の尊重、生命・自由・幸福追求の権利の尊重を定めた憲法13条、法の下の平等を定めた14条、生存権・国の生存権保障義務を定めた25条に反するものだとして、全国各地で一斉に裁判所に訴えが提起されたのです。

　なお、2009年には自立支援法改正案が国会に提出されましたが、このときは衆議院の解散により廃案となっています。

◆厚生労働省の実態調査

　2009年11月に、厚生労働省社会援護局障害保健福祉部福祉課企画法令係によって、「障害者自立支援法施行前後における利用者の負担等にかかる実態調査結果」が公表されました。この調査によると、自立支援法が施行される直前である2006年3月と、施行後3年が経過した2009年7月の利用者の実費負担を比較すると、87.2%の利用者について実費負担が増加しています。特に低所得者については、93.6%の利用者が増加となっています。また、工賃と実費負担額の比較では、工賃はほぼ横ばいですが、実費負担が工賃を上回る状況が拡大しています。

2006年4月	■障害者自立支援法の施行 ◆従来の応能負担から原則1割の定率負担へ ◆障害の種別に関わらずサービスの利用が可能に ◆施設・事業の再編 ◆障害者の就労支援の強化などを規定
2006年12月	■特別対策の策定 ◆利用者負担の軽減 ◆事業者への激変緩和など
2007年12月	■緊急措置の策定 ◆低所得世帯を中心とした利用者負担の軽減 ◆事業者の経営基盤の強化
2008年9月	■障害者自立支援法訴訟全国弁護団の結成 ◆当初は全国の弁護士75名が参加
2008年10月	■日本全国で第1陣が一斉に訴訟提起 ◆自立支援法施行により従来の応能負担から応益負担（定率負担）へ変更されたことを最大の問題点として掲げる
2009年3月	■自立支援法改正案が国会に提出される ◆衆議院の解散により廃案となる
2009年11月	■厚生労働省が実態調査を実施し、結果を公表 ◆自立支援法施行前と施行後で、障害者の負担が増加していることが明らかになる ◆87％の利用者について実費負担が増加。また、低所得者の場合には特に割合が高く93.6％が増加

資料

自立支援法から障害者総合支援法への軌跡
違憲訴訟和解から法改正まで

◆自立支援法違憲訴訟の和解

　自立支援法訴訟は、2010年1月に障害者自立支援法違憲訴訟原告団・弁護団と国（厚生労働省）の間で和解が成立し、基本合意書が交わされました。基本合意書では、「国（厚生労働省）は、速やかに応益負担（定率負担）制度を廃止し、遅くとも2013年8月までに、障害者自立支援法を廃止し新たな総合的な福祉法制を実施する。そこにおいては、障害者福祉施策の充実は、憲法等に基づく障害者の基本的人権の行使を支援するものであることを基本とする。」とされたのです。

◆自立支援法改正案と審議未了

　2010年5月には2009年に提出されたものとほとんど同じ内容の自立支援法の一部改正法案が提出されました。このときは当初自民党と公明党が共同提案した改正案に対して、民主党など3党が対案を提出しました。しかし、両改正案には大きな違いはなく、結局衆議院厚生労働委員長提案としてまとめられたものです。

　この改正法案は衆議院本会議で採択された後に参議院に送付されました。そして参議院厚生労働委員会の審議でも可決され、参議院本会議での可決・成立を待つばかりの状況となっていました。ところが参議院本会議の裁決を待つ間に突然総理大臣の交代があって国会が閉会し、これによりまたも廃案（審議未了）となったのです。

◆自立支援法改正（2010年12月）

　同様の改正案が二度廃案になっていますが、これは政党間のかけひきや他の政治問題の処理の不手際などが原因となってのことで、改正案の内容が論点とされて廃案になったものではありません。そして2010年11月に国会に改正案が提出され、12月3日に今度は成立しました。この改正のための法案には、法案提出の趣旨として「この法律は、障がい者制度改革推進本部等における検討を踏まえて障害保健福祉施策を見直すまでの間において、障害者及び障害児の地域生活を支援するため、関係法律の整備について定めるものとする。」とあります。5月に提出されて廃案と

なった法案の提出趣旨は「この法律は、平成二十五年八月までに障がい者制度改革推進本部等における検討を踏まえて障害者自立支援法の廃止を含め障害保健福祉施策を見直すまでの間において、障害者及び障害児の地域生活を支援するため、関係法律の整備について定めるものとする。」となっていました。どのような意図でこの違いが生じたのかは分かりません。

◆自立支援法から総合支援法へ

　民主党が政権を獲得した2009年衆院選で配布した同党のマニフェストには、自立支援法の廃止が盛り込まれていました。それにもかかわらず、2010年12月の「改正」です。2010年12月の改正後も、自立支援法の抜本改正の必要性は主張され続けました。

　そして2011年7月の障害者基本法の改正を踏まえて、自立支援法に代わる法律の検討が進められ、2012年3月に「地域社会における共生の実現に向けて新たな障害保健福祉施策を講ずるための関係法律の整備に関する法律案」が閣議決定され、国会に提出されました。

　この法律案は、衆議院では一部修正が加えられた上で同年4月に衆議院厚生労働委員会及び衆議院本会議で可決され、同年6月19日に参議院厚生労働委員会、そして2012年6月20日に参議院本会議で可決され成立し、6月27日に公布されたのです。この法律は、第1条で、自立支援法の題名を「障害者の日常生活及び社会生活を総合的に支援するための法律（障害者総合支援法）」と改める旨を規定し、これにより障害者総合支援法という名称の法律ができあがったのです。しかし、法律ができたとはいっても、まったく新しい法律が成立したというわけではありません。これは実際には自立支援法の改正であり、自立支援法の名称を変更し、規定の一部を修正したものに過ぎません。ここでも自立支援法の廃止は見送られてしまったのです。その原因は、ねじれ国会と財源の壁といわれています。

2010年1月	■自立支援法違憲訴訟が和解 ◆和解で取り交わされた基本合意書の概略 ①国は、速やかに応益負担制度を廃止する ②国は、遅くとも平成25年8月までに、障害者自立支援法を廃止し新たな総合的な福祉法制を実施する ③国は、障害者及びその家族に反省の意を表明するとともに、反省を踏まえて今後の施策の立案・実施に当たる ④国は、障害者自立支援法廃止までの間、応益負担（定率負担）制度の速やかな廃止のため、平成22年4月から、低所得（市町村民税非課税）の障害者及び障害児の保護者につき、障害者自立支援法及び児童福祉法による障害福祉サービス及び補装具に係る利用者負担を無料とする措置を講じる ⑤新たな総合的福祉制度を制定するに当たって、国（厚生労働省）は、今後推進本部において、上記の反省に立ち、原告団・弁護団提出の本日付要望書を考慮の上、障害者の参画の下に十分な議論を行う
2010年5月	■自立支援法改正案が再度国会に提出される ◆総理大臣の交替により国会閉会、審議末了、廃案となる
2010年12月	■自立支援法改正
2012年6月	■障害者総合支援法成立
2013年8月	■基本合意書で示された総合的福祉制度制定の期限

第 2 章

2022年改正のポイント
障害者支援の進化と質の向上

2022年、障害者総合支援法の改正が行われ、令和6年度から新たな体制がスタートします。この改正により、障害者の日常生活や社会参加の支援がより充実し、個々のニーズに合わせたサービスの提供が可能になります。ここでは、改正の要点を明確にし、それぞれの変更内容がどのような影響をもたらすのかを分かりやすく解説します。

2-1
地域生活支援の強化

　障害者がその地域社会にしっかりと根ざし、多様なニーズに応える包括的なサポート体制を構築することを目指します。

ここだけは絶対覚えておこう

　障害者が自分らしい生活を送るために必要なサポートを地域レベルで提供し、一人ひとりが社会と連携しながら自立した生活を実現するための取り組み。

▶▶ グループホームの進化：自立と多様な選択肢の提供

　改正によりグループホームは「住む場所」だけでなく「自立へのステップ」をサポートする場所となります。障害者が一人暮らしを選んだ場合でも支援は続き、生活の安定を手助けし自分らしい豊かな人生を実現できる基盤となります。

▶▶ 住む場所と共に住む人も自分で選ぶ

　この法改正により、自らの意志で住む場所を選び、一人暮らしやパートナーとの生活を選べるようになります。これは、障害者が自分の人生を自分でデザインし、多様な生活スタイルを実現できる社会を作る起点となります。

▶▶ 全国に広がるサポートネットワーク

　サポート体制が整うことで、障害者がどこにいても必要な支援を受けられるようになります。特に基幹相談支援センターや地域生活支援拠点は、障害者の「頼れる拠点」となり、生活をより豊かで安定したものにします。

▶▶ きめ細やかなサポートで安心の生活を

　サポートの質が上がることで、障害者は自分に合った専門的なサポートを受けることができます。これは、障害者がその個別のニーズに合ったケアやアドバイ

スを受け、更に自立した生活を送るための強力なサポートです。

グループホーム見直しのイメージ

現在の支援内容

- 共同で生活する時間帯(夜間等)にサポート
- 余暇活動と他のサービスとの連絡調整
- 日中のプログラム連携

グループホーム入居中の支援

- 料理や掃除などの日々の家事などのサポート
- 買い物に同行し、必要なものを手に入れるお手伝い
- お金や薬の管理をサポートし、生活を整える
- 新しい住まいを見つけるサポート

グループホーム対処後の支援

- 新しい生活に適応するための定期的なフォローアップ
- 生活や感情の悩みに対する相談窓口
- トラブル時などの緊急サポート
- 新しい環境の中での地域のつながり

支援の強化と本人とその家族へのサポートの整備について

障害者

相談支援事業者 → **サービス事業者**

相談支援事業者 → 基幹相談支援センター（支援／相談）

基幹相談支援センター

設置を努力義務

主任相談支援専門員

- 相談支援事業者への支援
- 総合相談、専門相談
- 関係機関との連携強化

地域生活支援拠点等

設置を努力義務

拠点コーディネーター

- 緊急時の対応・相談
- 地域移行の推進

協議会

守秘義務を設定

地域の課題を具体的な事例を通じて共有し、地域支援体制の向上を協議する場

都道府県

複数の市町村で支援体制を整備し、機能を強化するための広域的な支援活動

2-2
就労支援と雇用の質の向上

障害を持つすべての個人が自分の能力と希望に合った働き方を見つけ、持続可能なキャリアを築ける社会を目指します。

ここだけは絶対覚えておこう

障害者一人ひとりの個別の能力と希望を尊重し、それを生かす就業機会を提供するとともに、企業と社会がその能力を理解し、サポートする環境を整えることが不可欠。

▶▶ 個別の能力に焦点を当てた就労支援

就労支援では、障害者一人ひとりの能力や希望を大切に考え、それに合わせたサポートを提供することが重要です。例えば、個人の好きなことや得意なことをベースに、どんな職種や業務が適しているかを一緒に考えます。これによって、本人が働くことに前向きになり、就労が長続きする可能性も高まります。

▶▶ 働く場と人のマッチング改善

新しい法改正では、個別の能力を評価し、本人に合った就職先を見つける支援が強化されています。

▶▶ 雇用率向上のためのポジティブなアプローチ

障害者雇用の目標は、単に法的な義務を果たすことだけでなく、多様な能力を持つ人材を活かすチャンスでもあります。企業が障害者を積極的に採用する一方で、政府も企業が障害者を雇用しやすい環境を整える支援を行うことが重要です。このバランスが、障害者も企業も双方にとってプラスとなる社会を作ります。

精神障害者と重度障害者の働きやすい環境の整備

　精神障害者や重度障害者にとって、短時間でも働ける機会が増えることは大きな一歩です。新しいルールで、これらのグループが週10時間以上働けば雇用率にカウントされるようになりました。これにより、企業はこれらのグループを雇用する動機付けを受け、本人たちには新しい働く場が広がります。

増加する障害者雇用とその影響

　近年、障害者向けの就労支援施策が拡充し、企業における障害者の雇用率が増加しています。2022年（令和4年）には、民間企業の障害者雇用率が過去最高を更新しました。これは一見喜ばしい進歩ですが、納付金制度と助成金制度に一部課題を生じさせています。納付金制度では、雇用率未達成の企業から一定の金額を徴収し、それを雇用率を上回る企業への調整金や報奨金、または助成金として再分配しています。しかし、雇用率の上昇により、納付金の額が調整金や報奨金に分配するのに充分でないケースが出てきています。

雇用の「質」にシフトする重要性

　今後の課題として、単に障害者の雇用「量」に注目するのではなく、「質」を重視する時代へとシフトしていく必要があります。助成金による支出を拡大し、調整金や報奨金については上限を設け、超過分の単価を削減する方針が採られました。これにより、多くの障害者を雇用している企業も減収を経験するかもしれません。しかし、助成金を活用し、企業内で障害者がより活躍できる環境を整えることが、結果として企業自体の収益向上にも寄与すると考えられます。

就労支援に関連する法改正内容	
	内容
就労選択支援の創設	・障害者が自分の希望や能力に基づいて適切な職場や働き方を選ぶため、就労アセスメントを通じて支援する「就労選択支援」を導入 ・就労選択支援を受けた人に対し、ハローワークがアセスメント結果を考慮し、職業指導などを提供
就労中の就労系障害福祉サービスの一時利用	段階的な勤務時間拡大や休職からの復職を目指す際、一般の職場でも一時的に障害福祉サービスを利用できるよう法的に規定
雇用と福祉の連携強化	市町村や障害福祉サービス提供者などとの連携の一環として、障害者の職業と生活の支援センターを法令で明確に指定

2-3
精神障害者支援の改善

精神障害者が直面する多様な課題に対応するための新しいアプローチが、最近の法改正を通じて形を変えています。

ここだけは絶対覚えておこう

入院を取り決める制度、虐待の防止に向けた法的取り組みが強化され、医療機関の責任と役割が再定義されており、これにより患者の権利と福祉が向上する。

▶▶ 精神保健福祉法の変更

精神障害者が適切な入院治療を受けられるようになりました。自らの状態を理解できずに入院を拒むケースがあるため、家族の同意による医療保護入院や市町村長の同意による入院が可能となりました。

▶▶ 入院の資格と対象拡大

医療保護入院の対象が拡大し、家族が同意できない場合や自身が同意しない場合も、市町村長の同意での入院が可能に。また、患者の人権を保護するために、定期的に入院の必要性を確認する制度が導入されました。

▶▶ 入院者への訪問支援

都道府県が認定した訪問支援員が、入院患者を直接訪れて話を聞く「入院者訪問支援事業」が創設。不安や孤独感の軽減と、退院後のスムーズな移行をサポートします。

▶▶ 虐待防止の強化

精神科病院での虐待問題に対応し、虐待防止の体制整備と通報義務が法改正で強化。医療機関は、個別の支援者ではなく組織全体として虐待防止に取り組むこ

とが求められます。

医療保護入院の新たな在り方

入院の要件

診　察

精神保健指定医1名以上の判断

家族等の同意

家族が意志を表明しない場合でも、
市町村長が同意を判断します。

入院時の手続き

患者へ文書による通知

通知対象に家族などを追加し、通知の内容に入院の理由を追加

入院後の手続き

特定の期間を設定し、その期間ごとに
入院が必要かどうかの要件を確認

面会交流

患者の希望に基づいて、入院患者訪問
支援事業を実施

退院に向けた支援

権利を守るための取り組みを強化・推進

・ 退院支援のための相談員を選任
・ 地域の福祉関連機関を案内
・ 退院支援委員会の設置

退院

精神科病院内で虐待を防ぐための努力を一層強化

見直し内容	通報の仕組み
以下の取り組みを精神科病院における虐待防止のために規定 1 精神科病院の管理者は、従事者に対して虐待防止に関する研修や患者への相談体制の整備などの措置を実施する責任があります。 2 虐待を疑われる患者を発見した者は、速やかに都道府県などに通報する義務があります。また、通報を行ったことにより解雇などの不利益な取り扱いを受けないことが明確に規定されています。 3 都道府県は、毎年、精神科病院の業務従事者による虐待の状況などを公表します。 4 国は、精神科病院の業務従事者による虐待に関する調査と研究を実施します。	虐待の発見 ↓ 都道府県 ・ 監督権限等の適切な行使 ・ 措置等の公表

2-4
難病患者への医療と療養支援の充実

難病患者への医療と療養支援が充実しました。

ここだけは絶対覚えておこう

難病患者の多様なニーズへ対応できる体制と疾病を抱える子どもへの支援の強化。

▶▶ 難病患者のためのサポートを手に入れるためのスムーズな仕組み

新しい改正で、マイナンバーカードを利用して難病患者登録が行えることになり、必要なサービスやサポートがスムーズに受けられる体系が作られます。これによって、「サービスはあるけど使えていない」という状況を避け、必要なサポートをもっと手に入れやすくします。

▶▶ 子どもから大人へのスムーズな過渡期のサポート

子どもの難病患者のサポートも充実してきています。ただし、子どもから大人になる過程でサポートの仕組みが変わることによる課題があります。新しい法律では、子どもの時期と大人になった時期のサポートが連携し、生涯にわたるサポート体制の構築が期待され、成長する過程でサポートが途切れることなく、一貫した援助が提供されることを目指しています。

▶▶ 小児慢性特定疾病児童の自立を支援

小児慢性特定疾病児童等自立支援事業は、学校や社会とのつながりが難しい子どもたちを支え、自立して生活できる力を育んでいます。必須となっている相談支援事業は、子どもたちの生活をサポートし、任意事業では、様々な追加のサポート（レスパイトケアや交流活動など）を提供しています。

▶ 必要なサポートの適切な提供

　しかし、任意事業の利用率はまだまだ低いです。多くの人々が利用可能なサービスについて十分に知らないという現状です。患者や家族の真のニーズを把握し、それに応じたサポートが提供されることが求められています。新しい実態把握事業は、ニーズに基づいた適切なサポートを展開する手助けし任意事業もより多くの人々に届くよう、努力が払われることになりました。

新しい小慢児童等自立支援体制の概要

必須事業・相談支援事業

支援ニーズに合わせて様々なサービスが提供されます

- 個々のニーズを理解し、相談支援を提供します。
- 自立支援員が相談をサポートし、ピアカウンセリングなども行います。

努力義務化

- 実態把握事業：地域のニーズを把握し、課題を分析します。【追加】
- 療養生活支援事業：レスパイトなどを提供。
- 相互交流支援事業：患児同士の交流やワークショップ。
- 就職支援事業：職場体験や就労相談会。
- 介護者支援事業：通院の付添支援、きょうだい支援など。
- その他の事業：学習支援、身体づくり支援など。

難病患者への地域支援の具体的な取り組み

```
┌─────────────────────────────────────┐
│            難病患者                   │
│                                      │
│        難病相談支援センター           │
│                                      │
│  ┌────────┐ ┌────────┐ ┌────────┐  │
│  │指定医療 │ │就労に関する│ │福祉に関する│ │
│  │機関    │ │支援を行う者│ │支援を行う者│ │
│  │        │ │ハローワーク等│ │市町村等  │ │
│  └────────┘ └────────┘ └────────┘  │
└─────────────────────────────────────┘
```

参加と情報共有など

| 難病対策地域協議会
（都道府県が設置） | ◀ 連携努力義務
共同設置可 ▶ | 小慢対策地域協議会
（都道府県が設置）
法定化
参加者の守秘義務を規定 |

2-5
データベースの整備

調査と研究をより効果的にサポートする体制が強化されました。

ここだけは絶対覚えておこう

障害者等のデータベースについて、法的根拠が整備されたことで、障害者の情報をより効果的に管理し、支援や政策の立案に活用するための法的基盤が整備された。

▶▶ データベースが支える障害者福祉の未来

現代社会において、データは私たちの生活のあらゆる側面に浸透しています。そして、その中でも特に重要な分野の一つが障害福祉です。データベースの整備と活用は、障害福祉の未来を変える鍵となりつつあります。

①データベースの整備が障害者福祉を変える

障害者福祉を向上させるために、データベースの整備が不可欠です。この整備により、調査や研究活動が支えられ、障害者のニーズに合わせた戦略的なアプローチが可能になります。データベースは、情報を組織化し、政策決定者やサービスプロバイダーに必要な洞察を提供します。法的根拠の整備により、このプロセスはさらに強化されました。

②ビッグデータの力：個別対応の情報源

障害者のニーズは多岐にわたり、個別に合わせたサービス提供が求められます。データベースは、障害者の生活状況やサービス利用の傾向を記録し、これらの情報は貴重な指標となります。医療や介護分野での成功例を見ると、データベースはサービス提供のカスタマイズと最適化に不可欠なツールであることが明確です。今回の法改正により、障害者データベースは法的にもサポートされ、情報の収集と提供がより一層強化されました。

③データの価値と適切な利用

　データベースに蓄積される情報は、単なる数字や統計だけでなく、障害者支援の質を向上させるための鍵です。例えば、医療データとの結びつきにより、障害者の特定の医療ニーズを特定し、それに応じた支援を提供できるようになります。ただし、データは個人情報保護が不可欠です。法改正により、データの収集、管理、共有に関する厳格な規制が整備され、安全なデータ運用が確保されています。

④未来への活用

　これらのデータベースは、将来の障害者福祉サービスの改善に向けた鍵です。データを活用することで、サービス提供がより効果的になり、障害者の生活の質が向上とニーズに合わせた個別化された支援を提供するための新たな局面を切り拓くものと期待されます。

障害福祉サービスデータベースを活用しサービス提供の効果を最大化する方法

2-6
その他の変更点

2022年の障害者福祉制度改正には、利用者のニーズに合わせたサービス事業者指定の見直しや居住地域特例の拡充など利用者中心の重要な変更点が含まれます。

ここだけは絶対覚えておこう

サービス事業者指定の見直しにより、市町村が都道府県に対して事業者指定に意見を述べられるようになり、また、居住地域特例の拡充によって、別の自治体の障害福祉サービスを利用する場合の手続きが簡素化され、利用者の負担が軽減された。

▶▶ サービス事業者指定の仕組みの見直し

サービス事業者指定の仕組みは、地域のニーズに合った障害福祉サービスを提供するために見直されました。最近では、多くの障害福祉サービス事業所が立ち上がっており、地域のニーズが多様化しています。しかし、事業所は民間で運営され、市町村の要望と必ずしも一致しないことがありました。この問題に対処するために、市町村が都道府県に対して事業者指定について意見を述べる機会が設けられました。これにより、地域のニーズに合わせたサービスの提供がより実現しやすくなりました。

例えば、地域のASD児童・生徒向けの支援を必要とする場合、市町村は特定のプログラムを提供できる事業者を指定しやすくなり、地域の要望にマッチしたサービスが提供されるようになりました。

▶▶ 居住地域特例の拡充

障害福祉サービスの支給決定は、通常、入所前の住所に基づいて行われています。これを居住地特例と呼びます。しかし、介護保険施設等に入所した際、その施設のある自治体が支給決定を行っていました。この仕組みにより、特定の自治

体が施設を多く抱えると、その自治体の負担が大きくなり、利用者にとっても手続きが煩雑になる問題がありました。そのため、介護保険施設等も居住地特例の対象に含めることで、この混乱を解消しました。

　これにより、利用者は自分の住んでいる場所で手続きを行い、特定の自治体に負担をかけずにサービスを受けることができ、手続きが簡素化されました。

居住地特例の見直し例

自宅のある市

施設入所

特別養護老人ホーム、老人保健施設等のある市

利用サービス	実施主体
介護保険	自宅のある市 （住所地特例）
障害福祉サービス	施設のある市 ↓ 自宅のある市

実際の居住地特例の活用例として、多くの場合、身体障害を抱える人々が補装具や同行援護を利用しています。

判例で学ぶ「施設捜索義務」

1. 事例

　自閉症を持つAは、精神薄弱者更生施設に入所していました。しかし、平成4年3月14日の朝にAは自室から行方不明になり、12日後の3月26日に施設内の煙突の下で焼死体として発見されました。Aの両親（X）は、Aの死亡は施設が不十分な捜索を行った結果だと主張し、精神薄弱者更生施設を運営する社会福祉法人Yに対して、園生委託契約に基づく損害賠償請求の訴訟を起こしました。

　Xらは、次の主張をしました：
①施設の職員は、園生が行方不明になった場合に速やかに適切な捜索を行う責任があったが、これを怠った（捜索義務違反）。
②施設を運営するYは、園生の生命と身体を守るために必要な設備を提供し、管理する責任があったが、これを怠った（管理義務違反）。
③Yは、施設の設置者として、園生を監護し、必要な訓練と指導を行う責任があった。特に自閉症者の特性を理解し、個別の園生の行動を予測し、それに合わせた指導を行うべきだったが、これを怠った（監護指導義務違反）。
　Xらはこれらの主張に基づき、Yに対する損害賠償を求めた。

2. 判決

　判決は、原告の請求を棄却しました。Aの死亡について、可能な仮説を証拠に照らし合わせて詳細に検討しましたが、結局証拠不十分として、Yに対する注意義務違反を論じる前提となる、Aに対する注意義務の対象について立証できないと結論づけました。ただし、仮に仮説の一つが事実である場合のYの注意義務違反については念のため論じました。

　判決は以下の主張を示しました：
①Aが煙突内に入り込んだ可能性について、Y職員が煙突内部を捜索すべき注意義務を負うかどうかについて、予見が不可能であるため、Y職員にその注意義務を課すことはできないと結論づけました。
②Yは園生の生命身体の安全を確保するための一般的な施設管理上の注意義務を負っていましたが、必要な措置を講じており、注意義務違反はないとしました。
③Aが異常かつ危険な行動に及ぶ兆候が存在したという証拠はなく、Y職員がAの行動観察を怠り、危険な行動の兆候を見過ごしたという主張は成り立たないと述べました。

3. 解説

- 入所施設では、障がいのある本人との契約において安全・健康管理に関する条項が多いか、それと同様の注意義務が存在します。本件では、原告が提起した捜索義務、管理義務、監督指導義務は、すべて安全配慮義務の一環とみなされます。しかし、障がい者が行方不明になるケースは稀ではなく、これらの義務の内容は具体的な状況に応じて変わるため、全く証拠がない場合、注意義務の対象を立証するのは難しいことがあります。したがって、可能性の高い仮説を立て、捜索場所や適切な措置を特定するために努力が必要です。

- Yは、自閉症者の行動を予測できないと主張しましたが、施設の職員は日常生活で自閉症者の行動を予測し、安全管理を行うべきです。自閉症特有の行動様式や個人の特性を理解し、日頃から把握している利用者の行動をもとに、行方不明を防ぐための努力を行うべきです。万一、これらの把握が不十分な場合でも、利用者の安全は施設側の責任とされるべきです。

第**3**章

障害者総合支援法の全体像

　第二次世界大戦後の日本の障害者福祉は、行政が主体となって障害者へのサービスを決定する措置制度の時代が長く続きました。そしてその後2003年には障害者・障害児の自己決定権の尊重を重視した支援費制度への転換が図られました。しかし、この支援費制度にも問題点があった上、利用者急増による財源確保に困難をきたし、障害者自立支援法の制定そして障害者総合支援法へと至るのです。

3-1
障害者総合支援法の前身・自立支援法制定の背景

当初は行政から与えられるものだった障害者福祉。それが支援費制度によって障害者・障害児が事業者を選択できるようになった結果、利用者の増加で予算の不足が生じ、障害者総合支援法の前身である自立支援法制定へとつながったのです。

ここだけは絶対覚えておこう

障害者自立支援法は、必要なサービスを安定的に利用できるように、自立支援の観点から一元的なサービス提供のシステムを具体的に定めたもの。

▶▶ 障害者基本法の成立

　この国では戦後さまざまな障害者福祉に関する法律が制定されてきました。しかし、これらの法律の定めは、法律ごとに、障害の種別ごとにバラバラに規定されていて、担当する行政組織もバラバラで、総合的な政策を立案するにも困難が伴うものでした。そこで、障害者全体を対象とした総合的な施策への発展を目指して、1993年11月にそれまでの心身障害者対策基本法を改正した、障害者福祉の憲法ともいうべき障害者基本法が成立し、同年12月に公布・施行（一部を除く）されました。障害者基本法はその後も2004年に改正が行われ、それまで努力義務だった都道府県や市町村の障害者のための施策に関する基本計画の策定を義務化するなどの改正が行われました。

障害者基本法第11条1項

政府は、障害者の自立及び社会参加の支援等のための施策の総合的かつ計画的な推進を図るため、障害者のための施策に関する基本的な計画（「障害者基本計画」）を策定しなければならない。

※**措置制度**　行政庁が職権でサービスの必要性を判断し、どのようなサービスを行うか、どこがサービスを提供するかなどを決定する仕組み。

支援費制度の導入から自立支援法制定へ

　2003年には、それまでの**措置制度**＊からの転換が図られました。障害者・障害
児の自己決定権の尊重、サービス事業者との対等な関係の確立のための制度が導
入されたのです。これが支援費制度です。しかし、この制度自体、精神障害者を
対象としておらず、また、根拠法がいくつにも分かれていて利用しにくいという
問題点がありました。さらに支援費制度の導入により障害者福祉サービスの利
用者が増加し、各自治体の費用負担も急増。適切な対応ができない状況が現れた
のです。

　そして、障害の種別ごとに分断されていた障害者福祉制度を、障害者基本法の
理念に基づいて、全面的に見直し、必要なサービスを安定的に利用できるように、
自立支援の観点から一元的なサービス提供のシステムを具体的に定めた障害者
自立支援法が制定されたのです。

支援費制度施行後、利用者は急増

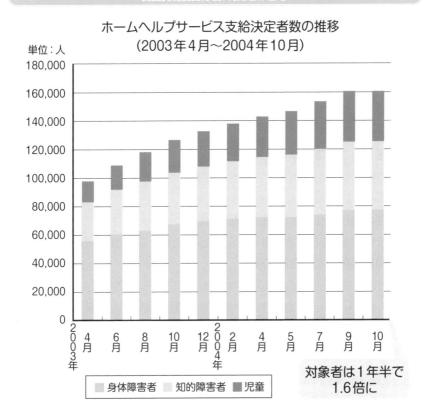

ホームヘルプサービス支給決定者数の推移
（2003年4月〜2004年10月）

対象者は1年半で
1.6倍に

身体障害者　知的障害者　児童

3-2
総合支援法の前身・自立支援法って何?

自立支援法制定以前の支援費制度は、障害者自身が契約当事者として事業者と対等の立場で相対する画期的な制度でした。しかし、その反面、根拠法がいくつにも分かれているなどの欠陥が指摘されていました。

ここだけは絶対覚えておこう

自立支援法は、自立支援給付の対象者、内容、手続き等、地域生活支援事業、サービスの整備のための計画の作成、費用の負担等を定めた法律。

▶▶ 障害者自立支援法のポイント

障害者自立支援法は、従来障害の種別ごとに異なる法律に基づいて提供されてきた福祉サービスや公費負担医療などを、共通の制度の下で一元的に提供する仕組みを創設して、自立支援給付の対象者、内容、手続き等、**地域生活支援事業**※、サービスの整備のための計画の作成、費用の負担等を定めた法律です。

厚生労働省が主張したこの法律のポイントは5つあります。

①障害者に対する福祉サービスの一元化

障害の種別や年齢に関係なく、障害のある人が、それぞれに必要なサービスを受けることができるように、仕組みを一元化。

②障害者が働ける社会へ、就労支援の強化

働く意欲と能力を持った障害者が、一般企業で働けるように、福祉側から支援。

③社会資源活用のための規制緩和

市町村が地域の実情に応じて障害者福祉に取り組み、障害者が身近なところでサービスを利用できるよう食事等の外部委託の要件や必要な設備等の規制を緩和。

④手続きや基準の透明化・明確化

支援が必要な度合いに応じた公平なサービス利用のために、支給決定の手続き

※**地域生活支援事業** 障害者や障害児が、基本的人権を享有する個人としての尊厳にふさわしい日常生活又は社会生活を営むことができるよう、地域の実情に応じて行われる事業。

や基準を分かりやすくした。

⑤費用負担のしくみの強化

　増大する福祉サービスの費用を多くの人で負担し、支え合うしくみを強化。

障害者自立支援法制定の目的

従来の支援制度の問題点

①身体障害・知的障害・精神障害といった障害種別ごとに縦割りでサービスが提供されており、施設・事業体系がわかりにくく使いにくいこと

②サービスの提供体制が不十分な地方自治体も多く、必要とする人々すべてにサービスが行き届いていない（地方自治体の格差が大きい）こと

③支援費制度における国と地方自治体の費用負担のルールでは、増え続けるサービス利用のための財源を確保することが困難であること

そこで

障害者自立支援法の成立

①障害の種別（身体障害・知的障害・精神障害）にかかわらず、障害のある人々が必要とするサービスを利用できるよう、サービスを利用するための仕組みを一元化し、施設・事業を再編
②障害のある人々に、身近な市町村が責任を持って一元的にサービスを提供
③サービスを利用する人々もサービスの利用量と所得に応じた負担を行うとともに、国と地方自治体が責任をもって費用負担を行うことをルール化して財源を確保し、必要なサービスを計画的に充実
④就労支援を抜本的に強化
⑤支給決定の仕組みを透明化、明確化

3-3
費用負担の移り変わり

費用を利用者に負担させる場合でも、利用者の所得に応じた額を負担させる応能負担とするか、受けるサービスの量に応じた定率負担（応益負担）とするか、食費等の実費をどうするかの問題があります。

ここだけは絶対覚えておこう

費用負担には定率負担と応能負担があり、わが国では定率負担から応能負担へと変わってきた。

▶▶ 応能負担と定率負担

障害者自立支援法成立前の支援費制度では、利用者世帯の所得に応じて負担させる応能負担が原則でした。これが障害者自立支援法によって、利用者世帯の所得ではなく、利用者が受けたサービスの量に応じて原則1割を負担する定率負担（応益負担）に変わり、食費・光熱費の実費負担も始まりました。

定率負担（応益負担）では、重度の障害であればあるほど、その負担額は増加します。そのため、障害者自立支援法でも、原則1割負担とし、併せて所得に応じた月額の上限が設けられていました。しかし、それでも利用者の実質的な負担増は避けられず、二度の軽減措置がとられましたが、さらなる見直しが求められました。

▶▶ 定率負担から応能負担へ

2010年の改正では、再び原則として応能負担を採用しました。利用者の負担は、家計の負担能力に応じたものとするのが原則で、市町村は、厚生労働大臣が定める基準により算定した費用の額から、家計の負担能力その他の事情を斟酌して政令で定める額（政令で定める額が大臣が定める基準により算定した費用の額の1割を超える場合には、1割の額）を控除した額について、利用者に対し、介護給付費又は訓練等給付費を支給することとされています。

なお、食費・光熱費は実費負担です。

2010年改正前の自立支援法

原則：サービス費用の１割（定率負担）

所得に応じて負担を軽減。また、稼働機会が少なく、負担能力の乏しい場合には一層の配慮

食費・光熱費の実費を負担

※他に、障害年金以外にほとんど収入がない場合には特別な配慮をするなどの措置がとられている。

2010年改正法（2012年４月１日施行）

原則：利用者の家計の負担能力に応じたものとする

費用の額から 控除 利用者の家計の負担能力その他の事情を斟酌して政令で定める額

した額を、
市町村が支給する。

※ただし、政令で定める額が費用の額の１割に相当する額を超える場合には、１割が控除額となる。つまり、利用者の負担は最大の場合に１割になる。

食費・光熱費の実費を負担

3-4
サービスの対象は
どうなっているの？

旧法である自立支援法は、「発達障害者」をサービスの対象として明確化しました。そして現行の障害者総合支援法は難病患者を障害者の範囲に加えています（2013年4月1日施行）。

ここだけは絶対覚えておこう

障害者総合支援法は、障害の種類に関係なく、共通の制度のもとで支援を行う。

▶▶ サービスの対象

　従来の障害者自立支援法の対象は、「身体障害者（障害児含む）」「知的障害者」「精神障害者（発達障害者を含む）」とされていました。障害者総合支援法では、ここでいう「障害者」に、治療方法が確立していない疾病その他の特殊の疾病であって政令で定めるもの（難病）による障害の程度が厚生労働大臣が定める程度である者で18歳以上のものを加えました。

　総合支援法の前身である自立支援法制定前は、身体障害者は身体障害者福祉法、知的障害者は知的障害者福祉法、そして精神障害者は精神保健及び精神障害者福祉法、発達障害者は発達障害者支援法と、それぞれの法律を根拠としてそれぞれが別個に障害者への福祉サービスを行ってきました。そのため、施設の利用一つをとっても、複雑で分かりにくい体系ができあがっていたのです。そこで、支援を共通の制度のもとで行う自立支援法の制定、そして障害者総合支援法へと繋がったのです。

　障害者総合支援法は、前身である自立支援法同様に、障害の種類と関係なく、障害者の支援を共通の制度のもとで行うことにより、障害者基本法の理念である健常者と障害者が共生する社会の実現に寄与することを目的とした法律なのです。

支援費制度からの変更点

1 利用者負担の見直し

①利用者負担について、従来の定率負担（応益負担）から応能負担を原則とする制度への転換。

②障害福祉サービスと補装具の利用者負担を合算して、利用者負担を軽減。

2 障害者の範囲及び障害程度（支援）区分の見直し

①それまでの3種類の障害に加えて、発達障害及び難病患者が支援の対象となることを明確にした。

②障害程度（支援）区分の名称と定義を変更（障害程度区分自体も障害の多様性を踏まえて見直し）。

3 相談支援の充実

①市町村に総合的な相談支援センターを設置し、自立支援協議会を法律上の存在と位置づけ、相談支援体制の強化を図った。

②支給決定プロセスの見直し。

4 障害児支援の強化

①障害種別ごとに分かれている施設の一元化など。

②放課後のデイサービス等の充実。

5 地域における自立した生活のための支援の充実

①グループホーム・ケアホーム利用の際の助成の創設。

②重度の視覚障害者の移動支援サービスの創設。

3-5

障害者総合支援法の
支援の中身はこうなっている

支援の内容にはサービス利用者への個別の給付である自立支援給付と、市町村が行う地域生活支援事業があります。

ここだけは絶対覚えておこう

障害者総合支援法でいう支援の中身は、利用者への個別の給付である自立支援給付と、市町村が行う地域生活支援事業に分かれる。

障害者総合支援法第2条1項（市町村の責務）

障害者が自ら選択した場所に居住し、又は障害者若しくは障害児（以下「障害者等」という。）が自立した日常生活又は社会生活を営むことができるよう、当該市町村の区域における障害者等の生活の実態を把握した上で、公共職業安定所その他の職業リハビリテーションの措置を実施する機関、教育機関その他の関係機関との緊密な連携を図りつつ、必要な自立支援給付及び地域生活支援事業を総合的かつ計画的に行うこと（一部省略）。

▶▶ 自立支援給付ってどんなもの？

　自立支援給付とは、介護給付費、特例介護給付費、訓練等給付費、特例訓練等給付費、特定障害者特別給付費、特例特定障害者特別給付費、自立支援医療費、療養介護医療費、基準該当療養介護医療費、補装具費及び高額障害福祉サービス等給付費などの支給です。

地域生活支援事業って何？

　相談支援事業、移動支援事業、聴覚・言語・音声機能障害者等へのコミュニケーション支援事業、日常生活用具給付等支援事業、地域活動支援センターの機能強化事業などがあります。

　なお、2010年の改正法で、「障害福祉サービスの利用の観点から**成年後見制度**(第6章参照)を利用することが有用であると認められる障害者で成年後見制度の利用に要する費用について補助を受けなければ成年後見制度の利用が困難であると認められる者につき、当該費用のうち厚生労働省令で定める費用を支給する事業」が追加されています。

　また、これらの地域生活支援事業に関し、都道府県が支援する事業があります。

支援の中身

市町村

自立支援給付

- 介護給付費
- 特例介護給付費
- 訓練等給付費
- 自立支援医療費
- 補装具費
- その他

地域生活支援事業

- 相談支援事業
- 移動支援事業
- コミュニケーション支援事業
- 日常生活用具給付等支援事業
- 地域活動支援センターの機能強化事業
- その他

専門性の高い相談支援事業、広域支援、人材育成

都道府県

※**成年後見制度**　知的障害、精神障害、認知症などによって判断能力が十分でない人が、これにより不利益を被ることがないように家庭裁判所に申し立てて、援助する保護者を付けてもらう制度。

第3章　障害者総合支援法の全体像

3-6
サービスの申請手続きは
どうなっているの？

支給決定を行うのは市町村です。支給を受けようとする障害者又は障害児の保護者が居住する市町村に対して申請します。

ここだけは絶対覚えておこう

支給決定を行うのは、原則として障害者または障害児の保護者の居住地である市町村。

▶▶ 申請は本人または保護者

　障害福祉サービスを利用しようとするときは、障害者本人や障害児の保護者または代理人が居住している市町村に対して申請を行います。ただし、代理人による申請も認められています。

　申請があると、市町村は支給の要否の決定（支給決定）を行います。介護給付についてはその際に**障害支援区分**※の認定も行われます。支給決定を行うのは、障害者または障害児の保護者の居住地である市町村ですが、申請者が居住地を持っていないときや、居住地が明らかでないときは、申請者の現在地の市町村が支給決定を行います。また、障害者支援施設に入所している場合には、入所の前に居住していた市町村が支給決定を行います（居住地特例）。

総合支援法第19条

介護給付費、特例介護給付費、訓練等給付費又は特例訓練等給付費（以下「介護給付費等」という。）の支給を受けようとする障害者又は障害児の保護者は、市町村の介護給付費等を支給する旨の決定を受けなければならない。

※ **障害支援区分**　従来は障害程度区分とされていたが、障害程度区分では標準的な支援の度合を示す区分であることが分かりにくいとして改められた。

※ **市町村審査会**　障害区分認定の審査・判定を行う機関で、身体障害・知的障害・精神障害に関する専門家10人の委員で構成される合議体。

支給決定までのプロセス

　支給するかどうかを判断するために、市町村の職員が、心身の状況、現在受けているサービスの状況や置かれている環境等についての調査（認定調査：内容は次項）を行います。

　この後、認定調査の結果に基づいてコンピュータによる一次判定が行われ、介護給付を希望する場合にはさらに**市町村審査会***における二次判定が行われます。

　そして市町村は、支給を決定した場合には、支給量を定め、支給量等を記載した「障害福祉サービス受給者証」を交付します。

　障害支援区分の認定と支給決定に不服があるときは、不服申立てができます。

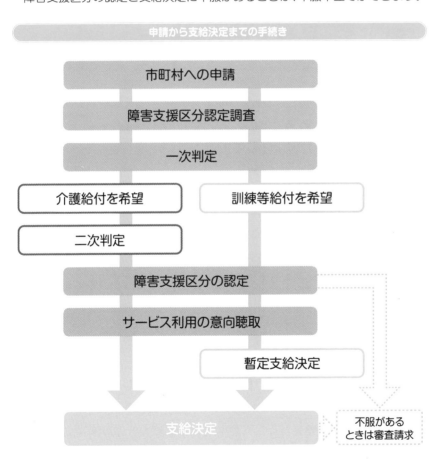

申請から支給決定までの手続き

市町村への申請

障害支援区分認定調査

一次判定

介護給付を希望　　　　訓練等給付を希望

二次判定

障害支援区分の認定

サービス利用の意向聴取

暫定支給決定

支給決定

不服があるときは審査請求

3-7
認定調査の中身は
どうなっているの？

　市町村は全国共通の項目からなる心身の状況に関する調査を行います。調査の中身は、社会生活に関すること、コミュニケーション能力、身の回りの世話、麻痺の状態・移動、身体状況などさまざまです。

ここだけは絶対覚えておこう

　調査票の中身は、概況調査票、認定調査表、特記事項の3つ。

▶▶ 調査の項目

　調査票は、概況調査票、認定調査表、特記事項の3つで構成されます。

● 概況調査票の項目は次のとおりです。

・調査実施者(記入者)

・調査対象者

・障害の状態・等級等

・現在受けているサービスの状況(居宅サービス等)

・地域生活関連についての勘案事項(外出、社会活動の参加、入所・入院等)

・就労関連についての勘案事項(就労状況、就労経験、就労希望等)

・日中活動についての勘案事項(日中活動の場等)

・居住関連についての勘案事項(生活の場等)

・その他の事項(障害状態の特徴、家族状況等)

障害者総合支援法第21条(障害支援区分の認定)

1　市町村は、前条第1項の申請があったときは、政令で定めるところにより、市町村審査会が行う当該申請に係る障害者等の障害支援区分に関する審査及び判定の結果に基づき、障害支援区分の認定を行うものとする。

> 2　市町村審査会は、前項の審査及び判定を行うに当たって必要があると認めるときは、当該審査及び判定に係る障害者等、その家族、医師その他の関係者の意見を聴くことができる。

● 認定調査の項目は次のとおりです。

(1) 麻痺・拘縮に関連する項目	1－1 麻痺等の有無 1－2 関節の動く範囲の制限の有無
(2) 移動等に関連する項目	2－1 寝返り 2－2 起き上がり 2－3 座位保持 2－4 両足での立位保持 2－5 歩行 2－6 移乗 2－7 移動
(3) 複雑な動作等に関連する項目	3－1 立ち上がり 3－2 片足での立位保持 3－3 洗身
(4) 特別な介護等に関連する項目	4－1 じょくそう（床ずれ）等の有無 4－2 えん下 4－3 食事摂取 4－4 飲水 4－5 排尿 4－6 排便
(5) 身の回りの世話等に関連する項目	6－1 視力 6－2 聴力 6－3ア 意思の伝達 6－3イ 本人独自の表現方法を用いた意思表示 6－4ア 介護者の指示への反応 6－4イ 言葉以外のコミュニケーション 　　　手段を用いた説明の理解 6－5 記憶・理解
(7) 行動障害	7 行動障害
(8) 特別な医療に関連する項目	8 過去14日間に受けた医療（処置等）
(9) 社会生活に関連する項目	9－1 調理 9－2 食事の配膳・下膳 9－3 掃除 9－4 洗濯 9－5 入浴の準備・後片付け 9－6 買い物 9－7 交通手段の利用 9－8 文字の視覚的認識使用

● 特記事項
上記のうち (1) 〜 (9) の各種類における各項目に関する特記事項は、所定の各記載欄に記載します。このとき、認定調査項目の各番号をあわせて（　）内に記載します。
http://www.mhlw.go.jp/bunya/shougaihoken/jiritsushienhou08/pdf/4.pdf
厚生労働省・認定調査員マニュアルより

3-8

ケアマネジメントって何だろう？

市町村が行う支給決定の前に「サービス利用計画案」を作成し、支給決定の参考とされています。

ここだけは絶対覚えておこう

支給決定後、計画的・継続的な支援を必要とする人には、サービス利用の斡旋や調整などの支援が行われる。

▶▶ 社会福祉援助技術の一つ

　障害者は、特定のサービスだけを必要とするとは限りません。複数のサービスを利用する場合、その利用は計画的・継続的に行われる必要があります。しかし、サービスについて障害者やその保護者が十分な知識を持っているとは限りません。そこで、**ケアマネジメント**＊による支援が重要な役割を果たすのです。

▶▶ ケアマネジメントの制度化

　支給決定を受けた後、計画的かつ継続的な支援を必要とする人々に対しては、サービスの利用計画を作成し、サービスの提供事業者や施設などからサービス利用の斡旋や調整などの支援が行われます。

　支援費制度では、障害者や障害児の保護者からの相談に応じるための相談事業や、サービスの適切で計画的な利用についての支援については制度上明確にされてはいませんでした。この点、前身の障害者自立支援法、そして障害者総合支援法でも相談支援事業を地域生活支援事業に位置づけ、市町村自ら実施し、または他の自治体や相談支援事業者に委託することができるとしました。また、サービス利用に関する斡旋や調整を行うための、相談支援事業者によるサービス利用計画作成費を自立支援給付と位置づけ、制度の中に取り込んでいます。

＊**ケアマネジメント**　社会福祉援助技術の一つで、医療や福祉のサービスを必要としている人々と、そのサービスとをつなぐ技術・方法。

障害者総合支援法第5条16項

この法律において「相談支援」とは、基本相談支援、地域相談支援及び計画相談支援をいい、「地域相談支援」とは、地域移行支援及び地域定着支援をいい、「計画相談支援」とは、サービス利用支援及び継続サービス利用支援をいい、「一般相談支援事業」とは、基本相談支援及び地域相談支援のいずれも行う事業をいい、「特定相談支援事業」とは、基本相談支援及び計画相談支援のいずれも行う事業をいう。

ケアマネジメントの流れ

申請の受理

利用者の要望やサービスの必要度（ニーズ）を明らかにして、利用者の課題を分析し、援助の優先度や実施の順序を検討する。

アセスメント（分析・査定・評価）

支給決定の前にサービス利用計画案を作成し、これが支給決定の参考とされることになる（2012年4月1日施行）。

支援区分認定

支給決定

法定サービスの利用なら障害支援区分の認定と支給決定の手続きを経ることが必要になる。

ケアプランの作成

簡単なケアプランを作成し、サービス提供事業者等に提示し、ケアプランを具体化する。

サービス利用計画の作成・調整

サービスの提供

モニタリング

サービス提供中に利用者の満足度や新たなニーズの発生の有無を調査・分析・点検。新たなニーズが発生していれば、アセスメントに戻って繰り返す。

3-9
都道府県と市町村の役割

サービス提供の主体は市町村であり、都道府県の役割は特定の事項と市町村への
支援に限られています。

ここだけは絶対覚えておこう
サービスの提供主体は、市町村。

▶▶ サービス提供の主体

　サービスの提供主体は、サービスの利用者である障害者に最も身近な地方自治
体である市町村に一元化されています。ただし、自立支援医療のうちの育成医療
と精神通院医療については都道府県が提供主体となっています。

▶▶ 市町村の役割

　市町村の役割とされているのは、介護給付費、訓練等給付費、サービス利用計
画作成費、自立支援医療費、補装具費等の支給決定等、市町村地域生活支援事業
の実施、市町村障害福祉計画の策定などです。また、精神通院医療費に関する自
立支援医療は都道府県の管轄ですが、その申請は市町村を経由して都道府県に申
請します。

> ### 障害者総合支援法第2条3項
> 国は、市町村及び都道府県が行う自立支援給付、地域生活支援事業その
> 他この法律に基づく業務が適正かつ円滑に行われるよう、市町村及び
> 都道府県に対する必要な助言、情報の提供その他の援助を行わなけれ
> ばならない。

▶ 都道府県の役割

　都道府県に割り振られた役割は、育成医療及び精神通院医療費についての支給決定等、都道府県地域生活事業の実施、障害福祉サービス事業者等の指定、都道府県障害福祉計画の作成、審査請求の受理及び障害者介護給付費不服審査会の設置、そして市町村への支援です。

　なお、障害福祉サービス事業者等に対する指導・監査も都道府県の役割であり、適正な運営が行われていないときは勧告・命令をすることができます。そして、事業者が不正な手段によって指定を受けたときや、障害者福祉サービスに関して不正または著しく不当な行為をしたときには、指定の効力の一部停止や指定の取消しをすることができるのです。

市町村と都道府県の役割分担

都道府県

育成医療及び精神通院医療費の支給決定等、都道府県地域生活事業の実施、障害福祉サービス事業者等の指定、都道府県障害福祉計画の作成、審査請求の受理及び障害者介護給付費不服審査会の設置、市町村への支援

市町村

介護給付費、訓練等給付費、サービス利用計画作成費、自立支援医療費、補装具費等の支給決定等、市町村地域生活支援事業の実施、市町村障害福祉計画の策定

利用者

福祉サービスの利用者である障害者にとっては、居住している市町村が最も身近な地方自治体です。だから、市町村でできることは市町村の役割とした方が、行動半径が狭い利用者でも、福祉サービスを利用しやすくなるのです。

3-10
申請に対する決定などに不服があるときはどうする？

市町村が行った介護給付費等又は地域相談支援給付費等に関する決定に不服があるときは、都道府県知事に審査請求することができます。

▶▶ 不服があるときは

障害者等のサービス利用に関する手続きは、いくつかの段階を経て行われます。これらの手続きのうち、障害支援区分の認定と、支給決定について不服がある場合には、**行政庁**＊に審査請求をして、解決をはかることができます。障害者総合支援法は、障害者または障害児の保護者が、市町村の介護給付費等又は地域相談支援給付費等にかかる処分に不服があるときは、都道府県知事に対して審査請求することができるとしています（97条）。そして都道府県は、審査請求があった場合に、その審査を公正・適正に行うために、障害者の保健・福祉に関する学識経験者で構成される不服審査会を設置できると定めています（98条）。

このように障害者総合支援法は不服審査会について「設置することができる」とし、任意の機関としていますが、審査の公正・適正をはかる上で、設置することが望ましいものであり、設置すべきものと思われます。

▶▶ 審査請求の対象となる「処分」

審査請求ができる「処分」には、次のものがあります。
①障害支援区分の認定
②障害支援区分の変更認定
③介護給付費の支給の要否の決定

＊**行政庁** 行政機関の一種で、行政主体の法律上の意思を決定し、外部に表示する権限をもつもの。例えば都道府県知事。

④支給の内容（サービスの種類、支給される量、決定された有効期間）

⑤支給決定の変更の決定

⑥その他

苦情の解決

障害者総合支援法には、利用者からの苦情に関する規定はありません。苦情については社会福祉法に規定があります。

> **社会福祉法第82条（社会福祉事業の経営者による苦情の解決）**
> 社会福祉事業の経営者は、常に、その提供する福祉サービスについて、利用者等からの苦情の適切な解決に努めなければならない。

決定等に不服があるとき

申請者（障害者・障害児の保護者）

判例で学ぶ
「利用者間のトラブルに対する施設の責任」

1. 事案の概要

　昭和39年生まれのAは、知的障害者として「愛の手帳」3度の認定を受けており、平成6年1月12日に禁治産宣告を受け、その後、実父であるBが後見人として指名されました。Aは平成7年4月19日から平成9年6月16日まで、特定の法人で運営される施設(以下、「本件施設」と呼びます)に入所し、そこで生活していました。しかし、Aが本件施設に滞在中に他の入所者から暴力行為を受けたり、安全に関する配慮が不十分であったとして、原告は被告に対して慰謝料の支払いを求めました。

2. 判決

　原告は、施設に入所していた期間中に他の入所者から暴行を受け、負傷したことが何度かありました。施設の運営者である被告は、知的障害者の更生や自立を支援するために施設を運営しており、入所者の安全を確保する責任を負っています。

　しかし、知的障害者の集団生活では衝突や問題が起こりやすいため、すべての問題を避けることは難しいものです。施設の職員は入所者の行動を個々に理解し、指導や訓練を行うべきですが、入所者の行動を完全に把握し制御することはできません。

　一方で、特定の入所者(QやP)からの暴行が長期間にわたって続いた場合、施設の職員は予防措置を講じるべきです。原告の父親が問題を報告し、注意を促していたにもかかわらず、適切な対策が講じられなかったことから、被告は安全配慮義務違反があったとされました。

　つまり、施設の運営者は入所者の安全を確保する責任があるが、完全な予防が難しい場合でも、問題が続く場合には適切な対策を講じるべきであるという判断が下されました。

3. 解説

　「安全配慮義務」とは、ある法的な関係(たとえば雇用契約や学校における関係)に基づいて、特定の社会的接触が生じる場合に適用される法的原則です。この義務は、信義則に基づいて一般的に認識されており、具体的な内容は状況や関係に応じて異なります。

　施設内で入所者同士の問題やトラブルが発生した場合、施設の運営者にはその安全を確保する責任があります。この責任は、学校事故などの類似事例でも予測可能性が問題になることが多いです。

　今回の判例は、福祉サービスが「措置」によって提供されていた時代のものですが、運営者には利用者の安全を確保する「契約関係類似の義務」が認められました。今日の福祉サービス提供においても、契約書に特別な記載がなくても、施設は利用者間の問題に対して一定の要件を満たす場合に法的責任(安全配慮義務)を負う可能性があります。

　この判決は、特定の条件が満たされた場合、施設が利用者間の問題に対して法的責任を負うことを示しています。具体的には、問題が長期間続いたり、施設の職員が問題を報告し、対策を講じる余地があるにもかかわらず、対策を怠った場合などです。

　本判決は、特定の施設内でのトラブルが継続的に発生した場合、問題解決の対策を怠ると、施設が法的責任を問われる可能性があることを明確に示しています。

障害者総合支援法で使えるサービス

自立支援給付とは、介護給付費、特例介護給付費、訓練等給付費、特例訓練等給付費、特定障害者特別給付費、特例特定障害者特別給付費、地域相談支援給付費、特例地域相談支援給付費、計画相談支援給付費、特例計画相談支援給付費、自立支援医療費、療養介護医療費、基準該当療養介護医療費、補装具費及び高額障害福祉サービス等給付費の支給です。

4-1 介護給付で利用できるサービス①訪問系

障害者総合支援法は、重度訪問介護の対象者を「重度の肢体不自由者その他の障害者であって常時介護を要するものとして厚生労働省令で定めるもの」として範囲を拡大しています。

ここだけは絶対覚えておこう

介護給付費で利用できるサービスは、障害支援区分によっても異なる。

▶▶ 居宅介護（ホームヘルプサービス）

居宅介護は、食事や入浴、そして排泄などの身体介護を障害者の居宅に出向いて提供します。障害支援区分が1以上（身体介護を伴う通院介助は区分2以上）の人が対象です。

▶▶ 重度訪問介護（重度の肢体不自由者の介護）

常時介護を必要とする障害者に対して、食事、入浴、排泄の身体介護、家事援助、コミュニケーション支援、外出時の移動の際の介護を総合的に提供します。重度の肢体不自由者で常時介護を必要とする障害者、重度の知的障害者及び精神障害者が対象です。障害支援区分が4以上で、2肢以上に麻痺があり、障害支援区分認定調査で「歩行」「移乗」「排尿」「排便」のどれもが「できる」以外に認定されている人が対象です。

▶▶ 同行援護（視覚障害者の移動の支援）

視覚障害により移動に著しい困難を有する障害者等について、外出時に同行し、移動に必要な情報提供とともに移動の援護その他の便宜を供与することです。

※**自閉症** 脳の特性から起こる発達障害。脳の特性のために、目や耳から入ってきた情報を適切に整理し、それらを意味のあるまとまったこととして認知することが困難な障害。

行動援護（危険を避けるための介護）

　自閉症 *、てんかん等を有する重度の知的障害者・障害児や統合失調症等を有する重度の精神障害者であって、自傷、異食、徘徊等の行動障害に対する援護を必要とする人に対する、行動する際に伴う危険を回避するための援護や外出の際の移動時の介護等の提供です。障害支援区分3以上で、行動関連項目8点以上の人が対象です。

療養介護（医療ケアに伴う介護）

　常時介護を必要とする人のうち、長期入院による医療的ケアが必要な人に対して、主に昼間に、病院や施設で機能訓練や療養上の管理、看護、医学的管理のもとでの介護、日常生活上の世話などを提供します。

事業の種類別にみた事業所数

	平成27年 (2015)	平成28年 (2016)	平成29年 (2017)	平成30年 (2018)	対前年	
					増減数	増減率 (%)
居宅介護事業	22,429	22,943	23,074	22,936	△138	△0.6
重度訪問介護事業	20,786	21,050	20,952	20,793	△159	△0.8
同行援護事業	9,854	10,263	10,356	9,084	△1,272	△12.3
行動援護事業	2,425	2,472	2,495	2,483	△12	△0.5
療養介護事業	220	221	222	224	2	0.9
生活介護事業	6,496	6,933	7,275	7,630	355	4.9
重度障害者等包括支援事業	34	38	29	23	△6	△20.7
計画相談支援事業	8,053	8,736	9,241	9,737	496	5.4
地域相談支援 （地域移行支援）事業	3,136	3,249	3,301	3,400	99	3.0
地域相談支援 （地域定着支援）事業	2,995	3,120	3,166	3,261	95	3.0
短期入所事業	4,833	5,099	5,333	5,621	288	5.4

4-2
介護給付で利用できるサービス②
日中活動系・施設系

自立支援給付のうちの介護給付費には、食事の提供に要する費用、居住もしくは滞在に要する費用その他の日常生活に要する費用又は創作的活動もしくは生産活動に要する費用のうち厚生労働省令で定める費用は含まれません。

なお、障害者総合支援法の改正により、2014年4月1日から従来の共同生活介護（ケアホーム）が共同生活援助（グループホーム）に一元化されました。

ここだけは絶対覚えておこう

支援区分が違えば、利用できるサービスも変わる。

▶▶ 生活介護（介護・創作活動・生産活動の支援）

常時介護を必要とする人が安定した生活を営むために、主として昼間に支援施設で入浴、排泄、食事の介護のほか、創作活動や生産活動の機会を提供します。利用期限は定められていません。障害支援区分3以上（施設入所の場合は4以上）、50歳以上の人の場合には障害支援区分2以上（施設入所の場合は3以上）の人が対象として想定されています。

▶▶ 施設入所支援

施設に入所している人に対して、主に夜間に入浴、排泄、食事の介護等を提供します。

▶▶ 短期入所

介護者が病気などで一時的に介護ができなくなったときに、障害者を障害者支援施設などに短期間だけ入所させて、入浴、排泄、食事等の介護を提供します。

事業の種類別にみた事業所数

	平成27年 (2015)	平成28年 (2016)	平成29年 (2017)	平成30年 (2018)	対前年	
					増減数	増減率 (%)
共同生活援助事業	6,762	7,219	7,590	8,087	497	6.5
自立訓練（機能訓練） 事業	432	428	428	402	△ 26	△ 6.1
自立訓練（生活訓練） 事業	1,361	1,353	1,374	1,341	△ 33	△ 2.4
宿泊型自立訓練事業	230	232	225	224	△ 1	△ 0.4
就労移行支援事業	3,146	3,323	3,471	3,503	32	0.9
就労継続支援（A型） 事業	3,018	3,455	3,776	3,839	63	1.7
就労継続支援（B型） 事業	9,431	10,214	11,041	11,835	794	7.2
児童発達支援事業	3,942	4,984	5,981	6,756	775	13.0
放課後等デイサービス 事業	6,971	9,385	11,301	12,734	1,433	12.7
保育所等訪問支援事業	714	858	969	1,149	180	18.6
障害児相談支援事業	5,128	5,755	6,134	6,582	448	7.3

注：複数の事業を行う事業所は、それぞれの事業に計上している。
　　障害者支援施設の昼間実施サービス（生活介護、自立訓練、就労移行支援、就労継続）を除く。

第4章　障害者総合支援法で使えるサービス

4-3
訓練等給付で利用できるサービス 居住支援系①共同生活援助

障害者総合支援法では、共同生活援助において入浴、排せつ、食事の介護その他の日常生活上の援助を行うこととしています。

ここだけは絶対覚えておこう

従来の共同生活介護は共同生活援助に一元化された。

▶▶ 共同生活援助とは

　共同生活援助とは、障害者のうち、施設に入所しておらず、地域で他の人と共同で生活している人（共同生活を営むのに支障のない人）を対象として、主に夜間において共同生活を営んでいる住居（グループホーム）で相談、入浴、排せつまたは食事の介護、その他の日常生活上の援助を行うものです。

　障害者の生活への不安の軽減、孤立の防止、共同生活による身体・精神状態の安定などが、この支援の目的とされています。一般にいうグループホームでのサービスを想定しています。グループホームとして使用される住居は事業者が賃貸借契約に基づいて提供します。

　対象者は、生活介護や就労継続支援等の日中活動を利用している障害者（身体障害者については、65歳未満の者又は65歳に達する日の前日までに障害福祉サービスもしくはこれに準ずるものを利用したことがある人）で、地域において自立した日常生活を営む上で、食事や入浴等の介護や、相談等の日常生活上の支援を必要とする人が想定されています。

▶▶ 共同生活援助と共同生活介護が一体化

　以前は共同生活援助が訓練等給付の一つであり、共同生活介護は介護給付の一つとされていましたが、2014年4月1日から共同生活援助に一元化されました。

その結果、共同生活援助には「外部サービス利用型」と「介護サービス包括型」の2つの型があることになります。

グループホームの事業運営

　従来は、グループホームの人員基準は厚生労働省令で定めるとされていましたが、改正により、都道府県の条例で定めることとなりました。

　ここでは、例として千葉県が定めた人員配置に関する基準について見てみましょう。

職種	職務内容	配置基準
管理者	従業者及び業務の管理その他の管理を一元的に行う。	・1人配置 ・兼務可、非常勤不可 ・資格要件なし
サービス管理責任者	利用者の個別支援計画を作成するとともに、サービス内容の評価、日中活動サービス事業者との連絡調整等、他の従業者に対する技術的な指導及び助言を行う。	・利用者の数を30で除した数以上（小数点以下を切り上げた整数） ・兼務可（ただし定員20人以上は専従）、非常勤可 ・資格要件あり（平成18年厚生労働省告示第544号）
世話人	食事の提供や生活上の相談等、日常生活を適切に援助する。	・利用者の数を6（人員配置基準の選択により5又は4）で除した数以上（常勤換算方法） ・兼務可、非常勤可 ・資格要件なし
生活支援員	食事や入浴、排せつ等の介護を行う。なお、外部サービス利用型指定共同生活援助の場合、配置は不要。	・以下の数（小数第2位まで算出）の合計数以上（小数第2位を切り上げ）（常勤換算方法） ○障害支援区分3の利用者を9で除した数 ○障害支援区分4の利用者を6で除した数 ○障害支援区分5の利用者を4で除した数 ○障害支援区分6の利用者を2.5で除した数 ・兼務可、非常勤可 ・資格要件なし

http://www.pref.chiba.lg.jp/shoufuku/grouphome/chgh-gaiyou.html#jinin,setsubi,unei-kijunより。

4-4
訓練等給付で利用できるサービス
居住支援系②自立生活援助

自立生活援助とは、障害者が居宅で自立した日常生活を営む上での問題について、一定の期間、定期的な巡回訪問などにより、相談に応じ、必要な情報の提供・助言その他の援助を行うことです。

ここだけは絶対覚えておこう

障害者支援施設やグループホームなどの利用者で、一人暮らしを希望する障害者などが、自立生活援助の対象者。

▶▶ 自立生活援助とは

一定の施設等から地域での一人暮らしに移行した障害者等で、理解力や生活力などに不安がある人が、居宅で自立した日常生活を営む上でのさまざまな問題に直面したとき、一定の期間、定期的な巡回訪問により、又は随時通報を受け、その障害者等からの相談に応じ、必要な情報の提供及び助言その他の厚生労働省令で定める援助を行うことです。

▶▶ 自立生活援助を実施する事業者の指定

自立生活援助を行うことができるのは、居宅介護、重度訪問介護、同行援護、行動援護、宿泊型自立訓練又は共同生活援助に係る指定障害福祉サービス事業者、指定障害者支援施設又は指定相談支援事業者で、事業者指定は事業所単位で実施します。

また、事業を行うために必要な広さの区画を有するとともに、指定自立生活援助の提供に必要な設備及び備品等、そして一定の人員を備えている必要があります。

自立生活援助を受けられるのはどんな人？

　障害者支援施設、のぞみの園、宿泊型自立訓練事業所、共同生活援助事業所、児童福祉施設、精神科病院、療養介護を行う病院、福祉ホーム、救護施設、更生施設、刑事施設（刑務所、少年刑務所、拘置所）、少年院、更生保護施設、自立更生促進センター、就業支援センター、自立準備ホームなどから地域での一人暮らしに移行した障害者等で、理解力や生活力などに不安がある障害者が援助を受けられます。また、この他に、現に一人暮らしをしていて、自立生活援助による支援が必要な障害者や、障害、疾病等を持った家族と同居していて、家族による支援が見込めないため、実質的に一人暮らしと同様の状況であり、自立生活援助による支援が必要な障害者も含まれます。

受けられる支援の内容

　自立生活援助の利用者である障害者が、地域において自立した日常生活や社会生活を営むことができるように、定期的な巡回訪問や、随時電話やメールなどで通報を受けて行う訪問等の方法による障害者等の状況の把握、必要な情報の提供、助言並びに相談、そして、指定障害福祉サービス事業者等、指定特定相談支援事業者、医療機関等との連絡調整などの必要な援助を受けることができます。

　例えば、自立生活援助を実施する事業者に自宅を訪問してもらい、食事、洗濯、掃除などの家事の面で何か課題がないか、電気、ガス、水道等の公共料金を滞納していないか、健康状態に変化はないか、近隣の住人との関係は良好かなどを確認してもらい、必要な助言や医療機関などとの調整を受けられるのです。

自立生活援助

- ・障害者支援施設
- ・グループホーム
- ・病院
  などを利用していた

自立生活援助事業所

巡回訪問

相談、要請

訪問、電話、メール等で随時対応

一人暮らしを希望

4-5
訓練等給付で利用できるサービス
訓練系①自立訓練（機能訓練/生活訓練）

訓練等給付のうち自立訓練給付には、身体機能の面に着目した機能訓練と生活能力の面に着目した生活訓練があります。

ここだけは絶対覚えておこう

自立訓練給付とは、機能や能力を維持・回復・向上することで自立が可能な人に、そのための訓練を行うもの。

▶▶ 機能の訓練と生活の訓練

障害者が自ら選択した場所に居住して、また、障害者や障害児が自分の適性と能力に応じて自立して生活していくためには、ある程度の身体機能が必要です。障害の種類によっては、日常生活に必要な食事や炊事・洗濯などの家事に関する能力が、自立して生活するには足りない場合もあります。また、現状では機能・能力を持っていても、意識的に訓練しないと低下してしまう場合もあります。これらの機能や能力を維持・回復・向上させれば十分に自立できる人に、そのための訓練を行うのが自立訓練給付です。自立訓練給付は、身体機能の面に着目した身体機能の維持・回復・向上を図るものと、生活能力の維持・回復・向上を図るものとに分かれます。

障害者総合支援法第5条12項

この法律において「自立訓練」とは、障害者につき、自立した日常生活又は社会生活を営むことができるよう、厚生労働省令で定める期間にわたり、身体機能又は生活能力の向上のために必要な訓練その他の厚生労働省令で定める便宜を供与することをいう。

機能訓練

　地域での生活への移行に必要な身体機能を維持・回復・向上させるために、作業療法や理学療法によるリハビリテーションや歩行訓練、家事などの日常生活上の活動の訓練、コミュニケーションの訓練、そしてこれらについての相談・支援を、18か月以内の期間を標準として個別の支援計画に基づいて行います。

生活訓練

　生活訓練は、知的障害者や精神障害者が対象です。生活訓練では、これらの人々に、地域での日常生活で必要になる食事や家事などの訓練や日常生活上の相談を行う支援です。24か月以内の期間を標準として、利用者の自宅で、又は一定の場所に通って訓練を行うものです。ただし、長期間の入所・入院をしていた人については36か月以内を標準の期間とします。

機能訓練と生活訓練

4-6
訓練等給付で利用できるサービス 就労系①就労移行支援

訓練等給付の一つとして就労支援があります。障害者が社会の中で自立して生活して行くためには仕事を得ることが重要な要素となるからです。

ここだけは絶対覚えておこう

実際に事業所で作業をしたり、企業で実習をしたりしながら、この活動を通して仕事に就くために必要な知識や能力の向上を図る訓練を提供する。

▶▶ 働きたい人への支援

職に就くことは、単に収入を得る手段としても重要ですが、収入を得ることだけが就労の価値ではありません。障害者の社会参加という意味の価値もあります。障害者が働きたいと考えたとき、この希望を満たすための支援が必要なのです。

就労移行支援は、65歳未満の、一般の企業などで働きたいと希望する人や、技術を修得して在宅での就労や起業を望んでいる人に対して、その希望をかなえるために行う支援です。就労移行支援では、実際に事業所で作業をしたり、企業で実習をしたりしながら、この活動を通して仕事に就くために必要な知識や能力の向上を図る訓練を提供します。そして、その上で利用者の求職活動に対する支援、職場に定着するための連絡・相談などの支援を行います。

利用者と契約した事業者は、その利用者に関する個別の支援計画に従った職場実習ができるように、その受け入れ先を確保し、ハローワークや障害者就業・生活支援センターなどの関係機関と連携して、利用者の求職活動の支援、適性や希望に応じた職場の開拓に努めなければなりません。

そして、利用者が職に就いたときもそれで終わりではなく、職場に定着するまでの間、定期的な連絡を行い、相談を受けるなどの支援を続けます。

> **障害者総合支援法第5条13項**
>
> 　この法律において「就労移行支援」とは、就労を希望する障害者につき、厚生労働省令で定める期間にわたり、生産活動その他の活動の機会の提供を通じて、就労に必要な知識及び能力の向上のために必要な訓練その他の厚生労働省令で定める便宜を供与することをいう。

工賃の支払い

　就労移行支援事業では、訓練等の給付とはいっても、一定の工賃が支払われます。この工賃は、生産活動に基づく事業収入から、必要経費を除いた額に相当する金額です。就労移行支援を行う事業者は、利用の申込があったときに、その事業所での直近の工賃支払いの実績を利用者に提示します。

就労移行支援

就労支援施策の対象となる障害者数／地域の流れ

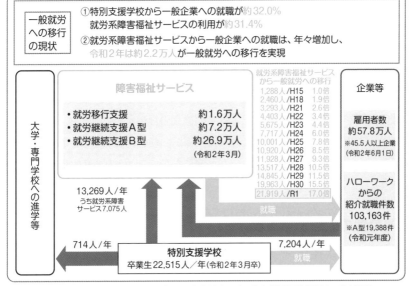

障害者総数約964万人中、18歳～64歳の在宅者の方、約377万人
（内訳：身体1101.3万人、知的58.0万人、精神217.2万人）

| 一般就労への移行の現状 | ①特別支援学校から一般企業への就職が約32.0%
　就労系障害福祉サービスの利用が約31.4%
②就労系障害福祉サービスから一般企業への就職は、年々増加し、
　令和2年は約2.2万人が一般就労への移行を実現 |

大学・専門学校への進学等

障害福祉サービス
- 就労移行支援　　　　約1.6万人
- 就労継続支援A型　　約7.2万人
- 就労継続支援B型　　約26.9万人
（令和2年3月）

就労系障害福祉サービス
から一般労への移行

1,288人／H15	1.0倍
2,460人／H18	1.9倍
3,293人／H21	2.6倍
4,403人／H22	3.4倍
5,675人／H23	4.4倍
7,717人／H24	6.0倍
10,001人／H25	7.8倍
10,920人／H26	8.5倍
11,928人／H27	9.3倍
13,288人／H28	10.5倍
14,845人／H29	11.5倍
19,963人／H30	15.5倍
21,919人／R1	17.0倍

企業等

雇用者数
約57.8万人
※45.5人以上企業
（令和2年6月1日）

ハローワークからの
紹介就職件数
103,163件
※A型19,388件
（令和元年度）

13,269人／年
うち就労系障害サービス7,075人

714人／年

就職

特別支援学校
卒業生22,515人／年（令和2年3月卒）

7,204人／年

就職

※出典：社会福祉施設等調査、国保連データ、学校基本調査、障害者雇用状況調査、患者調査、
　　　生活のしづらさなどに関する調査　等

訓練等給付で利用できるサービス 就労系②就労継続支援(A型/B型)

就労継続支援は、一般企業に雇用されることが困難な障害者に対して、就労や生産活動に関わる機会を提供し、知識や能力の向上を図るための支援を行います。

ここだけは絶対覚えておこう

就労継続支援には、雇用型と非雇用型がある。

▶▶ 就労できなかった人への支援

「就労継続支援」とは、通常の事業所に雇用されることが困難な障害者につき、就労の機会を提供するとともに、生産活動その他の活動の機会の提供を通じて、その知識及び能力の向上のために必要な訓練その他の便宜を供与することです。就労継続支援には、**雇用契約**※を締結して行う雇用型と、非雇用型の2種類があります。

▶▶ 雇用型の就労継続支援

雇用型の就労継続支援は、利用者と福祉サービスを提供する事業者との間で雇用契約を締結し、この契約に基づいて事業者の事業所で就労の機会を提供するものです。この就労によって、一般企業への就労に向けた知識や能力の向上を図ります。

雇用契約を締結するのですから、就労の機会の提供とはいっても、利用者は労働者として扱われ、労働基準法等の労働関係法令が適用されます。雇用契約を締結した以上、事業者は工賃の支払いが必要になり、これらの法令の遵守が求められます。

▶▶ 非雇用型の就労継続支援

雇用契約は締結しないで、通所によって就労や生産活動の機会を提供するものです。そして一般就労に必要な知識・能力に向上が見られた人には、一般就労に

※**雇用契約** 当事者の一方が、相手方に対して労務に服することを約束し、相手方がこれに対して報酬を与えることを約束する契約。

向けての支援が行われます。雇用契約は締結しませんから、工賃については、生産活動から得られた収入から必要経費を控除した額に相当する額が支払われます。

　対象者は、①一般企業などでの就労経験がある人や、②雇用型の就労継続支援での就労経験がある人の中で、年齢的・体力的な面で雇用されることが難しくなった人、③就労移行支援を利用したが企業での就労や雇用型の就労継続支援に至らなかった人、このどれにも当てはまらないけれど50歳に達している人、そして、試行の結果、企業等の雇用や、就労移行支援、雇用型の就労継続支援の利用が難しいと判断された人です。

就労支援事業

	就労移行支援	就労継続支援	
		A型	B型
	就労を希望する65歳未満の障害者で、通常の事業所に雇用されることが可能と見込まれる者	通常の事業所に雇用されることが困難であり、雇用契約に基づく就労が可能である者	通常の事業所に雇用されることが困難であり、雇用契約に基づく就労が困難である者
対象者	【利用者像】 ・養護学校を卒業したが、就労に必要な体力や準備が不足しているため、これらを身につけたい ・就労していたが、体力や職場の適性などの理由で離職した。再度、訓練を受けて、適性にあった職場で働きたい ・施設を退所し、就労したいが、必要な体力や職業能力等が不足しているため、これらを身につけたい	【利用者像】 ・養護学校を卒業して就労を希望するが、一般就労するには必要な体力や職業能力が不足している ・一般就労していたが、体力や能力などの理由で離職した。再度、就労の機会を通して、能力等を高めたい ・施設を退所して就労を希望するが、一般就労するには必要な体力や職業能力が不足している	【利用者像】 ・就労移行支援事業を利用したが、必要な体力や職業能力の不足等により、就労に結びつかなかった ・一般就労していて、年齢や体力などの理由で離職したが、生産活動を続けたい ・施設を退所するが、50歳に達しており就労は困難
サービス内容	一般就労等への移行に向けて、事業所内や企業における作業や実習、適性に合った職場探し、就職後の職場定着支援を実施	通所により、原則雇用契約に基づく就労の機会を提供するとともに、一般就労に必要な知識、能力が高まった者について支援	事業所内において、就労の機会や生産活動の機会を提供(雇用契約は結ばない)するとともに、一般就労に向けた支援

http://www.mhlw.go.jp/bunya/shougaihoken/service/shurou.html

第4章　障害者総合支援法で使えるサービス

4-8
訓練等給付で利用できるサービス 就労系③就労定着支援

就労定着支援は、就労に向けた支援を受けて通常の事業所に新たに雇用された障害者に、その事業所での就労の継続を図るために必要な一定の便宜を供与することです。

ここだけは絶対覚えておこう

サービスの対象者は、生活介護、自立訓練、就労移行支援、就労継続支援Ａ型・Ｂ型を利用して一般就労した障害者

▶▶ 就労定着支援とは

生活介護、自立訓練、就労移行支援などの利用を経て、会社などの事業所に新たに雇用された障害者で、就労に伴う環境の変化で生活面に課題が生じている障害者に、3年間にわたって、その事業所での就労の継続を図るために必要な、その事業所の事業主と、障害福祉サービス事業を行う者、医療機関その他の者との連絡調整その他の便宜を供与することです。

▶▶ 就労定着支援を実施する事業者の指定

就労定着支援を行うことができるのは、過去3年間に平均1人以上、通常の事業所に新たに障害者を雇用させている指定障害福祉サービス事業者で、生活介護、自立訓練、就労移行支援、就労継続支援Ａ型・Ｂ型に係る事業者です。

また、事業を行うために必要な広さの区画を有するとともに、指定就労定着支援の提供に必要な設備及び備品等、そして一定の人員を備えている必要があります。

▶▶ 就労定着支援を受けられるのはどんな人？

　就労定着支援は、生活介護、自立訓練、就労移行支援、就労継続支援Ａ型・Ｂ型を利用して一般就労した障害者が対象です。

▶▶ 受けられる支援の内容

　障害者が、新規に雇用された会社などの通常の事業所での就労の継続を図るため、勤務先事業所の事業主や、障害福祉サービス事業を行う事業所、医療機関、社会福祉協議会等との連絡調整、連携、そして、雇用に伴って生じる日常生活又は社会生活を営む上でのさまざまな問題に関する相談、指導、助言などの支援を受けることができます。

　例えば、就労定着支援を実施する事業者に勤め先や自宅などに訪問してもらい、または障害者が就労定着支援を実施する事業者を訪問して、生活のリズムや体調管理、家計などの問題の解決に向けて、必要な連絡調整や指導、そして助言を受けることができるのです。

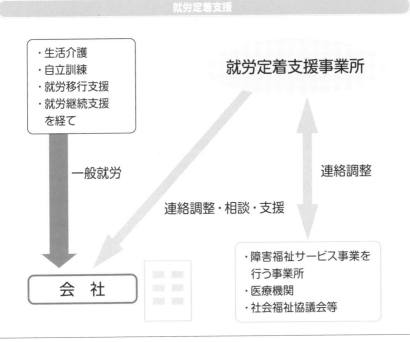

就労定着支援

・生活介護
・自立訓練
・就労移行支援
・就労継続支援
　を経て

就労定着支援事業所

一般就労

連絡調整

連絡調整・相談・支援

会　社

・障害福祉サービス事業を
　行う事業所
・医療機関
・社会福祉協議会等

訓練等給付で利用できるサービス
就労系④就労選択支援

新法改正により、就労選択支援がスタートし、障害者のための就労アセスメントが実施されることになりました。

ここだけは絶対覚えておこう

障害者が自分に合った働く場所を見つけるための支援で、アセスメントが鍵となる。障害者と支援者が協力して、個別の能力と適性を評価し、適切な就労を選択する。

▶▶ あなたに合った働く場所を見つけるためのスタートライン

従来の就労支援では、障害者の個別のニーズに焦点を当てた支援が行われてきました。しかし、これには課題がありました。例えば、支援者の主観的な意見や客観的な評価基準の不足が、障害者と最適な仕事をマッチングするのを難しくしていました。障害者が自分に合った場所を見つけることが難しい場合もありました。

そこで、「就労選択支援」という新しいアプローチが導入されました。障害者自身の能力、適性、興味に基づいて適切な職場を見つけるサポートが開始されます。この取り組みにより、職場と障害者のマッチングのミスマッチが減少し、より適切な支援が提供されることが期待されています。

▶▶ 障害者と共に進めるアセスメント

就労選択支援の特徴は、就労アセスメントの導入です。このアセスメントプロセスでは、個別の面接や障害者自身の評価を基に、アセスメントシートが作成されます。そして、障害者と支援者が協力して、その人の能力や適性を評価します。職業上の課題や支援が必要な領域を特定し、適切な支援計画を立てます。このア

セスメントの結果を通じて、自分自身の強みや職業上の課題を明確に理解し、就労に向けて最適な選択肢を見つけることができます。また、複数の支援機関が関与する場合でも、一貫性のある評価基準を共有することが、支援の質を向上させ、障害者が適切な職場を見つけやすくなります。

就労選択支援のイメージ

障害者本人

就労選択支援

障害者本人と協同
就労アセスメントの活用

- 本人への情報提供等
- 作業場面等の状況把握
- 他機関の連携によるケース会議
- アセスメント結果の作成

本人と共同で行った評価結果を
支給の決定などに考慮

事業者等との連携調整

就労系障害福祉サービスの活用

就労移行支援
就労継続支援A型
就労継続支援B型

一般就労

ハローワーク
就労移行支援アセスメントを
踏まえたうえで職業指導の実施 → 企業 等

障害者の日常生活及び社会生活を総合的に支援するための法律等の一部を改正する法律案：厚生労働省

4-10
自立支援医療

自立支援医療費についても、現行法では従来とは異なり、原則として利用者の家計の負担能力や障害の状態その他の事情をしん酌して定める額を控除した額の支給とされています。

ここだけは絶対覚えておこう

利用者が負担する額は最大で医療費の額の1割。

▶▶ 自立支援医療

障害者や障害児が、心身の障害の状態の軽減を図り、自立した日常生活や自立した社会生活を営むために、必要な医療を指定自立支援医療機関から受けたときは、その利用者に対して個別に自立支援医療費が支給されます。

自立支援医療費は、従来の児童福祉法に基づく育成医療、精神保健福祉法に基づく精神通院医療、そして身体障害者福祉法に基づく更生医療を統合したものです。

> **障害者総合支援法第5条24項**
>
> この法律において「自立支援医療」とは、障害者等につき、その心身の障害の状態の軽減を図り、自立した日常生活又は社会生活を営むために必要な医療であって政令で定めるものをいう。

▶▶ 自立支援医療費の支給と認定

支給申請手続きは管轄の違いにより異なります。自立支援医療費のうち、育成医療は実施主体である都道府県に直接自立支援費の申請を行います。精神通院医療は市町村を経由して実施主体である都道府県に対して申請します。更生医療は実施主体が市町村なので、市町村に対して直接申請することになります。

支給認定にあたって、それぞれの自立支援医療の実施主体は、支給認定の有効

期間、指定自立医療機関を定めて、それを記載した受給者証を利用者に交付します。利用者が指定自立医療機関で診療を受ける際には、この受給者証を提出しなければなりません。

利用者負担は最大1割

　現行法では、応能負担が原則ですから、同じ月に受けた指定自立支援医療につき、健康保険の療養に要する費用の額の算定方法の例により算定した額から、利用者の家計の負担能力や障害の状態その他の事情をしん酌して政令で定める額を控除した額の支給となっています。ただし、政令で定める額が、算定した医療費の額の1割に相当する額を超えるときは、1割が控除される額になります。つまり、利用者が負担する額は最大で医療費の額の1割となります。

自立支援医療費の対象者と自己負担額

市町村民税非課税世帯	中間所得層	一定所得以上
	負担上限月額：医療保険の自己負担限度額	市町村民税額23.5万円以上
生活保護世帯=負担0円	①本人収入80万円以下 負担上限月額=2,500円 ②本人収入80万円超 負担上限月額=5,000円	**育成医療の経過措置** ①市町村民税額3.3万円未満 負担上限月額=5,000円 ②市町村民税額3.3万円以上23.5万円未満 負担上限月額=10,000円	公費負担の対象外
		高額治療継続者（重度かつ継続） ①市町村民税額3.3万円未満 負担上限月額=5,000円 ②市町村民税額3.3万円以上23.5万円未満 負担上限月額=10,000円	市町村民税額23.5万円以上 負担上限月額=20,000円

4-11
補装具

補装具費の利用者負担については、高額障害福祉サービス費と合算されています。

ここだけは絶対覚えておこう

補装具の購入や修理を希望する利用者は、市町村に対して費用支給の請求を行う。

▶▶ 補装具とは何だろう？

補装具については、その種目を厚生労働大臣が定めており、次の3つの要件をすべて満たしたものであることが必要です。

①身体の欠損や損なわれた機能を補完し、代替するもので、それぞれの障害に対応して設計・加工されたもの

②身体に装着して日常生活または就学・就労に用いるもので、同一製品を継続して使用するもの

③給付に際して専門的な知見を要するもの（専門的な知見とは医師による判定です。）

▶▶ 補装具費の支給と利用者の負担

補装具の購入や修理を希望する利用者は、市町村に対して費用支給の請求を行います。

従来は、補装具の製作・購入に要した費用は、市町村の決定を受けた利用者自身が、製作業者・販売業者にまず支払って、市町村に対して通常要する費用の100分の90に相当する額を請求することとされていました。

現在は、1か月につき、同じ月に購入または修理した補装具について、厚生労働大臣が定める基準によって算定した費用の額を合計した額から、利用者の家計の負担能力その他の事情をしん酌して政令で定める額を控除した額を市町村が支給することとされています。ただし、政令で定める額が算定した補装具費の額の

※補装具や日常生活用具について、交付・貸与や修理を受けることもできます。

1割に相当する額を超えるときは、1割が控除される額になります。つまり、利用者が負担しなければならない額は、最大でも補装具費の1割となるのです。

肢体不自由	
種目	**種類**
義手	肩義手、上腕義手、肘義手、前腕義手、手義手、手部義手、手指義手
義足	股義足、大腿義足、膝義足、下腿義足、踝義足、足根中足義足、足指義足
上肢装具	肩装具、肘装具、手背屈装具、長対立装具、短対立装具、把持装具、ＭＰ（屈曲及び伸展）装具、指装具、ＢＦＯ（食事動作補助器）
下肢装具	長下肢装具、短下肢装具、靴型装具、足底装具、股装具、膝装具
体幹装具	頚椎装具、胸椎装具、腰椎装具、仙腸装具、側弯矯正装具
座位保持装置	平面形状形、モールド型、シート張り調節型
車いす	普通型、リクライニング式普通型、ティルト式普通型、リクライニング・ティルト式普通型、手動リフト式普通型、前方大車輪型、リクライニング式前方大車輪型、レバー駆動型、リクライニング式片手駆動型、片手駆動型、手押し型、リクライニング式手押し型、ティルト式手押し型、リクライニング・ティルト式手押し型
電動車いす	普通型（4.5km/H、6km/H）、リクライニング式普通型、電動リクライニング式普通型、電動リフト式普通型、電動ティルト式普通型、電動リクライニング・ティルト式普通型、手動兼用型
座位保持いす	（児童のみ対象）
起立保持具	（児童のみ対象）
歩行器	六輪型、四輪型（腰掛つき、腰掛なし）、三輪型、二輪型、固定型、交互型
歩行補助つえ	松葉づえ、カナディアン・クラッチ、ロフストランド・クラッチ、多点杖、プラットホーム杖
重度障害者用意思伝達装置	ソフトウェアが組み込まれた専用機器、生体現象（脳の血流量等）を利用し「はい・いいえ」を判定するもの
排便補助具	（児童のみ対象）

視覚障害	
種目	**種類**
盲人安全つえ	普通用、携帯用
義眼	普通義眼、特殊義眼、コンタクト義眼
眼鏡	矯正眼鏡、コンタクトレンズ、遮光眼鏡、弱視眼鏡（掛けめがね式、焦点調節式）

聴覚障害	
種目	**種類**
補聴器	高度難聴用ポケット型、高度難聴用耳かけ型、重度難聴用ポケット型、重度難聴用耳かけ型、耳あな型（レディメイド）、耳あな型（オーダーメイド）、骨導式ポケット型、骨導式眼鏡型

4-12

一般・特定相談支援事業

現行法では、自立支援給付については相談支援の充実が重要な課題とされ、給付費についても従来の制度から変更がなされています。

ここだけは絶対覚えておこう

指定相談支援事業者から、サービス利用計画の作成、サービス利用のあっせん・調整などの支援を受けたときは、サービス利用計画作成費の支給が受けられる。

▶▶ サービス利用計画作成費

障害者や障害児の保護者が自立支援給付の支給決定を受けて、特に計画的で継続的な支援を必要とするサービスを利用しようとするときには、特別な相談・支援を必要とする場合があります。この場合に、指定相談支援事業者から、サービス利用計画の作成、サービス利用のあっせん・調整などの支援を受けたときは、サービス利用計画作成費の支給が受けられます。

サービス利用計画作成費は、**指定相談支援事業者**※が市町村に請求し、この請求に基づいて市町村が支給を決定し、指定相談支援事業者に支給されます。

なお、サービス利用計画作成費については利用者負担はありません。

サービス利用計画作成費については、現行法では、相談支援の内容として規定が置かれています。

▶▶ 高額障害福祉サービス費

同一世帯に障害福祉サービスを利用する者が複数いる場合等には、その世帯が支払う費用の負担が大きくなり、家計に与える影響は軽視できないものになってしまいます。そこで、世帯の負担を軽減する観点から、世帯における利用者負担を月額負担上限額まで軽減するのです。

利用者が複数でない場合でも、障害者自立支援法に基づくサービスおよび介護

※**指定相談支援事業者** 「総合的に相談支援を行う者」として厚生労働省令で定める基準に該当する者であって市町村の指定を受けた者。

保険制度によるサービスを利用したことで、利用者負担が著しく高額になる場合も考えられます。この場合にも、利用者の負担を軽減するために高額障害福祉サービス費が支給されます。

　従来は、障害福祉サービスと補装具の利用者負担の上限は、それぞれ別に設定されていました。しかし、現行法では、利用者負担軽減のため、高額障害福祉サービス費については補装具と合算することとされています。

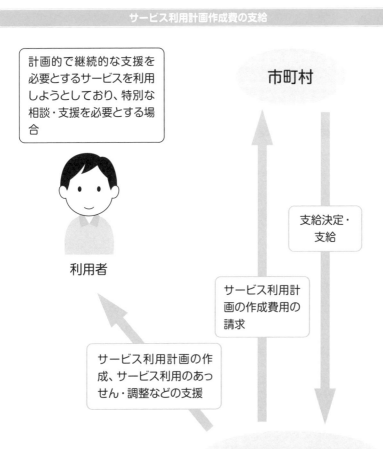

サービス利用計画作成費の支給

計画的で継続的な支援を必要とするサービスを利用しようとしており、特別な相談・支援を必要とする場合

利用者

市町村

支給決定・支給

サービス利用計画の作成費用の請求

サービス利用計画の作成、サービス利用のあっせん・調整などの支援

指定相談支援事業者

4-13
その他自立支援給付

一口に障害と言っても、その内容も程度もさまざまなものがあります。また、障害者の所得の程度もさまざまです。一定の場合には例外的な支給が行われることがあります。

ここだけは絶対覚えておこう
所得の低い障害者に対しては特別な給付が行われる。

▶▶ 特定障害者特別給付費・特例特定障害者特別給付費

現行法では、負担能力に応じた負担が原則であることを明確にしています。しかし、一定の場合にはそれでもまだ大きな負担となることもあり得ます。

そこで、施設入所支援、共同生活援助その他の障害福祉サービスの支給決定を受けた障害者・障害児のうち、所得の低い人に対しては、支給決定有効期間内において指定障害者支援施設等または共同生活援助を行う住居における食事の提供に要した費用または居住に要した費用を、特定障害者特別給付費として支給することにしたのです。

また、特例特定障害者特別給付費は、**指定障害者支援施設**※等もしくは**基準該当施設**※または共同生活援助を行う住居における食事の提供に要した費用または居住に要した費用を支給するものです。

障害者総合支援法第34条（特定障害者特別給付費の支給）

市町村は、施設入所支援、共同生活援助その他の政令で定める障害福祉サービス（特定入所等サービス）に係る支給決定を受けた障害者のうち所得の状況その他の事情をしん酌して厚生労働省令で定めるもの（特定障害者）が、支給決定の有効期間内において、指定障害者支援施設若

※**指定障害者施設**　基準を満たした上で都道府県知事の指定を受けて障害福祉サービスを提供する施設。
※**基準該当施設**　人員配置基準や設備、運営基準の指定要件の一部だけを満たした施設。

しくはのぞみの園（指定障害者支援施設等）に入所し、又は共同生活援助を行う住居に入居して、当該指定障害者支援施設等又は指定障害福祉サービス事業者から特定入所等サービスを受けたときは、当該特定障害者に対し、当該指定障害者支援施設等又は共同生活援助を行う住居における食事の提供に要した費用又は居住に要した費用について、政令で定めるところにより、特定障害者特別給付費を支給する。

療養介護医療費・基準該当療養介護医療費

　利用者が、医療を必要とすると同時に常時介護を必要とする場合の医療費の支給です。利用者が、主として昼間に病院や施設などで機能訓練や療養上の管理、看護、医学的管理のもとで日常生活上の世話を受けている場合に、医療に限って要した費用について、療養介護医療費が支給されます。

　また、利用者が療養介護医療を受けた施設が基準該当施設の場合には、基準該当療養介護医療費が支給されます。

療養介護医療費・基準該当療養介護医療費のしくみ

主として昼間に病院や施設などで機能訓練や療養上の管理、看護、医学的管理のもとで日常生活上の世話を受けている

療養介護医療費、基準該当療養介護医療費の支給

市町村

利用者

4-14
地域生活支援事業とは？

地域生活支援事業は、利用者の身近な地域である都道府県・市町村が、障害者及び障害児の能力及び適性に応じて、地域の特性や利用者の状況に応じた柔軟な事業形態による事業を、効率的・効果的に実施するものです。

ここだけは絶対覚えておこう

地域生活支援事業には、必須事業と任意事業がある。

地域生活支援事業の内容

地域生活支援事業の内容は、各都道府県・各市町村それぞれに委ねられていて、それぞれの地域ごとに障害福祉計画において定められます。

市町村と都道府県の役割分担

地域生活支援事業は、市町村が行うもの（市町村地域生活支援事業）と都道府県が行うもの（都道府県地域生活支援事業）との2つに分けられます。

市町村地域生活支援事業で行う事業は、市町村（指定都市、中核市、特別区を含む。）が実施主体です。

内容は、必ず実施する事業（必須事業）として、障害者等、障害児の保護者等からの相談に応じるとともに、必要な情報の提供等を行う事業、手話通訳者の派遣等を行う事業、日常生活用具の給付又は貸与、障害者等の移動を支援する事業及び障害者等を通わせ創作的活動等の機会の提供を行う事業があります。また、市町村の判断により、自立した日常生活又は社会生活を営むために必要な事業、社会福祉法人、公益法人、特定非営利活動法人等の団体（以下「社会福祉法人等」という。）が行うこの事業に対し補助する事業を行うこともできます（任意事業）。

複数の市町村が連携して、広域的に実施することも、事業の全部又は一部を団体等に委託して実施することもできます。

　これに対して都道府県は、専門性の高い相談支援事業及び広域的な対応が必要な事業を必須事業として実施し、サービス提供者等のための養成研修事業やその他都道府県の判断により、自立した日常生活又は社会生活を営むために必要な事業及び社会福祉法人等が行うこの事業に対し補助する事業を実施することができます。また、都道府県が地域の実情を勘案して、市町村に代わって市町村地域生活支援事業の一部を実施することができるものとされています。

障害者総合支援法で追加された地域生活支援事業（2013年4月1日施行）

市町村の地域生活支援事業として追加された事業

◆障害者等の自立した日常生活及び社会生活に関する理解を深めるための研修及び啓発を行う事業

◆障害者等、障害者等の家族、地域住民等により自発的に行われる障害者等が自立した日常生活及び社会生活を営むことができるようにするための活動に対する支援を行う事業

◆障害者に係る民法に規定する後見、保佐及び補助の業務を適正に行うことができる人材の育成及び活用を図るための研修を行う事業

◆意思疎通支援（手話その他厚生労働省令で定める方法により当該障害者等とその他の者の意思疎通を支援することをいう。）を行う者の派遣その他の便宜を供与する事業

◆意思疎通支援を行う者を養成する事業

都道府県の地域生活支援事業として追加された事業

◆意思疎通支援（手話その他厚生労働省令で定める方法により当該障害者等とその他の者の意思疎通を支援することをいう。）を行う者の派遣その他の便宜を供与する事業及び意思疎通支援を行う者を養成する事業のうち、特に専門性の高い意思疎通支援を行う者を養成し、または派遣する事業

◆意思疎通支援を行う者の派遣に係る市町村相互間の連絡調整その他の広域的な対応が必要な事業として厚生労働省令で定める事業

4-15 市町村が行う地域生活支援事業 ①相談支援事業

障害者が福祉サービスを利用しようとしても、個々のサービス内容はもちろん、全体像を知ることも簡単ではありません。自立した日常生活や社会生活を送るためには適切な情報提供や助言が必要です。

ここだけは絶対覚えておこう

障害者や障害児の保護者、介護者からの相談に応じて情報提供などの便宜を供与する。

▶▶ 障害者相談支援事業

市町村は、障害者等の福祉に関するさまざまな問題について、障害者等からの相談に応じます。そして、障害者等に対して必要な情報の提供、助言その他の障害福祉サービスの利用支援等、必要な支援を行うとともに、虐待の防止及びその早期発見のための関係機関との連絡調整など、障害者等の権利擁護のために必要な援助を行います。虐待を発見した場合には保護を行い、また、成年後見制度の利用が必要な場合には、制度を利用できるように支援します。

また、こうした相談支援事業を効果的に実施するために、地域において障害者等を支えるネットワークの構築が不可欠であることから、市町村は相談支援事業を実施するに当たっては、地域自立支援協議会を設置して、中立・公平な相談支援事業の実施のほか、地域の関係機関の連携強化、社会資源の開発・改善等を推進します。市町村は、必要に応じて他の市町村と共同で実施することもできます。また、運営については常勤の相談支援専門員が配置されている指定相談支援事業者へ委託することもできます。

▶▶ 基幹相談支援センターの設置

市町村は「基幹相談支援センター」を設置することができます。基幹相談支援

センターとは、地域における相談支援の中核的な役割を担う機関として、障害者自立支援法に規定する相談支援事業等の業務を総合的に行うことを目的とする施設とされています。

　なお、市町村は、基幹相談支援センターの事業及び業務の実施を、一般相談支援事業を行う者のうち政令で定める者に委託することができ、委託を受けた者は、基幹相談支援センターを設置することができるとされています。

> ## 障害者総合支援法第77条の2第1項（基幹相談支援センター）
> 基幹相談支援センターは、地域における相談支援の中核的な役割を担う機関として、前条第1項第3号及び第4号に掲げる事業並びに身体障害者福祉法第9条第5項第2号及び第3号、知的障害者福祉法第9条第5項第2号及び第3号並びに精神保健及び精神障害者福祉に関する法律第49条第1項に規定する業務を総合的に行うことを目的とする施設とする。

市町村が行う相談支援事業の具体的内容

① 福祉サービスの利用援助（情報提供、相談等）

② 社会資源を活用するための支援（各種支援施策に関する助言・指導等）

③ 社会生活力を高めるための支援

④ ピアカウンセリング（同じ背景を持つ人同志が、対等な立場で、話を聞き合うこと）

⑤ 権利の擁護のために必要な援助

⑥ 専門機関の紹介

⑦ 地域自立支援協議会の運営等

4-16
市町村が行う地域生活支援事業 ②日常生活用具給付等事業

障害者が円満な日常生活を送るためには、障害の種類や程度に応じたさまざまな用具が必要になることがあります。これらの用具の給付や貸与も市町村が行う事業です。

ここだけは絶対覚えておこう

給付・貸与される日常生活用具というためには、3つの要件を満たしたものでなければならない。

▶▶ 日常生活に必要な6種類の用具を給付・貸与

日常生活用具給付等事業は、重度障害者等に対して、自立した生活を営むために必要な用具（生活支援用具）等の日常生活用具を給付するか、または貸与すること等によって、円満な日常生活をおくれるように便宜を図り、その福祉の増進に資することを目的とする事業です。

▶▶ 給付・貸与される日常生活用具

日常生活用具とは、①安全かつ容易に使用できるもので、実用性のあるもの、②日常生活上の困難を改善し、自立を支援し社会参加を促進するもの、③製作や改良・開発にあたって障害に関する専門知識や専門技術を要するもので、日常生活品として一般に普及していないもの、の3つの要件のすべてを満たすものをいいます。

以上の定義をすべて満たす用具で、次の6種類の用具を給付または貸与します。

◦ **介護・訓練支援用具**

入浴担架、特殊寝台、訓練いす、特殊尿器など。

◦ **自立生活支援用具**

入浴補助用具、便器、頭部保護帽、移動・移乗支援用具、T字状・棒状の杖、聴覚

障害者用屋内信号機など。

在宅療養等支援用具

吸入器、透析液加温器、酸素ボンベ運搬車、盲人用体温計など。

情報・意思疎通支援用具

携帯用会話補助装置、点字ディスプレイ、点字タイプライター、視覚障害者用携帯レコーダー、盲人用時計など。

排泄管理支援用具

収尿器、ストマ用装具など。

居宅生活動作補助用具

手すりの取り付け、段差の解消などの改修費とこれに付帯して必要な住宅の改修費。

日常生活用具

● **介護・訓練支援用具**

入浴担架、特殊寝台、訓練いす、特殊尿器など

● **自立生活支援用具**

入浴補助用具、便器、頭部保護帽、移動・移乗支援用具、T字状・棒状の杖、聴覚障害者用屋内信号機など

● **在宅療養等支援用具**

吸入器、透析液加温器、酸素ボンベ運搬車、盲人用体温計など

● **情報・意思疎通支援用具**

携帯用会話補助装置、点字ディスプレイ、点字タイプライター、視覚障害者用携帯レコーダー、盲人用時計など

● **排泄管理支援用具**

収尿器、ストマ用装具など

● **居宅生活動作補助用具**

手すりの取り付け、段差の解消などの改修費とこれに付帯して必要な住宅の改修費

第4章　障害者総合支援法で使えるサービス

市町村が行う地域生活支援事業
③コミュニケーション支援事業

市町村が行う支援事業には、聴覚、言語機能、音声機能その他の障害のため意思疎通を図ることに支障がある障害者等その他の日常生活を営むのに支障がある障害者等につき、手話通訳等を派遣する事業があります。

> ### ここだけは絶対覚えておこう
>
> コミュニケーション支援事業として、手話通訳者、要約筆記者を派遣する事業、手話通訳者を設置する事業、点訳、音声訳等による支援事業などがある。

▶▶ コミュニケーション支援事業とは

聴覚、言語機能、音声機能、視覚その他の障害のため、意思疎通を図ることに支障がある障害者・障害児が対象です。手話通訳などの方法によって、障害者・障害児と、その他の人との間での意思疎通ができるように、意思疎通を仲介する手話通訳者等の派遣等を行い、意思疎通の円滑化を図ります。

具体的には、手話通訳者、**要約筆記***者を派遣する事業、手話通訳者を設置する事業、点訳、音声訳等による支援事業などが含まれます。

ここでいう「手話通訳者」、「要約筆記者」には、それぞれ次のものが含まれます。

①手話通訳者

手話通訳士・・・手話通訳を行う者の知識及び技能の審査・証明事業の認定に関する省令に基づき実施された手話通訳技能認定試験に合格し、登録を受けた者

手話通訳者・・・都道府県が実施する手話通訳者養成研修事業において手話通訳者として登録された者

手話奉仕員・・・市町村及び都道府県で実施する奉仕員養成研修事業において手話奉仕員として登録された者

***要約筆記** 耳が聞こえない人のために、会話の内容などを文字により通訳すること。

②要約筆記者

要約筆記奉仕員・・・市町村及び都道府県で実施する奉仕員養成研修事業において要約筆記奉仕員として登録された者

> ### 障害者総合支援法施行規則第65条の12（法第77条第1項第6号に規定する厚生労働省令で定める便宜）
>
> 法第77条第1項第6号に規定する厚生労働省令で定める便宜は、同号に規定する意思疎通支援を行う者の派遣及び設置その他障害のために意思疎通を図ることに支障がある障害者等に必要な支援並びに日常生活上の便宜を図るための用具であって同号の厚生労働大臣が定めるものの給付及び貸与とする。

身体障害児・者実態調査

身体障害者（18歳以上）　　　　　　　　　　　　　　　　　　　　単位：千人（%）

		総数	視覚障害	聴覚・言語障害	肢体不自由	内部障害
総数		3,483 (100.0)	310 (100.0)	343 (100.0)	1,700 (100.0)	1,070 (100.0)
事故	交通事故	106 (3.0)	11 (3.5)	6 (1.7)	89 (5.1)	1 (0.1)
	労働災害	113 (3.2)	2 (0.6)	3 (0.9)	96 (5.5)	11 (1.0)
	その他の事故	100 (2.9)	8 (2.6)	6 (1.7)	86 (4.9)	1 (0.1)
	戦傷病戦災	21 (0.6)	3 (1.0)	2 (0.6)	14 (0.8)	2 (0.2)
	小計	341 (9.8)	25 (8.1)	17 (5.0)	284 (16.1)	15 (1.4)
疾病	感染症	58 (1.7)	4 (1.3)	3 (0.9)	36 (2.0)	15 (1.4)
	中毒性疾患	8 (0.2)	1 (0.3)	－（－）	2 (0.1)	6 (0.6)
	その他の疾患	656 (18.8)	56 (18.1)	47 (13.7)	356 (20.2)	196 (18.3)
	小計	722 (20.7)	61 (19.7)	51 (14.9)	394 (22.4)	216 (20.2)
出生時の損傷		79 (2.3)	14 (4.5)	7 (2.0)	53 (3.0)	6 (0.6)
加齢		166 (4.8)	7 (2.0)	29 (8.5)	70 (4.0)	10 (5.6)
その他		356 (10.2)	41 (13.2)	29 (8.5)	145 (8.2)	142 (13.3)
不明		446 (12.8)	58 (18.7)	51 (15.0)	163 (9.3)	174 (16.3)
不詳		1,372 (39.4)	105 (33.9)	160 (46.7)	651 (37.0)	457 (42.7)

（注）（ ）内は構成比資料：厚生労働省「身体障害児・者実態調査」（平成18年）
http://www8.cao.go.jp/shougai/whitepaper/h20hakusho/zenbun/zuhyo/zuhyo2_10.html
図表2−10 障害の種類別・障害の原因別にみた身体障害児・者数

4-18
市町村が行う地域生活支援事業
④移動支援

障害者が日常生活を円満に送り、社会参加していくためには、それぞれの地域の特性や利用者の状況に応じた外出の際の移動の支援が必要になります。

ここだけは絶対覚えておこう

障害者・障害児の活動範囲を広げる移動支援事業は各市町村の判断により実施。

▶▶ 移動支援事業とは

障害があることによって、屋外での移動が困難な人について、外出のための支援を行うことにより、地域における自立生活及び社会参加を促します。

障害者や障害児は、障害が原因となって外出を控えることになりがちです。しかし、これでは社会生活上必要な活動も大きく制限されてしまいます。そこで、移動支援を実施することにより、官公署用務や冠婚葬祭、教育・文化的活動など社会生活上必要不可欠な外出や、イベントへの参加、観劇などの余暇活動等の社会参加のための外出の際の移動を支援することが必要になるのです。

▶▶ 移動支援の具体的な実施方法

具体的にどのような移動支援を行うかは、各市町村の判断により地域の特性や個々の利用者の状況やニーズに応じた柔軟な形態で実施することとされています。

移動支援の具体的な内容としては次のような支援が考えられます。

①個別支援型

- 個別的支援が必要な障害者・障害児に対するマンツーマンによる支援

②グループ支援型

- 複数の障害者等への同時支援
- 屋外でのグループワーク、同一目的地・同一イベントへの複数人同時参加の

際の支援

③車両移送型

- 福祉バス等車両の巡回による送迎支援
- 公共施設、駅、福祉センター等障害者等が利用する可能性の高い場所を経路として運行にあたり、あるいはさまざまな行事の参加のための運行など、必要に応じて支援を行います。

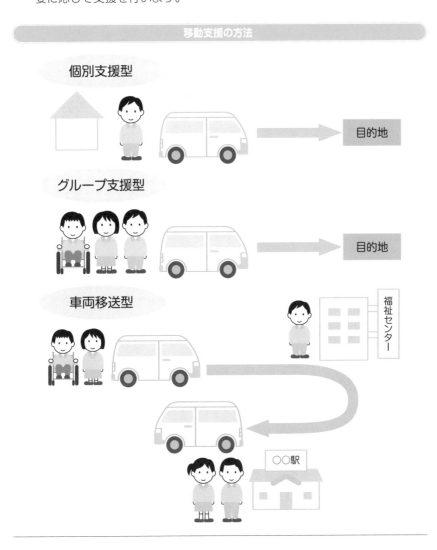

移動支援の方法

個別支援型

グループ支援型

目的地

車両移送型

福祉センター

○○駅

4-19
市町村が行う地域生活支援事業
⑤地域活動支援センター

地域生活支援事業の一つとして、地域活動支援センターその他の一定の施設に通わせて、創作的活動又は生産活動の機会の提供、社会との交流の促進その他の便宜を供与する事業が実施されています。

ここだけは絶対覚えておこう

地域活動支援センターは、利用者に対し創作的活動、生産活動の機会の提供等地域の実情に応じた支援を行うことを基礎的事業としている。

地域活動支援センターとは

地域活動支援センターは、障害者・障害児（利用者）が、地域において自立した日常生活や、社会生活を営むことができるように、利用者を通わせて創作的活動や生産活動の機会を提供し、社会との交流の促進を図るとともに、日常生活に必要な便宜の供与を適切かつ効果的に行う施設です。

地域活動支援センター機能強化事業とは、地域活動支援センターの機能をより充実強化することで、障害者等の地域生活支援の促進を図ることを目的とする事業です。

地域活動支援センター機能強化事業の内容

地域活動支援センターは、利用者に対し創作的活動、生産活動の機会の提供等地域の実情に応じた支援を行うことを基礎的事業としています。これに加えて、機能強化事業を実施することになります。なお、機能強化事業の例として、次のような類型を設けて事業を実施することが考えられています。

①地域活動支援センターⅠ型

センターにおいて、相談事業や精神保健福祉士等の専門職員の配置による医療・

福祉及び地域の社会基盤との連携強化のための調整、地域住民ボランティアの育成、障害に対する理解促進を図るための普及啓発等の事業。

②地域活動支援センターⅡ型

　地域において雇用・就労が困難な在宅障害者に対し、機能訓練、社会適応訓練などの自立と生きがいを高めるための事業。

③地域活動支援センターⅢ型

　地域の障害者のための援護対策として地域の障害者団体等が実施する通所による援護事業の実績が概ね5年以上あって、安定的な運営が図られている小規模作業所の支援充実のための事業。

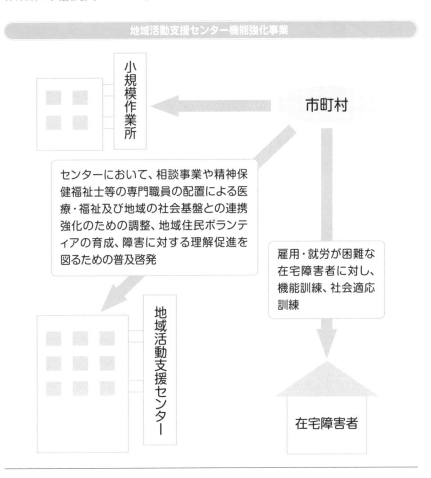

4-20
市町村が行う地域生活支援事業
⑥成年後見制度利用援助事業

自分の権利を守るために成年後見制度を利用する際にかかる費用をサポートします。

ここだけは絶対覚えておこう

費用サポート、後見人の役割、支援専門職、制度の理解促進、市町村の役割といった事項が重要。財政的な負担を軽減し、判断力の低下した人々の権利を守り、専門職が支援を提供し、制度の理解を促進するために、市町村が提供する重要な支援制度。

▶▶ お金の壁を越えて権利を守る

お金の問題で権利が守られないことを防ぐために、「成年後見制度」が存在します。この制度は、認知症や知的障害、精神障害などで判断能力が低下した際に、不必要な支出や詐欺を防ぎ、本人の権利を守る役割を果たします。しかし、制度利用が進んでいない理由として、費用の負担が挙げられます。この問題に対処するために、市町村が費用をサポートする「成年後見制度利用支援」が導入されています。

▶▶ 後見人とその役割

成年後見制度では、本人の判断能力に応じて後見、保佐、補助の3つの類型が設けられ、意思決定の範囲が決まります。後見人は本人の意思を代弁し、権利を守る役割を担います。後見人は通常、本人の親族が選ばれますが、家族がいない場合やトラブルがある場合は、弁護士、司法書士、社会福祉士などの専門職が後見人としてサポートします。彼らに支払われる報酬も制度の対象となっています。特に社会福祉士が積極的に成年後見事業に参加し、情報提供を行っていますので、

必要な場合は相談を検討しましょう。

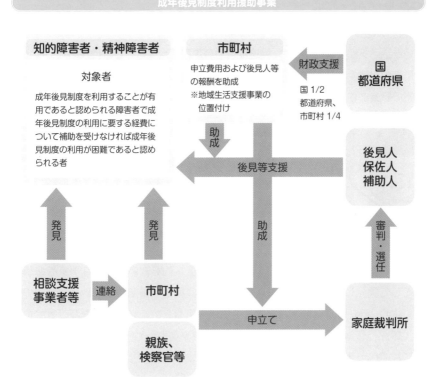

4-21
都道府県が行う
地域生活支援事業①

地域生活支援事業の中には、発達障害や高次脳機能障害など専門性の高い障害についての相談や、情報提供も含まれています。これらの事業は市町村ではなく、都道府県の事業とされています。

ここだけは絶対覚えておこう

専門性の高い相談支援事業や広域的な対応が必要な事業を必須事業として実施するのは都道府県。

▶▶ 専門性の高い事業

都道府県は、専門性の高い相談支援事業や広域的な対応が必要な事業を必須事業として実施し、サービス提供者等のための養成研修事業やその他都道府県の判断により、自立した日常生活又は社会生活を営むために必要な事業及び社会福祉法人等が行う事業に対し補助する事業を任意事業として行うことができます。

ここでいう専門性の高い事業には次のものがあります。

①発達障害者支援センター運営事業

発達障害の早期発見、早期の発達支援等に資するよう、発達障害者及びその家族等に対し、専門的にその相談支援を行うとともに、発達障害者に対し、発達支援及び就労支援を行います。また、医療・保健・福祉・教育等の関係施設及び関係機関に対する発達障害についての情報提供及び研修等を実施します。

②高次脳機能障害支援普及事業

高次脳機能障害支援拠点を定め、高次脳機能障害者に対する、地域生活や就労などの専門的な相談支援を実施し、区市町村や関係機関等の地域支援ネットワークの構築、人材育成を図る研修等の実施、地域における適切な支援の普及を図る情報提供及び住民等への広報・啓発等を実施し、高次脳機能障害者への支援の充実を図ります。

③障害児等療育支援事業

　在宅の重症心身障害者・障害児、知的障害者・障害児、身体障害児の地域における生活を支えるため、身近な地域で療育指導等が受けられる療育機能の充実を図るとともに、都道府県域の療育機能を支援する体制を持った施設との重層的な連携を図ります。

④障害者就業・生活支援センター事業

　職業生活における自立を図るために就業及びこれに伴う日常生活、又は社会生活上の支援を必要とする障害者に対し、雇用、保健、福祉、教育等の関係機関との連携を図りつつ、身近な地域において必要な指導、助言その他の支援を行うことにより、その雇用の促進及び職業の安定を図ります。

発達障害者支援センター運営事業

国

補助

都道府県・指定都市

委託（※社会福祉法人の場合）

発達障害者支援センター

（一般の）
知的障害児・者
施設、保育所
など

相談
支援

相談
支援

在宅の
発達障害児・者
及び家族

○在宅支援
（相談支援　発達支援　就労支援）
○関係機関支援
（情報提供、研修）
○関係機関との連携

附置

自閉症児施設・
知的障害児童
施設など

関係機関等

連携

研修参加
情報提供

福祉事務所　児童相談所
更生相談所　特別支援学校
医療機関　保健所　職業安定所
地域療育等支援事業

専門的研修施設
国立秩父学園

4-22
都道府県が行う
地域生活支援事業②

地域生活支援事業の中には、一つの市町村の範囲を超えて行われる広域的な支援事業も含まれています。これらの広域的な事業も都道府県が行うものです。

ここだけは絶対覚えておこう

都道府県相談支援体制整備事業は、市町村の域を超えて広域的な支援を行い、障害者等が自立した日常生活又は社会生活を営むことができるようにすることを目的とする事業。

▶▶ 都道府県相談支援体制整備事業

広域的な支援事業のうち、都道府県相談支援体制整備事業は、都道府県に、相談支援に関するアドバイザーを配置し、地域のネットワーク構築に向けた指導・調整等の広域的支援を行うことにより、地域における相談支援体制の整備を推進することを目的とする事業です。ここでいうアドバイザーとは、①地域における相談支援体制整備について実績を有する者、②相談支援事業に従事した相当期間の経験を有する者、③社会福祉など障害者支援に関する知識を有する者をいいます。

都道府県相談支援体制整備事業の内容は次のとおりです。

①地域のネットワーク構築に向けた指導・調整

②地域で対応困難な事例に係る助言等

③権利擁護、就労支援などの専門部会の、地域における専門的支援システムの立ち上げ援助

④広域的課題、複数圏域にまたがる課題の解決に向けた体制整備への支援

⑤相談支援従事者のスキルアップに向けた指導

⑥地域の社会資源の点検、開発に関する援助等

都道府県地域自立支援協議会

　都道府県地域自立支援協議会は、都道府県域全体の相談支援体制の構築に向け、主導的役割を担う協議の場として設置されます。

　協議会のメンバーとして想定されているのは、相談支援事業者、障害福祉サービス事業者、保健・医療関係者、教育・雇用関係機関、企業、障害者関係団体の代表者、当事者、市町村、学識経験者等です。

　都道府県地域自立支援協議会の主な機能は、都道府県内の地域自立支援協議会単位（市町村）ごとの相談支援体制の状況を把握・評価し、整備方策を助言するとともに、相談支援従事者の研修のあり方を協議し、専門的分野における支援方策について情報や知見を共有・普及することです。

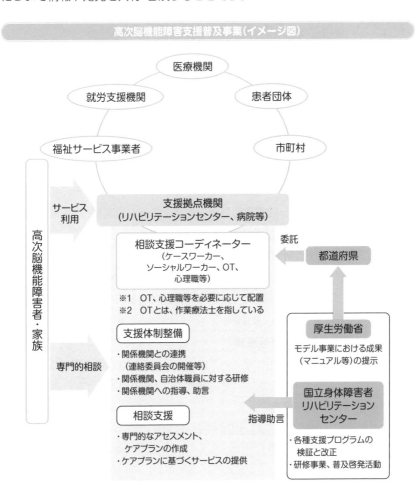

高次脳機能障害支援普及事業（イメージ図）

4-23
都道府県が行う
地域生活支援事業③

障害福祉サービスや相談支援に携わる人々の育成や研修も、都道府県が行う地域生活支援事業として行われています。

ここだけは絶対覚えておこう

サービス・相談支援者、指導者育成事業は、必要な指導者を育成し、サービス等の質の向上を図ることを目的とする事業。

▶▶ サービス・相談支援者、指導者育成事業

障害福祉サービス又は相談支援が円滑に実施されるよう、これらのサービス等を提供する者、またはこれらの者に対し必要な指導者を育成することにより、サービス等の質の向上を図ることを目的とする事業です。

①障害支援区分認定調査員等研修事業

全国一律の基準に基づき、客観的かつ公平・公正に障害者給付等の事務が行われるように、障害支援区分認定調査員等に対する各研修を実施し、障害支援区分認定調査員等の資質向上を図ることを目的とします。

②サービス管理責任者研修事業

事業所や施設において、サービスの質を確保するため、個別支援計画の作成やサービス提供プロセスの管理等を行うために配置される「サービス管理責任者」の養成を行うことを目的とします。

③居宅介護従業者等養成研修事業

障害者等の増大かつ多様化するニーズに対応した適切な居宅介護を提供するため、必要な知識、技能を有する居宅介護従業者等の養成を図ることを目的とします。

④手話通訳者養成研修事業

身体障害者福祉の概要や手話通訳の役割・責務等について理解ができ、手話通

116

訳に必要な手話語彙、手話表現技術及び基本技術を習得した手話通訳者の養成研修を行います。

⑤盲ろう者通訳・介助員養成研修事業

盲ろう者の自立と社会参加を図るため、盲ろう者通訳・介助員の養成研修を行います。

⑥身体障害者・知的障害者相談員活動強化事業

身体障害者相談員及び知的障害者相談員を対象に研修会を行い、相談員の相談対応能力の向上と相談員間の連携を図ります。

⑦音声機能障害者発声訓練指導者養成事業

疾病等により喉頭を摘出し音声機能を喪失した者に発声訓練を行う指導者を養成します。

⑧その他サービス・相談支援者、指導者育成事業

その他、移動支援事業等が円滑に実施されるよう、サービスを提供する者の資質向上を図る事業を行います。

サービス管理責任者研修の全体イメージ

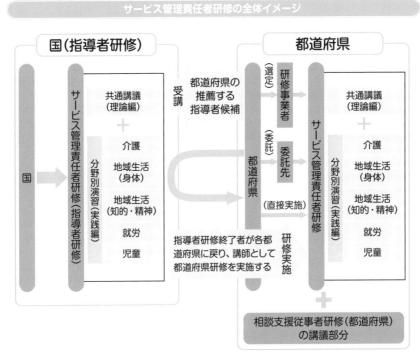

判例で学ぶ「法定雇用率」

1．事案の概要

　X（原告）は、情報公開法に基づいて、東京労働局長（被告）に対して、障害者の雇用促進に関する情報を開示するよう請求しました。具体的には、平成12年度の「雇用率未達成企業一覧」や「障害者雇用計画の実施状況報告書」の一部の情報を求めました。しかし、被告は、一部の情報を「企業への社会的制裁になるため不適当」として開示しない決定を下しました。

　その後、Xは不開示の決定が違法であると主張し、不開示された情報の開示を求めて訴訟を起こしました。しかし、訴訟を提起した後、厚生労働大臣の裁定によって一部の情報が開示されることになりました。裁判で、東京労働局長は既に開示された情報については訴訟の対象外とし、また、障害者数が少ないため特定の個人を識別できる可能性があると主張しました。

　一方、Xは、少数の雇用が実現されていること自体が問題であり、情報公開を求める理由はそれに基づいていると主張しました。したがって、情報の開示が制限されることで、障害者の雇用権利が制約される可能性があると反論しました。

2．判決

　厚労相による開示部分について訴えの利益なしとして却下し、その余の請求について棄却。

　「確かに、当該事業場における同僚は、既に同僚中に障害者が存在することを認識していた場合においても、その障害の種類が身体障害か知的障害か、その程度が重度か軽度かは認識していないことであるから、上記の『身体』、『知的』及び『短時間』の各欄の人数の多くが0か1であることからすると、これらを新たに認識し得ることとなる」「このような事態においては、当該障害者が既に自己が障害者であることを明らかにして雇用されていることを前提とすると、開示によって認識可能となる内容が障害の種類及び程度ともに2種類の大分類のいずれかにすぎず、特に身体障害の場合にはその性質上、身体障害の有無をその程度が重度か軽度かについては外見上おおよそ明らかになるものであることからして、当該障害者としては、それらを同僚に知られることは甘受すべきものであり、むしろ、共に働く同僚にはそれらを積極的に理解してもらうよう努めるべきであるとの考え方もないではないが、未だ障害者に対する偏見や差別意識が根強く存する現在の我が国の状況に照らすと、これらの認識を得た同僚から新たな嫌がらせ等が生ずるおそれは否定し難いところであり、上記部分の開示は、そこに記載された障害者個人の権利利益を害するおそれを生じさせるものとして、情報公開法5条1号後段に該当するものと考えられる。」「よって……原告の本訴請求のうち、その取消しを求める部分は理由がない。」

3．解説

(1)障害者雇用促進法は、法定雇用率を満たすことを義務づけており、現在の法律では民間企業における法定雇用率は1.8%となっています。当初、この法律は身体・知的障害者を対象としており、精神障害者は含まれていませんでした。しかし、法定雇用率が未だ達成されていない現実に照らして、原告は雇用促進法の適切な運用に疑問を抱いていました。東京労働局長が未達成の企業名を情報開示するべきだと主張し、訴訟を起こしました。

(2)最後まで不開示とされた情報に関して、裁判で「障害者雇用率を向上させるためには、障害の種類や企業ごとの雇用状況を詳しく把握し、障害者雇用政策を改善する必要がある」という主張がなされました。しかし、判決ではこの主張の趣旨は受け入れつつも、現在の状況では情報開示が差別的な対応を招き、本人に不利益をもたらす可能性があるため、情報の開示は制限されるべきだと判断されました。

　この問題については、どちらの立場も難しい問題です。障害者について情報を開示する場合、通常は本人との合意を得た上で行われるべきです。また、障害の種類や程度よりも、本人の職場での働きやすさや特性に焦点を当てることが重要です。情報開示の制度が個々の

ケースごとに適用されるべきかどうかは議論の余地がありますが、差別的な対応が問題視される現状は、障害者雇用が充分に進んでいないことによるものです。行政の指導や企業の公表による社会的制裁が適切に行われ、障害者雇用が促進されることが期待されています。さらに、障がい者差別を禁止する法律の制定が進められており、これが実現すれば、障害者差別の根本的な解決に向けた一歩となるでしょう。

(3) この事件では、原告の活動が社会的に大きな影響を与えました。厚労相は最初に情報を開示しない決定をしましたが、情報公開審査会の答申により、厚労相は不開示決定を取り消しました。同様の事件として、日本航空障害者雇用株主代表訴訟も挙げられます。この訴訟では、法定雇用率を達成しなかった日本航空に対し、株主が訴えを起こし、和解が成立しました。行政の指導が不十分な状況で、このような活動は障害者雇用に関する社会的な責任を再認識させる重要な役割を果たしています。

サービスの申請と
利用法（費用負担と減免）

介護給付や訓練等給付の支給決定を受けるためには支給申請が必要です。この支給申請は支給決定を行う市町村、つまり原則として申請者の居住地の市町村に対して行います。居住地がない場合や明らかでないときは、現在地の市町村に対して申請します。

5-1
介護給付、訓練等給付の申請

介護給付・訓練等給付の支給決定を受けるためには、市町村への支給申請が必要です。支給申請は障害者本人や保護者が行いますが、このような手続に慣れていないときは、他人に申請の代理権を与えて、代わって申請してもらうこともできます。

ここだけは絶対覚えておこう

障害福祉サービスを利用するためには、最初に市町村に対して支給申請をしなければならない。

▶▶ 本人・保護者・代理人の申請

障害福祉サービスを利用するためには、まず市町村による支給決定を受けなければなりません。そして、支給決定を受けるための前提として、支給申請が必要になります。支給申請は、障害者本人、障害児の場合には保護者が、申請を行う障害者又は障害児の保護者の氏名、居住地、生年月日及び連絡先、また、障害児である場合には、当該障害児の氏名、生年月日及びその障害児の保護者との続柄その他必要な事項を記載した申請書を提出して行います。申請先は、支給決定を行う市町村、つまり、申請者の居住地（居住事実のある場所：生計の本拠の場所）の市町村です。障害者本人、障害児の保護者に居住地がないときや明らかでないときは、障害者、障害児の保護者の現在地の市町村が支給決定を行いますから、その市町村に対して申請します。

なお、障害者、障害児の保護者自身でなくても、これらの者の代理人が申請を行うこともできます。

障害者総合支援法第19条第5項

適用を受ける障害者等が入所している特定施設は、当該特定施設の所在する市町村及び当該障害者等に対し支給決定を行う市町村に、必要な協力をしなければならない。

申請の際の居住地特例

　障害者支援施設などに入所している障害者、障害児の場合には、申請は施設などに入所する前に居住していた市町村に対して行います。この場合の支給決定は、入所前の居住地の市町村が行うからです。そしてこの場合には、障害者が入所している施設は、その施設が所在する市町村及び障害者に対し支給決定を行う市町村に、必要な協力をしなければならないとされています。

　適法な支給申請を受けた市町村は、最初の手続きとして障害支援区分の認定を行うことになります。

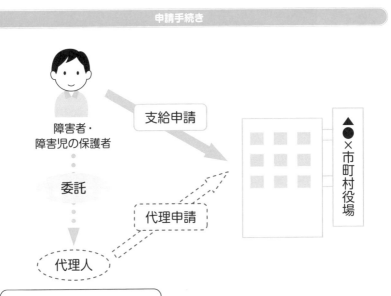

申請手続き

障害者・
障害児の保護者

支給申請

委託

代理申請

▲●×市町村役場

代理人

　支給の申請は、必ずしも障害者本人や障害児の保護者が自分で行う必要はない。サービス提供事業者などに委託して（代理権を与えて）、代理人に申請させることもできる。

5-2
障害支援区分の認定調査

障害者・障害児から支給申請があったときは、市町村は、最初の手続として申請を行った障害者・障害児の障害の程度を調査します。この調査は、給付の必要度を判断するためのものです。

ここだけは絶対覚えておこう

市町村が行う障害支援区分の認定調査は、障害者本人、障害児の保護者に面接して行われる。

▶▶ 障害者の心身の状態把握

支給の申請を受けた市町村は、支給決定に至るまでに必要な手続きを行います。その手続きの最初が障害支援区分の認定調査です。

この認定調査は、市町村が自ら行うこともできますが、申請者が遠隔地の他の市町村に居住している場合には、その居住地の市町村に嘱託して行うこともできます。また、指定相談支援事業者等に委託して行うこともできます。

▶▶ 認定調査の内容

調査は概況調査、アセスメント調査*、その他特記事項から構成されます。概況調査の調査項目は次のとおりです。

①認定を受けている各種の障害等級等

②現在受けているサービスの状況

③地域生活関連について（外出頻度、社会活動参加の状況等）

④就労関連について（就労状況、就労経験、就労希望の有無）

⑤日中活動関連について（主に活動している場所）

⑥介護関連について（介護者の有無、介護者の健康状況等）

⑦居住関連について（生活の場所、居住環境）

⑧その他、サービスの種類や量

---

*アセスメント調査　アセスメントとは、「査定」「事前評価」といった意味であり、ここでいうアセスメント調査は、生活状況を把握して支援の必要さを導き出すための調査。

認定調査表

1. 移動や動作等に関連する項目

1−1 寝返り		特記事項
	1	支援が不要	
	2	見守り等の支援が必要	
	3	部分的な支援が必要	
	4	全面的な支援が必要	

1−2 起き上がり		特記事項
	1	支援が不要	
	2	見守り等の支援が必要	
	3	部分的な支援が必要	
	4	全面的な支援が必要	

1−3 座位保持		特記事項
	1	支援が不要	
	2	見守り等の支援が必要	
	3	部分的な支援が必要	
	4	全面的な支援が必要	

1−4 移乗		特記事項
	1	支援が不要	
	2	見守り等の支援が必要	
	3	部分的な支援が必要	
	4	全面的な支援が必要	

1−5 立ち上がり		特記事項
	1	支援が不要	
	2	見守り等の支援が必要	
	3	部分的な支援が必要	
	4	全面的な支援が必要	

1−6 両足での立位保持		特記事項
	1	支援が不要	
	2	見守り等の支援が必要	
	3	部分的な支援が必要	
	4	全面的な支援が必要	

1−7 片足での立位保持		特記事項
	1	支援が不要	
	2	見守り等の支援が必要	
	3	部分的な支援が必要	
	4	全面的な支援が必要	

1−8 歩行		特記事項
	1	支援が不要	
	2	見守り等の支援が必要	
	3	部分的な支援が必要	
	4	全面的な支援が必要	

1−9 移動		特記事項
	1	支援が不要	
	2	見守り等の支援が必要	
	3	部分的な支援が必要	
	4	全面的な支援が必要	

1−10 衣服の着脱		特記事項
	1	支援が不要	
	2	見守り等の支援が必要	
	3	部分的な支援が必要	
	4	全面的な支援が必要	

出展：障害者総合支援法における障害支援区分認定調査員マニュアルより

5-3 障害支援区分の判定

障害支援区分の判定には、機械的・事務的に行われる一次判定と、医師の意見書等を資料として審査会が行う二次判定があります。二次判定が行われるのは介護給付を希望する場合です。

ここだけは絶対覚えておこう

一次判定は、106項目の調査結果。該当するかどうか、そして該当する場合には区分1から区分6までの判定が行われる。

▶▶ 一次判定

認定調査が行われたら、その結果に基づいて判定がコンピュータソフトによって機械的かつ事務的に行われます。調査の結果、支給申請時に申請者から提出された医師の意見書の内容と食い違う事項があるときは、市町村は認定調査員等に内容を確認します。認定調査員とは認定調査を行う者で、市町村の職員や市町村の委託を受けた指定相談支援事業者等であって、都道府県が行う研修を修了した者です。

一次判定は、106項目の調査結果から導き出されます。これにより、該当するかどうか、そして該当する場合には区分1から区分6までの判定がなされるのです。介護給付の申請の場合にはこの後さらに二次判定に進みます。訓練等給付の申請についてはこの一次判定の結果に従って障害支援区分の認定が行われます。勘案事項の調査、利用者の意向の聴取を経て**暫定給付**＊が行われます。

▶▶ 二次判定

二次判定が行われるのは介護給付を希望する場合です。二次判定は、市町村審査会において行われます。この審査判定は、一次判定の結果と、特記事項や医師の意見書などを資料にして行います。

＊**暫定給付** 一度支給決定前にサービスを利用してみて、それが適当かどうかを判断し、よければそのまま、問題があればサービスの種類の見直しなどを行うための給付。

　市町村審査会は、障害支援区分に基づいて一次判定で示された障害支援区分に当てはまるかどうか、そして当てはまる場合には、どの区分に当てはまるかを審査して判定するものです。市町村審査会は、障害支援区分の有効期間を定める際に意見を述べ、市町村が支給の要否を決定する際にも意見を述べます。

　市町村審査会の審査判定を経て、修正の必要がないときは、二次判定として障害程度区分が確定します。

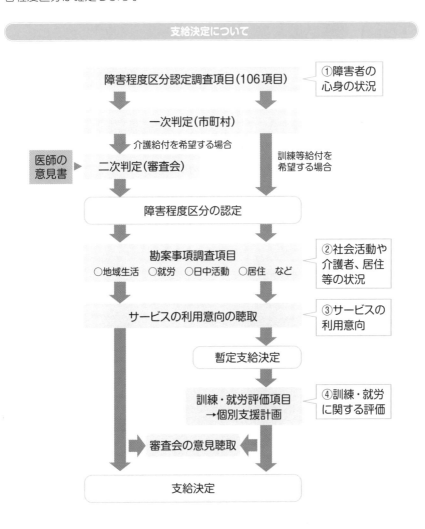

支給決定について

障害程度区分認定調査項目（106項目）　①障害者の心身の状況

一次判定（市町村）

介護給付を希望する場合

医師の意見書

二次判定（審査会）

訓練等給付を希望する場合

障害程度区分の認定

勘案事項調査項目
○地域生活　○就労　○日中活動　○居住　など　②社会活動や介護者、居住等の状況

サービスの利用意向の聴取　③サービスの利用意向

暫定支給決定

訓練・就労評価項目
→個別支援計画　④訓練・就労に関する評価

審査会の意見聴取

支給決定

5-4
市町村審査会による確認の内容

介護給付を申請した場合に実施される二次判定を行うのが市町村審査会です。

▶▶ 市町村審査会の役割

前項に述べた市町村審査会についてもう少し詳しく見ておきましょう。

市町村審査会は、条例で定められた定数の委員によって構成されます。委員は、障害保健福祉に関する学識経験者で、市町村長によって任命されます。市町村審査会の任務は、介護給付の審査対象者である障害者や障害児について、一次判定の際に行われた認定調査の結果について、特記事項や医師の意見書の内容と矛盾しないかを検討して確認します。そして、一次判定の結果について変更が必要と判断したときは、その変更を行います。その際には変更の妥当性を検証するのも市町村審査会の役割とされています。

また、必要に応じて訓練等給付等の有効な利用等について留意すべき事項や、認定の有効期間について意見を述べます。

> **障害者総合支援法第22条2項**
>
> 2　市町村は、支給要否決定を行うに当たって必要があると認めるときは、市町村審査会又は身体障害者更生相談所、知的障害者更生相談所、精神保健福祉センター若しくは児童相談所その他厚生労働省令で定める機関の意見を聴くことができる（一部省略）。

▶▶ 一次判定の確定・変更から支給決定へ

市町村審査会によって一次判定の結果に問題がないと判断されたら、一次判定

の結果に基づいて社会活動参加の有無や介護者に関する事項、そして居住の状況などを把握する勘案事項調査が行われ、利用者の意向の聴取が行われます。そして、訓練等給付では暫定支給が行われ、サービスが適切かどうかの確認を行った後、支給決定が行われます。

　これに対して一次判定の結果を変更した場合には、変更後の一次判定の結果が二次判定の結果となり、訓練等給付と同様に勘案事項調査が行われ、支給決定となります。

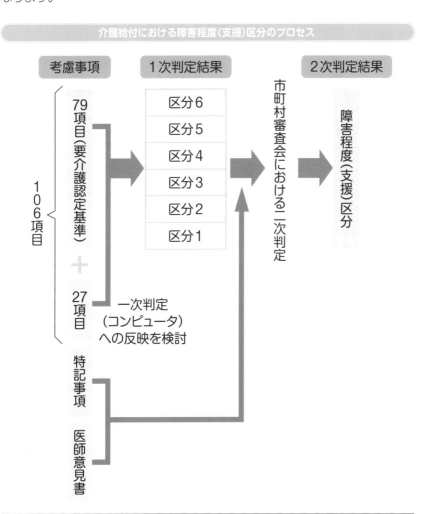

介護給付における障害程度（支援）区分のプロセス

考慮事項	1次判定結果	2次判定結果

79項目（要介護認定基準）

区分6
区分5
区分4
区分3
区分2
区分1

市町村審査会における二次判定

障害程度（支援）区分

106項目

＋

27項目

一次判定（コンピュータ）への反映を検討

特記事項

医師意見書

5-5
支給決定からサービスの利用まで

支給決定を受けた障害者・障害児は、利用するサービスを決定するサービス利用計画を作成します。

▶▶ サービス利用計画の作成

　障害者や障害児が支給決定を受けたら、次はサービスを提供する事業者と契約を締結して、サービスを受ける段階に入ります。ただし、いきなり利用契約を締結するわけではありません。その前にまず、利用する必要なサービスを決定するためにサービス利用計画を作成します。

　サービス利用計画は利用者自身が作成することもできますが、都道府県が指定した指定相談支援事業者に相談することもできます。また、自分でサービス利用計画を作成できない場合には、相談だけでなく、指定相談支援事業者に作成を依頼することもできます。

▶▶ サービス利用計画作成費の支給

　支給決定を受けて、サービス利用計画を作成するにしても、特に計画的な支援を継続的に必要とする障害者・障害児の場合には、市町村から計画相談支援給付費の支給を受けることができます。支給の対象者は次のどれかに当てはまる人です。

①障害者支援施設からの退所等にともなって、一定期間集中的に支援を行う必要のある者

②単身の世帯に属するため、または同居している家族等の障害、疾病のため自分

自身で指定障害福祉サービス事業者等との連絡調整を行うことが困難な者

③重度障害者等、包括支援にかかる支給決定を受けることができる者

　対象者は、市町村から支給決定通知を受けたときに、市町村にサービス利用計画作成費の支給申請を行います。作成費の支給決定があったときは、指定相談支援事業者に作成を依頼し、事業者と契約します。

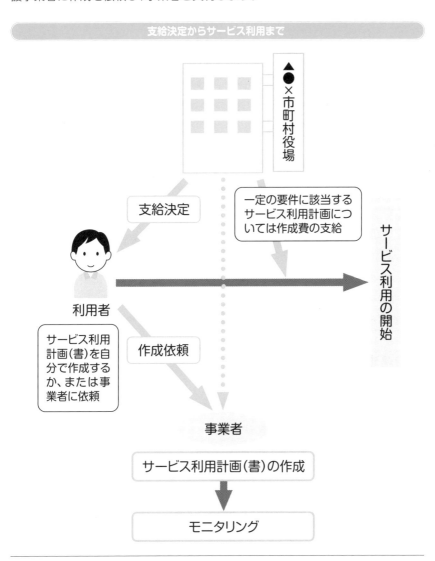

支給決定からサービス利用まで

支給決定

一定の要件に該当するサービス利用計画については作成費の支給

サービス利用の開始

利用者

サービス利用計画（書）を自分で作成するか、または事業者に依頼

作成依頼

事業者

サービス利用計画（書）の作成

モニタリング

5-6
判定に不服があるときの審査請求

障害者総合支援法は、行政不服審査法の特例として、介護給付費等の支給決定などの処分に不服があるときは、市町村長に対してではなく、都道府県知事に対する審査請求を認めています。

ここだけは絶対覚えておこう

市町村の介護給付費等についての処分に不服がある障害者等は、都道府県知事に対して審査請求ができる。

▶▶ 審査請求は都道府県知事へ

行政の処分に対しては、**行政不服審査法**※という法律が、一般的な手続きを定めています。そこでは、市町村の権限で行われた処分については、その処分を行った市町村長に対して異議申立てという形式で不服を申し立てることとされています。しかし、処分を行った行政庁自身が自分に対する不服についてそれが正当かどうかを判断することになり、希望した結果が得られなかった申立人には不満が残ります。そこで、この点については行政不服審査法の特例として市町村の上級庁である都道府県に審査請求できることにしました。

▶▶ 審査請求の対象となる処分

①障害支援区分に関する処分
- 障害支援区分の認定およびその変更認定

②支給決定および支給決定に関する処分
- 介護給付費等の支給の要否に関する決定
- 支給決定(サービスの種類、支給する量、有効期間)およびその変更の決定
- 支給決定の取消の決定
- サービス利用計画作成費支給対象者等の認定
- 介護給付費の支給決定

※**行政不服審査法** 行政庁が行った処分について、国民が行政機関に対して紛争の解決を求める手続を定めた法律。

- 特例介護給付費の支給決定
- 特例訓練等給付費の支給決定
- サービス利用計画作成費の支給決定

③利用者負担にかかる処分

- 利用者負担上限月額に関する決定
- 利用者負担の災害減免等の決定
- 高額障害福祉サービス費の給付決定
- 補足給付の決定

障害者総合支援法第97条

市町村の介護給付費等又は地域相談支援給付費等に係る処分に不服が
ある障害者又は障害児の保護者は、都道府県知事に対して審査請求を
することができる。

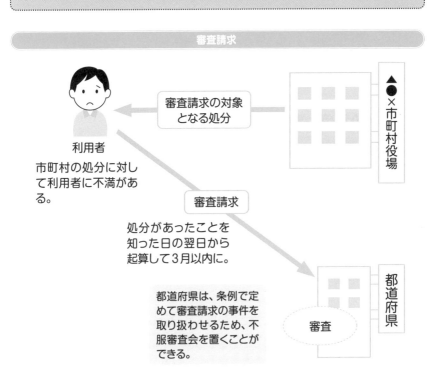

審査請求

利用者
市町村の処分に対し
て利用者に不満があ
る。

審査請求の対象
となる処分

▲●×市町村役場

審査請求

処分があったことを
知った日の翌日から
起算して3月以内に。

都道府県は、条例で定
めて審査請求の事件を
取り扱わせるため、不
服審査会を置くことが
できる。

審査

都道府県

5-7
介護給付費・訓練等給付費の支給方法

利用者負担について、従来は1割負担（定率負担）が原則とされていましたが、現在は、利用者の負担能力に応じた負担（応能負担）が原則とされています。

ここだけは絶対覚えておこう

サービスの利用者は、自分が利用したい事業所・施設に受給者証を提示して、利用契約を締結する。

▶▶ 支給が決定したら

支給申請からいくつかの手続きを経て支給が決定したら、市町村は、障害福祉サービスの種類ごとに、障害支援区分の認定の有効期間の間の支給量等を月単位で定めます。支給決定の際には、支給量等を記載した障害福祉サービス受給者証を障害者本人または障害児の保護者に交付します。

▶▶ サービスの利用と支払い

利用者は受給者証を、自分が利用したい事業所・施設に提示して、利用契約を結びます。契約は、支給決定量の範囲内で行わなければならず、契約締結後、利用者は契約書や重要事項説明書等に定められた内容に基づいて、現実にサービスを受けることになります。

介護給付費や訓練等給付費は、本来は障害者本人や障害児の保護者に対して支給されるものです。しかし、事業者に支払うことも認められています。つまり、事業者が、本人である障害者や障害児の保護者の代理人として受け取ることもできるのです。

事業者に支払われる形をとる場合、利用者は、受けたサービスについて利用料の利用者負担額を、決定された利用者負担上限月額まで、事業所・施設に直接支払います。そして、利用者負担額を控除した介護給付費等、訓練等給付費は、市町

村が、利用者に代わって事業所・施設に直接支払うことになります。

定率負担から応能負担への移行

従来（原則）

利用料の1割を利用者が負担する定率負担

⬇

定率負担の上限：所得に応じた月額負担（生活保護世帯0円、低所得①15,000円、低所得②24,600円、一般37,200円）

＋

食費、光熱費
（実費負担）

配慮措置
◆月額上限は、税制や医療保険で「被扶養者」とならない限り、障害者とその配偶者の所得で適用。
◆障害者年金以外にほとんど収入・資産がない場合の特別な配慮。
◆食費・光熱水費についても、低所得者は軽減。

2010年（平成22年）4月1日から、市町村民税非課税世帯（低所得①及び②）は利用者負担が無料になった。

2012年（平成24年）4月1日から、2010年改正法が完全施行された

⬇

応能負担（最大でも1割負担）への移行

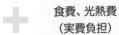

第5章　サービスの申請と利用法（費用負担と減免）

5-8
利用者負担の上限

利用者負担の上限月額については、利用者本人（支給決定保護者）が属している世帯の収入等の額に応じて5つの区分が設定されています。

ここだけは絶対覚えておこう

利用者の世帯の状況に応じて、利用者が負担する月額の上限が定められている。

▶▶ 負担の上限設定

障害者は、ただでさえ働く機会を得ることが難しいのが我が国の現状です。そしてたとえ機会が得られたとしても、得られる収入は驚くほど低いといわざるを得ません。従来の定率負担の時代でも、原則応能負担に変わった2012年4月以降でも障害者世帯にとって、負担は軽いにこしたことはないのです。

そこで、まず利用者の世帯の状況に応じて、利用者が負担する月額の上限が定められているのです。

▶▶ 所得の区分

利用者負担の上限月額については、利用者本人（支給決定保護者）が属している世帯の収入等の額に応じて、5つの区分が設定されています。この区分は、障害者等の申請によって市町村等が認定します。そして申請がないときは基本的に次にある「⑤一般2」の世帯に該当するものとみなされます。なお、ここでいう「世帯」とは、当該障害者及び配偶者とされています。

①生活保護

生活保護受給世帯です。ここでは、「中国残留邦人等の円滑な帰国の促進及び永住帰国後の自立の支援に関する法律」の規定による支援給付受給世帯についても生活保護受給世帯と同様に取り扱われます。

②低所得1

市町村民税世帯非課税者※であって、障害者または、障害児の場合はその保護者の収入が年間で80万円以下の世帯です。

③低所得2

市町村民税世帯非課税者であって、②に該当しない者。

④一般1

市町村民税課税世帯に属する者で、居宅で生活する者または20歳未満の者であって指定療養介護事業所、指定障害者支援施設、指定障害児入所施設等に入所・入院している者。

⑤一般2

市町村民税課税世帯に属する者で、④に該当しない者。

負担上限月額

◆介護給付費及び訓練等給付費並びに障害児通所給付費及び障害児入所給付費に係る負担上限月額

所得の区分		負担上限月額
①生活保護		0円
②低所得1		0円
③低所得2		0円
④一般1	居宅生活の障害児	4,600円
	居宅生活の障害者及び20歳未満の施設入所者	9,300円
⑤一般2		37,200円

◆療養介護医療費、肢体不自由児通所医療費及び障害児入所医療費に係る負担上限月額

所得の区分	負担上限月額
①生活保護	0円
②低所得1	15,000円
③低所得2	24,600円
④⑤一般1及び2	40,200円

※**市町村民税世帯非課税者** その属する世帯の世帯主を含むすべての世帯員が、障害福祉サービスを受ける日の属する年度分の市町村民税(特別区民税含む)を課されていない者や、免除された者である世帯に属する者。

5-9
利用者負担の個別減免

医療施設に入所した場合や、療養介護等を利用する場合には、利用者の負担が重くなりすぎないように、利用者負担の上限額が設定され、上限を超える部分については減免措置が受けられます。

ここだけは絶対覚えておこう

医療施設に入所する場合や、療養介護等を利用する場合には利用者負担には上限があり、これを超える部分は減免される。

▶▶ 個別減免（医療型）

医療施設に入所する場合や、療養介護等を利用する場合には減免制度があり、福祉サービスにあわせて療養を行うサービスを利用したり、施設に入所したりする場合、従前の福祉部分定率負担相当額、医療費、食事療養費を合算した利用者負担等の上限額が設定され、それを超える部分は減免されます。

①20歳以上の場合

上限額は収入額からその他生活費を差し引いた額となります。対象者は市町村民税非課税世帯（低所得）です。少なくとも25,000円が手元に残るように、利用者負担額が減免されるのです。

②20歳未満の場合

20歳未満の入所者の場合、地域で子供を養育する世帯と同程度の負担となるよう、定率負担と医療費、食事療養費を合算して、負担限度額を設定し、限度額を上回る額について減免を行います（所得要件・資産要件はありません）。

▶▶ 高額障害福祉サービス費

サービスの利用者が、同じ世帯で複数いる場合には、高額障害福祉サービス費の減免措置が受けられます。同じ世帯のなかで障害福祉サービスを利用する人

が複数いる場合や、障害福祉サービスを利用している人が介護保険のサービスを利用した場合でも、負担上限月額は変わらず、これを超えた分が高額障害福祉サービス費として支給されます。

20歳以上の入所者の場合、少なくとも25,000円が手元に残るように、利用者負担額が減免される。

(例)重症心身障害児施設利用(平均事業費:福祉22.9万円、医療41.4万円)、障害基礎年金1級受給者(年金月額81,260円:平成31年度)の場合

・20歳以上施設入所者等の医療型個別減免

※1 その他生活費
[1]次のいずれにも該当しない場合　25,000円
[2]障害基礎年金1級受給者、60～64歳の方、65歳以上で
　　療養介護を利用する方　28,000円
[3]65歳以上の方　30,000円
※2 計算上は事業費(福祉)の1割とする

第5章　サービスの申請と利用法(費用負担と減免)

5-10
補足給付（実費負担の減免）

入所施設利用者に対しては、施設ごとに食費・光熱水費の実費負担額が算定されます。光熱水費の実費負担については、利用者の負担が大きくなりすぎないように、一定額の補足給付が行われます。

ここだけは絶対覚えておこう

低所得者などの場合には、利用者負担額と実費負担額を支払っても、一定額が手元に残るように減免する。

▶▶ 補足給付

補足給付は、実費負担となっている食費・光熱水費に対する利用者の負担を軽減するための措置です。

①入所施設の場合（20歳以上）

入所施設の食費・光熱水費の実費負担については、53,500円を限度として施設ごとに額が設定されることになります。低所得者に対する給付については、費用の基準額を53,500円として設定し、福祉サービス費の定率負担相当額と食費・光熱水費の実費負担をしても、最低でも手元に25,000円が残るように補足給付が行われます。

なお、食費・光熱水費の負担限度額は、必要経費等控除後の収入からその他生活費を差し引いて算出しますが、就労収入がある場合は、24,000円までは全額控除されます。24,000円を超えている場合は、個別減免（福祉型）の控除額算出と同様に、24,000円を超えた額の30％が控除対象になります。つまり、就労収入が24,000円までは食費等の利用者負担は発生しないのです。

②入所施設（20歳未満）

20歳未満の場合は、地域で子どもを養育する世帯と同様の負担となるように補足給付が支払われます。さらに、18歳未満の場合は、教育費相当分として9,000円が加算されます。

　なお、18歳、19歳の障害者については、民法上保護者に障害者を監護する義務があることを考慮し、障害者を監護する保護者等の属する世帯の所得区分を認定して決定します。

生活保護移行防止

　これまで述べてきた負担軽減策を講じても、負担しきれないほどの利用者負担が発生し、これによって生活保護の対象となる場合には、生活保護の対象とならない額まで定率負担の負担上限月額や食費・光熱水費の実費負担の引き下げが行われます。

利用負担に係る配慮措置

	入所施設利用者（20歳以上）	グループホーム・ケアホーム利用者	通所施設（事業）利用者	ホームヘルプ利用者	入所施設利用者（20歳未満）	医療型施設利用者（入所）
定率負担	①利用者負担の負担上限月額設定（所得段階別）					
定率負担			事業主の負担による就労継続支援A型事業（雇用型）の減免措置			②医療型個別減免（医療、食事療養費と合わせ上限額を設定）
定率負担	③高額障害福祉サービス費（世帯での所得段階別負担上限）					
定率負担	④生活保護への移行防止（負担上限額を下げる）					
食費・光熱水費	⑤補足給付（食費・光熱水費負担を減免）	従来より食費や居住費については実費で負担→新たな負担は発生しませんが、通所施設（事業）を利用した場合には、⑥の軽減措置が受けられます。	⑥食費の人件費支給による軽減措置		⑦補足給付（食費・光熱水費負担を軽減）	

第**6**章

障害者に関連する
法制度の概要

障害者の権利と生活の質を向上させるために制定された重要な法律に焦点を当てます。障害者を取り巻く現代社会の法的枠組みから、障害者自身とその家族が直面する具体的な課題までを網羅し、これらの法制度がどのように実際の生活に影響を与えているのかを探ります。

6-1
障害者基本法とは？

「障害者基本法」は、障害者の権利を保護し、社会参加を促進する日本の法律です。

ここだけは絶対覚えておこう

障害者基本法は、全ての国民が平等に尊重され、共生社会を実現するための法律であり、精神障害も含まれている。2004年と2011年の改正により、障害者差別の禁止や障害者保護計画の策定が強化された。

▶▶ 障害者基本法の成立と役割

障害者基本法は、1970年に成立した心身障害者対策基本法を前身として、1993年に改正法として制定されたものです。この法律は、障害者福祉の中核を成すもので、身体障害者福祉法や知的障害者福祉法などとは異なり、全ての国民が平等に尊重され、社会生活を享受できるようにする基本原則を示しています。

▶▶ 共生社会の実現への進化

元々は身体障害と知的障害を対象としていましたが、後に精神障害も取り入れられ、障害者基本法はより包括的なアプローチへと進化しました。また、この法律は国に障害者基本計画の策定を求め、共生社会の実現を促進する役割を果たしました。

▶▶ 改正法による強化

2004年と2011年に行われた改正により、障害者差別の禁止や都道府県・市町村における障害者計画の策定義務化が盛り込まれ、国際的な視点も取り入れられました。特に、国連の障害者権利条約の考え方が法律に反映され、地域社会における共生についての考え方が強調されました。これらの改正により、障害者の自立と社会参加の促進が一層強化されました。

障害者基本法の改正内容

平成16年改正	平成23年改正
1. 基本的理念（差別の禁止）を規定する第4条第3項に「何人も、障害者に対して、障害を理由として、差別することその他の権利利益を侵害する行為をしてはならない」が追加 2. 国及び地方公共団体の責務として、障害者の権利擁護と差別の禁止に関する責務が追加 3. 障害者の日を削除し、障害者週間（12月3日～12月9日）が新設 4. 障害者基本計画について、都道府県と市町村についても策定が義務化 5. 「国及び地方公共団体は、障害のある児童及び生徒と障害のない児童及び生徒との交流及び共同学習を積極的に進めることによって、その相互理解を促進しなければならない」との条文を追加し、統合教育の考え方を導入 6. 成年後見制度その他の障害者の権利利益の保護のための施策または制度が適切に、広く利用されるよう努めることを国及び地方公共団体に義務化 7. 障害の予防に関する基本的施策が追加	1. 第1条の目的規定を見直し共生社会の実現について記載 2. 障害者の定義に発達障害や「その他の心身の機能の障害」が追加され、併せて「社会的障壁（障害がある者にとって日常生活又は社会生活を営む上で障壁となるような社会における事物・制度・慣行・観念その他一切のもの）」の定義が追加 3. 共生社会を実現するにあたって旨とすべき事項の追加 4. 差別の禁止を第4条に集約。また合理的配慮の考え方の導入 5. 国際的協調の追加 6. 国民の責務として、共生社会の実現に寄与するよう努めることを記載 7. 施策の基本方針の修正（障害者施策の策定実施にあたって、年齢及び障害の状態に加え、障害者の性別と生活の実態も勘案すべき、など）

発達障害者支援法
（2004年）

精神保健福祉法　　　　　　　　　　　　　障害者総合支援法
（1995年）　　　　　　　　　　　　　　　（2013年）

障害者基本法
（1970年）

児童福祉法　　　　　　　　　　　　　　　知的障害者福祉法
（1947年）　　　　　　　　　　　　　　　（1960年）

身体障害者福祉法
（1949年）

6-2
障害者基本法と
障害者総合支援法の違い

　私たちの社会は多様性に溢れ、誰もが平等に尊重される機会を持つべきです。この理念のもとに、日本では障害者を支援し、共生社会を築くために障害者基本法と障害者総合支援法という2つの法律が存在します。

ここだけは絶対覚えておこう

　障害者基本法は、すべての人に平等を保障する法律。障害者総合支援法は、障害者に合わせた支援を提供する法律。基本法は原則、総合支援法は具体的なサポート。個人の平等と社会参加の原則が大切。

▶▶ 障害者基本法：個人の尊重と平等の保障

　障害者基本法は、1970年代から進化を続け、障害の有無にかかわらず、すべての国民を尊重し、平等な社会生活を享受させることを目指しています。これは、社会のあらゆる階層で、誰もが個人として尊重され、差別されない権利を保障する法律です。この法律は、共生社会の基本を形成しています。

▶▶ 障害者総合支援法：個別ニーズへの支援

　障害者総合支援法は、障害者のニーズに焦点を当て、個別のサポートを提供することを目的としています。これは、2005年の障害者自立支援法から発展し、障害者福祉サービスを一元化しました。障害者それぞれの状況や要望に合わせた支援を提供するため、共生社会の実現に向けた具体的な取り組みを支えています。

▶▶ 基本理念：社会参加と選択の自由

　両法とも、基本理念として社会参加と選択の自由を強調しています。誰もがどこで、誰と暮らすのかを選択し、社会参加の機会が確保されるべきです。障害者

の権利を尊重し、障壁を排除する取り組みが示されています。

難病患者への対応

障害者総合支援法は、難病患者にも対応するために改正され、難病患者向けの支援を提供する独自の対象疾患を設定しています。

障害者基本法と障害者総合支援法の違い一覧表

	障害者基本法	障害者総合支援法
対象範囲	障害の有無にかかわらず、すべての国民が尊重される法律	障害者やその支援に焦点を当てた法律
起源と歴史	1970年に成立した心身障害者対策基本法を前身とし、1993年に改正法として制定	2005年にスタートし、2012年に改正された法律
基本理念	すべての国民が尊重され、選択肢を持ち、社会参加の機会が提供されること	障害の有無にかかわらず、尊重される権利や自立支援を強調
利用者の範囲	障害の種類や障害者手帳の有無に関係なく、すべての国民に適用	障害の種類や程度に応じて、利用できるサービスに違いあり

難病患者への支援

	難病患者への支援
医療費助成	難病法・特定疾患治療研究事業（現在では4疾患のみ）・児童のみ：小児慢性特定疾病対策
福祉サービス	障害者総合支援法
就労支援	ハローワーク（難病患者就職サポーター）・難病の人を対象とする助成金等（特定求職者雇用開発助成金、障害者トライアル雇用事業、キャリアアップ助成金、障害者介助等助成金等）

難病法の概要

難病法

難病法の目的は、難病患者に質の高い医療を提供し、彼らの生活の質を向上させ、結局は国民の健康を向上させることです。

医療費の助成

療養生活環境整備事業の実施

難病の医療に関する調査や研究推進

6-3

身体障害者福祉法とは？

身体障害者に提供される重要な支援を規定した法律です。この法律に基づき、身体障害者はさまざまな福祉サービスを受けることができます。

ここだけは絶対覚えておこう

身体上の障害を持つ18歳以上の人々を対象とし、障害の程度に応じて1級、2級、3級の障害者手帳が交付される。

▶▶ 身体障害者とは？

身体障害者は、身体障害者福祉法に基づく定義では、18歳以上で身体上の障害があり、都道府県知事から身体障害者手帳を交付された人々を指します。障害の種類として、視覚障害、聴覚または平衡機能の障害、音声機能、言語機能、そしゃく機能の障害、肢体不自由、内部障害が挙げられています。内部障害は外見では分からないため、配慮が必要です。

▶▶ 身体障害者が受けられる障害福祉サービス

身体障害者は手帳を取得することで、さまざまな障害福祉サービスを受けることができます。視覚、聴覚、言語、肢体、内部に障害のある人々にとって、福祉用具（補装具・日常生活用具）やICTの技術を用いた支援が重要です。補装具は身体の欠損または損なわれた機能を補完・代替する用具で、例えば義肢や車いす、補聴器が含まれます。購入に際しては補装具費支給制度があり、収入に応じて利用者負担が決まります。

▶▶ 障害者手帳について

障害者手帳は、身体障害者が様々な福祉サービスや特典を受けるための重要な文書です。手帳は都道府県知事から交付され、身体の障害の程度や種類に基づい

て3つの区分に分かれています。

①1級障害者手帳

重度の障害を持つ人に交付されます。1級障害者手帳を持つ人は、介護サービスや福祉施設の利用など幅広い支援を受けることができます。

②2級障害者手帳

中等度の障害を持つ人に交付されます。2級障害者手帳を持つ人も、介護や福祉用具の提供など、必要な支援を受けることができます。

③3級障害者手帳

軽度の障害を持つ人に交付されます。3級障害者手帳を持つ人も、福祉サービスを利用できますが、支援内容は他の級と比べて緩やかです。

身体障害者福祉法の目的と身体障害者の定義

	身体障害者への支援
目的	この法律は、身体障害者の独立した生活と経済的な参加を奨励し、身体障害者をサポートし、必要に応じて保護することを通じて、身体障害者の福祉を向上させることを目的としています。この法律は1949年に制定され、身体障害者手帳の発行に関連しています。
対象者	この法律の適用対象は、身体上の障害がある18歳以上の個人で、都道府県知事から身体障害者手帳を交付された者です。
身体障害者手帳	身体障害者手帳は、身体障害者の状態に応じて1級から6級までの程度に分類されます。7級は独立して認定されず、7級の障害が複数ある場合は、合計で6級として認定されます。 身体障害者手帳の種別により、異なる設定等級が設けられています。 視覚障害 1〜6級 聴覚障害 2〜4、6級 平衡機能障害 3、5級 音声機能、言語機能または咀嚼機能の障害 3〜4級 肢体不自由 1〜7級 心臓、腎臓、呼吸器、ぼうこうまたは直腸、小腸の機能障害 1、3〜4級 ヒト免疫不全ウイルスによる免疫機能、肝臓の機能障害 1〜4級

身体障害者社会参加支援施設について

盲導犬訓練施設
盲導犬および盲導犬利用にかかわる訓練の実施

身体障害者福祉センター
機能訓練、レクリエーションの実施や提供等

補装具製作施設
補装具の作成、修理

視聴覚障害者情報提供施設
点字物等の製作、点訳、手話通訳者の養成・派遣

6-4
身体障害者福祉法の対象とサービス

身体障害者福祉法の対象は、身体上の障害がある18歳以上の者で、身体障害者手帳を交付された個人です。

ここだけは絶対覚えておこう

この法律の目的は、身体障害者の自立と経済的参加を促進し、福祉の向上を図ること。

身体障害者が使えるサービス

身体障害者手帳を取得すると、視覚、聴覚、言語、肢体、内部の障害を持つ人々がさまざまな障害福祉サービスを受けることができます。これには介護や生活支援のほか、福祉用具やICT技術を活用した支援が含まれます。

補装具とは

補装具は、身体の欠損や機能の障害を補うための道具や装置のことです。例えば、義肢、車椅子、杖、補聴器などです。

補装具費支給制度

市町村がその窓口となって、購入月に発生した費用の一部を利用者に支給します。支給額は、家計の負担能力やその他の状況に応じて決まります。通常は購入費用の1割を利用者が負担し、残りの額が支給されます。ただし、利用者の収入に応じて負担額が異なることがあります。

身体障害者更生相談所の役割と重要性

身体障害者更生相談所は、身体障害者への支援を提供する施設です。通常、市町村が障害者支援を担当しますが、一部の課題については単独の地方自治体では

対処が難しいことがあります。そのため、各都道府県には「身体障害者更生相談所」が設けられています。ここでは、身体障害者手帳の審査や発行、補助具の支給判定、自立支援医療（更生医療）の必要性判断などを行います。

身体障害の種類と補装具

1 視覚障害

視覚障害は、聞こえないか、情報を十分に得られない状態を指します。視覚障害は、視力が低下し、視覚に関するさまざまな問題が生じる状態を指します。これには、先天的な障害と後天的な障害（中途視覚障害）があります。後天的な視覚障害には、白内障、緑内障、糖尿病性網膜症、網膜色素変性症、加齢性黄斑変性症、ベーチェット病などが含まれます。

2 聴覚障害

聴覚障害には、生まれつきのものと後から発生するものがあります。音を聞き取りにくくする状態を「難聴」と呼び、それには軽度、中等度、高度、重度というレベルがあります。全く音が聞こえない状態を「失聴」と言います。難聴は、聴覚の問題がどの部分にあるかに応じて、「伝音性難聴」（音が耳に届くのが難しい）、「感音性難聴」（音を聞き取る耳自体に問題がある）、または「混合性難聴」（両方の要因が組み合わさった状態）に分類されます。

3 言語障害

言語障害は、大脳の言語中核が損傷を受けて、コミュニケーションに関連する能力に影響を与える障害です。この障害は、聞く、話す、読む、書くなどのコミュニケーションスキルに影響を及ぼします。失語症は、通常、脳血管疾患や脳腫瘍などが原因となります。
脳の損傷の場所に応じて、感覚性失語（ウェルニッケ失語）、運動性失語（ブローカ失語）、全失語などの種類があります。また、発声や発語に関する障害（音声障害や構音障害）や、形や色の認識に問題を引き起こす視覚失認、読むことが困難になる失読、書字に影響を及ぼす失書なども存在します。

4 肢体不自由

肢体不自由とは、両手や両足、または体の一部または全部の機能が制約され、日常生活や社会的な活動に制限を受ける状態を指します。この状態は、生まれつきのもの（脳性麻痺や筋ジストロフィーなど）や、事故や病気によって後から発生するものとして、両方の原因があります。言い換えれば、肢体不自由は身体機能に障害があるため、日常の活動に支障をきたした状態を指します。

5 内部障害

内部障害とは、心臓、腎臓、呼吸器などの臓器の機能に障害がある状態を指します。具体的には、心臓、腎臓、呼吸器の機能障害、ぼうこうや直腸の機能障害、小腸の機能障害、免疫機能の障害（ヒト免疫不全ウイルスによるものなど）、肝臓の機能障害などが該当します。内部障害を抱える人々は通院や手術が必要な場合が多く、そのサポートとして自立支援医療制度が提供されています。

上肢装具

体幹装具

下肢装具・義肢
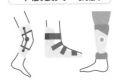

矯正用眼鏡・補聴器・杖

車椅子・電動車椅子

6-5
身体障害者福祉法の規定する内部障害について

内容障害は外見からは分からないが、心臓、呼吸器、腎臓、ぼうこう・直腸、小腸、HIV感染による免疫機能の障害など、重要な健康問題です。

ここだけは絶対覚えておこう

外部からは理解しにくい制約がある。そのため、特別な配慮が必要で、共生社会の実現に向けて他人のニーズを理解し、支援を提供することが大切。

▶▶ 内部障害を持つ人

内部障害を抱える人々は、外見からは分かりにくいですが、彼らの日常生活には大きな影響を及ぼす重要な健康問題が存在します。身体障害者福祉法では、内部障害が心臓機能障害、呼吸器機能障害、腎臓機能障害、ぼうこう・直腸機能障害、小腸機能障害、そしてHIVによる免疫機能障害の6つの主要なカテゴリーに分類されています。

外見からは分からないこれらの障害に対して、私たちができることは多くあります。外見では気づきにくい不便さを理解し、彼らの身体的な負担を考慮し、携帯電話の使用に気をつけ、環境に配慮し、トイレのアクセスを提供することなど、具体的なアプローチを取ることで、内部障害者の方々の日常生活をサポートし、共生社会を築くお手伝いができます。

▶▶ 内部障害を持つ人への特別な思いやりと配慮

内部障害者への思いやりと配慮は、彼らが外部からは分からない制約に直面していることを理解し、その特別なニーズに対応することを意味します。たとえば、彼らは心臓機能障害や呼吸器機能障害により、通常の活動に制約を受けることがあります。このような状況で、私たちの理解と思いやりが彼らを支え、共生社会

の一員として尊重する手助けとなります。

　内部障害者への特別な思いやりと配慮は、ただ言葉だけでなく、行動を伴うことも重要です。彼らの日常的なニーズに気を配り、協力と理解の姿勢を示すことで、共生社会の実現に一歩近づくことができます。内部障害者をサポートし、彼らが健康で幸福な生活を送ることができるよう、私たち一人ひとりが貢献することが大切です。

内部障害の種類と定義

	内部障害の定義
心臓機能障害	不整脈、狭心症、心筋症など。心臓の機能低下。心臓ペースメーカーなどの医療機器の使用が必要な場合がある。
呼吸機能障害	呼吸器系の疾患により呼吸機能低下。酸素ボンベや人工呼吸器（ベンチレーター）の使用が必要な場合がある。
腎臓機能障害	腎機能低下。腎臓が老廃物を排出できない。定期的な人工透析が必要な場合がある。
ぼうこう・直腸機能障害	ぼうこう疾患や腸管の通過障害。腹壁に新たな排泄口（ストマ）を造設している場合がある。
小腸機能障害	小腸の機能低下。食事を通じた栄養摂取が難しいため、静脈から輸液を受ける場合がある。
HIVによる免疫機能障害	HIV感染により免疫機能低下。抗ウイルス剤の服薬が必要な場合がある。

内部障害を理解し、思いやりのある支援を提供するポイント

外見からは分からない不便さへの理解	内部障害は外見からは分からないため、他人からの理解が得られにくいことがあります。例えば、公共交通機関の優先席を利用している場合、障害を持っていることを他の人に説明することが難しいことがあります。したがって、他人が外見だけで判断しないように心がけることが重要です。
身体的な負担の制限	内部障害により、全身の体力が低下しているため、特に重い荷物を持つことや長時間立ち続けることが難しいことがあります。したがって、身体的な負担をかけないように心がけることが配慮の一環です。例えば、荷物運びを手伝う支援の提供や、長い行列での待ち時間を減らす工夫が役立ちます。
携帯電話の使用に対する注意	心臓ペースメーカーを使用している人々は、携帯電話から発せられる電磁波の影響を受け、誤動作するおそれがあります。そのため、ペースメーカーを装着していることを理解し、特に携帯電話の使用に関して注意が必要です。
環境への配慮	呼吸器機能障害を持つ人々は、タバコの煙などが苦痛となることがあります。したがって、禁煙区域を守ることや、他の人々の健康を考慮することが大切です。
トイレへのアクセス提供	ぼうこう・直腸機能障害を持つ人々（オストメイト）は、専用のトイレ設備が必要な場合があります。公共の場所や施設で、適切なトイレが提供されることが、彼らの生活の質を向上させる重要な要素です。

6-6
知的障害者福祉法とは？

知的な障害を持つ方々が、社会での活動や日常生活に自信を持って参加できるようにサポートする法律です。

ここだけは絶対覚えておこう

明確な法律上の定義はないが、厚生労働省の基礎調査では「知的障害児(者)」とは、知的機能に問題があって、18歳までの発達期にそれが明らかになり、日常生活での困難からサポートが必要な方々のこととされている。

▶▶ 援助と保護を統合した法律

知的障害者福祉法は、知的障害者に援助を提供し、同時に必要な保護を行う法律です。これにより、知的障害者の福祉を確保します。この法律は、1960年に「精神薄弱者福祉法」としてスタートし、1998年に現在の名前に変更されました。

▶▶ 知的障害者の定義

知的障害者福祉法自体には知的障害者の明確な定義がありません。これは、当初に定義の基準が不足していたためと考えられています。厚生労働省は知的障害を「知的機能の障害が発達期(おおむね18歳まで)にあらわれ、日常生活に支障が生じ、特別な援助が必要な状態」と定義しています。知的障害は知能検査などで測定され、IQが70以下であることが一般的な指標です。

▶▶ 施設と専門職の規定

以前は知的障害者の施設に関する規定も含まれていましたが、後に障害者自立支援法が制定された際に削除されました。現在では、市町村や都道府県の業務内容、知的障害者更生相談所や知的障害者福祉司などの専門職、入所措置制度につ

いて規定されています。

知的障害者更生相談所について

　知的障害者更生相談所は、知的障害者の方々に専門的な支援と指導を提供する機関です。ここでは、知的障害者の医学的、心理学的、および職能的な評価を行い、個別のニーズに合わせたサポートを提供します。また、市町村が提供する支援に関しても、専門的な技術的援助、助言、情報提供、連絡調整を行い、市町村の職員に研修を提供します。地域での生活支援にも力を入れ、知的障害者の地域での自立した生活をサポートしています。知的障害者更生相談所は、知的障害者福祉司と連携し、地域社会における共生を促進する重要な存在です。

知的障害者福祉法の概要

知的障害者の自立への
努力および機会の確保

入所措置規定

国や地方公共団体
国民の責務

知的障害者福祉法

知的障害者福祉司
の専門職規定

市町村・都道府県
の役割

知的障害者
更生相談所

知的障害者更生相談所の役割

業務内容	1. 知的障害者に関する専門的な知識および技術を必要とする相談および指導業務 2. 知的障害者の医学的、心理学的および職能的判定業務 3. 市町村が行う援護の実施に関し、市町村に対する専門的な技術的援助および助言、情報提供、市町村相互間の連絡調整、市町村職員に対する研修、その他必要な援助並びにこれらに付随する業務 4. 地域生活支援の推進に関する業務
法で明記された 必置職と その業務内容	知的障害者福祉司 市町村等に対する専門的な技術的援助および助言や情報提供、市町村間の連絡調整、市町村職員に対する研修の企画運営等を担当すること

6-7
知的障害者福祉法の対象と サービス

知的障害者福祉法の対象は知的障害者や重症心身障害者であり、療育手帳を含む多くのサービスが提供され、彼らの生活の質を向上させるための支援が行われています。

▶▶ 知的障害の多様性

知的障害はさまざまな原因と特徴を持つ障害です。精神遅滞や発達障害の一つともされ、その特徴は次のとおりです。

①知的機能の停滞

知能検査で確認できる知的機能の発達遅れが明らかです。

②適応機能の制限

日常生活における適応機能に明らかな制限が存在します。

③発達期に発生

通常、発達期（おおむね18歳まで）に生じる特徴があります。

▶▶ 知的障害の原因と判定

知的障害の原因は多岐にわたり、遺伝子要因から環境要因までさまざまです。主な原因としては、ダウン症やフェニルケトン尿症などの遺伝子要因があります。しかし、知的障害の程度は個人差が大きく、IQ値だけでは判断できません。した

がって、知能検査だけでなく、適応能力検査も総合的に考慮されます。

重症心身障害の特性

重症心身障害は、肢体不自由と知的障害の重度の組み合わせを指します。

①多重障害

感覚障害、咀嚼・嚥下機能障害、排泄障害、呼吸機の使用など、多くの健康上の課題が存在します。

②支援の多面的アプローチ

生命の支援（医療ケア）、生活の支援（行為介助）、人生の支援（ライフサイクルに合わせた支援）が必要です。

知的障害の区分

	知能面（IQ）	適応機能面
最重度知的障害	20以下	
重度知的障害	21〜35	個人が日常生活や社会で必要な行動やタスクを適切に管理・実行できるかどうかを評価します。
中度知的障害	36〜50	
軽度知的障害	50〜70	

療育手帳について

法的根拠	療育手帳制度について （1973年厚生事務次官通知） ※通知に基づき各自治体において要綱を定めて運用
交付主体	・都道府県知事 ・指定都市の市長
税制の優遇等	・国税や地方税の控除または減免 ・補装具購入費の助成または支給（身体障害者手帳のみ） ・障害者の生活支援を目的とした住宅リフォーム費の助成 ・公共交通機関など各種運賃や通行料の割引 ・郵便料金、NHK受信料、公共施設入館料など一部公共料金の減免または無償化 等
所持者数	117万8917人 （2020年度福祉行政報告例）

6-8
知的障害者福祉法に定義がない理由について

知的障害者福祉法には、なぜ障害の明確な定義が存在しないのでしょうか？その背後には歴史的背景や他の法律との関連が影響しています。

ここだけは絶対覚えておこう

知的障害者福祉法に定義がない理由は、精神医学の影響や精神薄弱者福祉法の制定過程、知的障害の歴史的な捉え方に起因している。知的障害は他の障害と異なる特性があり、そのため法的な定義が難しいとされている。

▶▶ 知的障害者福祉法における障害定義の不在の背景

知的障害者福祉法は、障害者に対する支援を提供する法律ですが、他の障害者に比べて、具体的な「知的障害者」の定義が存在しない点が特徴です。この独自の特徴には、歴史的な経緯や精神医学の視点が影響しています。

▶▶ 精神薄弱者福祉法制定過程における定義の扱い

知的障害者福祉法は、1960年に制定されましたが、当初から「知的障害者」という明確な定義は設けられませんでした。これには、精神医学の定義が既に存在しており、知的障害者について特別な視点が必要とされたためです。また、他の障害者とは異なる扱いがなされていました。

▶▶ 知的障害と精神医学の歴史

知的障害は古くから存在し、長い間、医学的な視点からは治療法のない状態でした。精神医学の進化とともに、知的障害の名前や定義は変遷し、最終的には国際的に認められた「知的障害」(Intellectual disability)という用語が生まれまし

た。これは、知的能力や日常生活での適応能力が平均よりも低いとされる状態を指します。

　このように、知的障害者福祉法における障害の定義の不在には、歴史的背景や精神医学の進化が影響しており、他の障害者とは異なる理由が存在します。厚生労働省は、知的障害の定義と判断基準を知能検査や日常生活能力に関連して説明しており、特別な支援が必要な状態を明確に示しています。

医学的な視点から3つの条件

① 知的機能の遅滞がある
IQ70以下

② 生活上の適応機能に
制限がある

③ 概ね18歳未満で現れる

知的障害と併発しやすい疾患

ADHDや自閉症などの
発達障害

抑うつや
双極性障害

不安障害

6-9
精神保健福祉法とは？

　精神保健及び精神障害者福祉に関する法律の主な目的は、精神障害者のための医療や保護を促進し、社会の一員として自分らしい生活を送るための支援を提供する法律です。

ここだけは絶対覚えておこう

　精神障害者の定義は、第5条「統合失調症、精神作用物質における急性中毒又はその依存症、知的障害その他の精神疾患を有する者」。

▶▶ 精神保健福祉法の成立と目的

　精神保健福祉法は、日本において精神障害者の医療・保護、社会復帰の促進、自立への援助を実現し、福祉の増進と国民の精神的健康を向上させるために制定された法律です。この法律は、1987年の精神保健法の制定により誕生し、精神障害者に適切な支援を提供するために成立しました。

主要な目的
①精神障害者への適切な医療と保護の提供
②社会復帰の促進と自立支援
③福祉の増進と国民全体の精神的健康向上
　精神保健福祉法は、精神科医療と精神障害者福祉を結びつけ、精神障害者が健康で充実した生活を送るための法的な枠組みを提供しています。

▶▶ 精神保健福祉法の歴史と改正

　精神保健福祉法は、1987年の精神保健法の制定から始まり、その後の改正によって法律の名称が精神保健福祉法に変更され、社会における精神障害者の支援が向上しています。主要な改正ポイントとして、1995年に精神障害者保健福祉

手帳の創設や地域生活支援センターの法定化が行われ、1999年には家族への負担軽減と退院後の生活支援の強化が追加されました。さらに、2013年の改正では医療保護入院制度の見直しや退院後の生活移行支援が充実し、精神保健福祉法はより効果的な支援を提供するために変化しました。

精神保健福祉法の内容について

医療

- 入院制度
- 通報制度
- 指定医療制度

精神保健福祉センター
精神医療審査会

福祉

精神障害者保健
福祉手帳

社会復帰促進センター

精神保健福祉法

精神病院法
精神病院者監護法
（戦前）

↓

精神衛生法
（1950年）

精神衛生法からの改正

↓

精神保健法
（1987年）

精神保健法からの改正

↓

精神保健福祉法
（1995年）

6-10
精神保健福祉法の対象とサービス

精神障害者への支援とサービスに焦点を当てつつ、国民全体の精神的健康向上を目指し、医療・保護、社会復帰、自立支援など多岐にわたる福祉サービスを提供する法律です。

ここだけは絶対覚えておこう

入院制度においても患者の同意や状態に応じた異なる要件が規定されている。法律は時勢に合わせて改正され、地域での生活支援が強調され、精神保健福祉制度は進化を続けている。

▶▶ 精神障害の多様性

精神障害には、統合失調症、気分障害、依存症、高次脳機能障害、発達障害、パニック障害、パーソナリティ障害など多くの異なる疾患や症状が存在し、診断は難しいものです。WHOのICD-10やDSM-5などの診断基準が使用されています。特に統合失調症はその中でも代表的で、幻聴や妄想などの陽性症状から抗うつや情動の平板化などの陰性症状まで幅広い症状が現れます。

▶▶ 治療と課題

精神障害者は過去には社会的な理解不足から差別や排除に直面し、入院治療が主流でした。しかし、現在は薬物療法の進歩や精神療法、リハビリテーションなどが有効とされ、精神障害の早期発見と対応が重視されています。さらに、当事者主導の活動も増加し、社会参加が促進されています。

▶▶ 課題の残る長期入院

しかし、精神障害者の長期入院問題は未だに解決されていない現実です。外来

治療の利用者数が増加している一方で、長期入院者数は多く、地域への移行が課題とされています。これは、日本の障害者福祉の改善が必要な分野の一つです。

　精神障害の理解と治療の進歩にもかかわらず、社会的課題は依然として存在し、より包括的な支援体制の構築が求められています。

精神保健福祉法の対象

精神保健福祉法の対象　精神科医療の対象　精神保健の対象　国民全体

← 精神障害者 →

精神病患者

精神保健福祉手帳の対象となる主な精神障害

統合失調症	統合失調症は、精神病症状（幻覚、妄想）、意欲と自発性の低下、認知機能低下などを主要な症状とする精神疾患です。陰性症状（意欲低下など）と陽性症状（妄想や幻聴など）があり、幻覚や幻聴から奇異な行動を取ったり、意識低下から自己解離の傾向が見られることがあります。主に思春期から青春期に発症することが一般的です。
気分障害	気分障害には大きく「うつ病」と「双極性障害（躁うつ病）」があります。うつ病はストレスや疲労をきっかけに発症し、持続的な気分の低下症状が見られます。双極性障害はうつ状態と躁（そう）状態（極端な気分高揚）を交互に経験し、青年期から成人初期に発症することが一般的です。
てんかん	脳の神経細胞の異常放電によりさまざまな発作を引き起こす疾患です。
薬物依存	覚せい剤や麻薬などの常用により、心身に何らかの変化が生じている状態のことを指します。
高次脳機能障害	病気や事故によって脳が損傷され、認知機能に障害が起きた状態。新しい情報の記憶が難しくなったり、感情や行動の抑制が難しくなったりすることがあります。
発達障害	脳の特性が通常と異なり、社会生活においてさまざまな障害を引き起こす精神疾患。自閉症、学習障害、注意欠如多動性障害（ADHD）などがあります。
その他精神疾患	ストレス関連障害、不安障害、摂食障害、パーソナリティ障害など、多くの精神疾患が存在します。各疾患は異なる特徴と治療アプローチを持ちます。

6-11
精神保健福祉法の改正と
入院制度について

日本弁護士連合会（日弁連）は、「精神保健福祉制度の抜本的改革を求める意見書」をまとめ、厚生労働大臣に提出しました。この意見書は、精神保健福祉法の改正と入院制度に関する重要な提言を含んでいます。

ここだけは絶対覚えておこう

重要なポイントは、強制入院の問題、入院要件の厳格化、任意入院の自由意思、精神医療審査会の役割強化、地域での生活支援、人権侵害の検証と調査などである。これらの改革は、精神障害者の権利保護と制度の適正化を目指しており、法律改正や政策決定に影響を与える。

▶▶ 背景と経緯

精神保健福祉法は、精神障害のある人々を対象にし、強制入院制度を規定しています。この制度により、入院を強制された人々は人権を奪われ、心身ともに被害を受けてきました。また、この法律が精神障害のある人々を社会から隔離すべきだという誤った認識を生み出しています。

日本の精神科病床数は、他のOECD諸国の平均の約4倍と高いですが、それにもかかわらず、日本の精神保健福祉制度が国際的に見ても遅れていることが示唆されています。

▶▶ 提言の内容

この意見書では、以下の主要な改革提言がなされています。

①入院要件の厳格化と入院期間の制限

措置入院と医療保護入院の要件を厳格化し、入院期間の上限を法定化する。

②任意入院の自由意思

　任意入院は、本人の自由意思に基づくものであるべきである。

③精神医療審査会の独立性と公平性の確保

　審査会の独立性と公平性を確保し、入院者が弁護士に依頼できる権利や記録閲覧の権利など、適正な手続きを保障する。

④地域での生活支援

　精神障害のある人々が地域で平穏に生活できるための社会資源の充実を図る。

⑤人権侵害の検証と調査

　人権侵害の実態に関する検証と調査を実施する。

　これらの提言は、精神保健福祉制度の抜本的な改革を目指し、2025年までに達成すべき目標を示す第一段階として提出されました。

精神保健福祉法における入院の種類

	対象	要件
任意入院	入院が必要な精神障害者で、本人が自発的に同意する者。	なし
医療保護入院	入院が必要な精神障害者で、本人の同意が得られないが、自傷他害のおそれはない者。	医療保護入院や措置入院の場合、精神保健指定医（または特定医師）の診察と、家族等のいずれかの者の同意が必要です。
措置入院	入院が必要な精神障害者で、自傷他害のおそれがあるため、本人の同意に関係なく入院させられる者。	精神保健指定医2名の診断が一致した場合、都道府県知事が措置入院の決定を行います。
応急入院	入院が必要な精神障害者で、任意入院が行えず急速な治療を要し、家族等の同意が得られない者。	精神保健指定医（または特定医師）の診断が必要であり、入院期間は最大で72時間（特定医師の場合は12時間）まで制限されます。

発達障害者支援法とは？

発達障害を抱える人々のための支援体制を整備し、社会参加を促進するために制定された法律です。

ここだけは絶対覚えておこう

発達障害の明確な定義を提供し、支援センターの設置を通じて包括的な支援を提供し、自立と社会参加を促進するために制定された法律であり、財政的な支援と多岐にわたる領域でのサポートを重視している。

▶▶ 発達障害者支援法による制度改革と地域支援の推進

制度の谷間をなくすために、発達障害者への支援は以前、年齢や症状に応じて児童福祉法、知的障害者福祉法、精神保健福祉法で行われていました。しかし、発達障害そのものに対する法律が不足しており、制度には課題がありました。そのため、2004年に発達障害者支援法が制定され、発達障害を明確に定義し、各種法制度で適切に扱う基盤ができました。この法律により、発達障害児・者が社会で自分らしく生活できる基盤が整備されました。

▶▶ 発達障害者支援センター

発達障害者の支援において、都道府県内で中心的な役割を果たす組織です。発達障害者への支援には医療や福祉だけでなく、教育や労働など多くの関係機関との連携が必要です。このセンターは、そのネットワークを築き、助言や指導を提供する拠点として機能します。しかし、相談の増加に対応しきれない場合もあります。そのため、市町村や事業所へのサポートを強化するために、発達障害者地域支援マネジャーが関連機関を訪問し、アセスメントや支援ツールの導入、連携支援などを提供しています。

発達障害者の支援と役割

　発達障害者は、適切な支援を受けることで社会生活に円滑に参加できます。この支援は医療、福祉、教育などの分野から提供されます。国や地方公共団体は組織的にこの支援を担当しますが、同時に国民も発達障害者とその家族に理解と協力を提供する役割が求められています。

発達障害者支援法の改正の必要性と主要な変更点

　発達障害に関する認知度向上と支援不足の解消が改正の背景とされ、法律の基本理念は発達障害者の社会参加機会の確保、差別の排除、社会的な障壁の撤廃に焦点を当てました。また、改正では発達障害者の明確な定義が導入され、国と地方公共団体の責務が明確化され、情報共有が促進されました。普及啓発活動も行われ、発達障害に関する理解が深まることが期待されています。

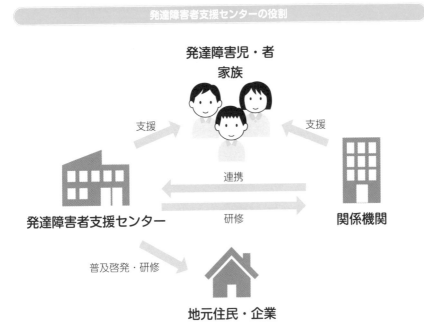

発達障害者支援センターの役割

6-13
発達障害者支援法の対象と定義

この法律では、どのような人々が「発達障害者」として認識され、どの範囲の障害が含まれるのかを明確に規定しています。

ここだけは絶対覚えておこう

発達障害者支援法における対象と定義は、自閉症、アスペルガー症候群、広汎性発達障害、学習障害、注意欠如・多動性障害などの脳機能に関する障害があり、その障害と社会的な障壁により、日常生活や社会生活に制限を受ける個人を指す。

▶▶ 発達障害者支援法における「発達障害者」の定義

発達障害者支援法における「発達障害者」とは、2004年に制定されたこの法律において、以下のように定義されています。「発達障害者」とは、発達障害（自閉症、アスペルガー症候群、その他の広汎性発達障害、学習障害、注意欠如・多動性障害などの脳機能に関する障害で、通常は幼少期に発現するもの）があり、その発達障害と社会的な障壁により、日常生活や社会生活に制限を受ける個人を指します（発達障害者支援法第2条）。

▶▶ 自閉スペクトラム症の広がり

なお、この定義においては、自閉症、アスペルガー症候群、広汎性発達障害を含む幅広い範囲をカバーする定義となっており、これを総称して「自閉スペクトラム症」という診断名も用いられています（DSM-5）。

自閉スペクトラム症の概念は、「スペクトラム」という言葉が示す通り、自閉症やアスペルガー症候群が連続的に存在することを指しています。そのため、症状は多様で、例えば社会的なコミュニケーションや相手との相互反応の難しさ、反復的な行動やこだわり、感覚刺激に対する過敏さ、知的能力障害や全般性発達遅

延では説明しきれない特徴などが挙げられます。また、これらの症状が幼少期から存在し、対人関係や学校、職場での困難が現れることがあります。

　このように、自閉スペクトラム症は幅広い症状を含む一連の障害を指し、発達障害者支援法においても包括的に対象とされています。

それぞれの障害の特性について

自閉スペクトラム症（ASD）

自閉症
・言葉の発達の遅れ、
・コミュニケーションの障害
・対人関係・社会性の障害
・パターン化した行動、こだわり

アスペルガー症候群
・基本的に、言葉の発達の遅れはない
・コミュニケーションの障害
・対人関係・社会性の障害
・パターン化した行動、興味・関心のかたより
・不器用（言語発達に比べて）

限局性学習障害（LD）

「読む」「書く」「計算する」等の能力が、全体的な知的発達に比べて極端に苦手

注意欠如・多動性障害（ADHD）

・不注意（集中できない）
・多動・多弁
　（じっとしていられない）
・衝動的に行動する
　（考えるよりも先に動く）

6-14
発達障害者支援法の改正について

発達障害者支援法の改正は、発達障害者の社会的な権利とサポート体制の向上を目指す重要な一歩として、法的枠組みの見直しと基本理念の明示を含む包括的な改革を実現しました。

ここだけは絶対覚えておこう

改正は、社会全体の発達障害への理解を深め、発達障害者とその家族に対する支援を強化するための重要な取り組み。

発達障害者支援法の改正が必要な理由

発達障害についての認知度の低さと、その支援不足が顕著になっていました。発達障害は一般的な障害でありながら、従来の法律では適切なサポートが不足しており、これに対応するための法的枠組みが必要でした。加えて、発達障害の認知度が低いことから、専門家も不足していました。

基本理念の明示：改正の根本的な方針

改正では、発達障害者の社会参加機会の確保、差別の排除、社会的な障壁の撤廃が基本理念として明示されました。これにより、発達障害者自身とその家族にとって、より包括的で尊重された生活環境が整備されました。

発達障害者の定義：明確な定義の導入

改正により、発達障害者の定義が明確にされ、発達障害者自身やその家族の認識が改善されました。発達障害者は、発達障害により日常生活や社会生活に制約を受ける者として定義されました。

責務の明確化：国と地方公共団体の責務

国と地方公共団体は、発達障害者とその家族からの相談に応じ、幅広い支援を提供する責務を負いました。これには、教育、就労、生活支援、権利の擁護、司法手続きへの配慮、家族支援などが含まれます。特に、地域での生活支援が個別のニーズに合わせて進められるようになりました。

情報共有の促進：個人情報保護とのバランス

情報共有が促進され、発達障害に関する情報が適切に共有されます。これは個人情報保護に十分な配慮を払いながら行われ、専門家の知識を有効に活用する重要な要素となっています。

普及啓発活動：発達障害の理解を深めるため

国と地方公共団体は、学校、地域、家庭、職場などでの啓発活動を通じて、発達障害に関する理解を深めるための取り組みを行います。このような活動により、国民の発達障害に関する理解が増進されることが期待されています。

発達障害者支援法の改正内容に関する概要	
目的・基本理念 （第1条、第2条の2）	・【個人としての尊厳にふさわしい日常生活・社会生活を営むことができるように】発達障害の早期発見と発達支援を行い、【支援が切れ目なく行われる】ことに関する国及び地方公共団体の責務を明らかにする。 ・発達障害者の自立及び社会参加のための生活全般にわたる支援を図り、【障害の有無によって分け隔てられること無く（社会的障壁の除去）】、【相互に人格と個性を尊重（意思決定の支援に配慮）】しながら共生する社会の実現に資する。
定義 （第2条）	発達障害者とは、発達障害（自閉症、アスペルガー症候群その他の広汎性発達障害、学習障害、注意欠陥多動性障害などの脳機能の障害で、通常低年齢で発現する障害）がある者であって、発達障害者及び【社会的障壁により】日常生活または社会生活に制限を受けるもの。
国民・事業主等	・国民は、【個々の発達障害の特性】その他の発達障害に関する理解を深め、発達障害者の自立及び社会参加に協力するように努める。（4条-国民の責務） ・【事業主は、発達障害者の能力を正当に評価し、適切な雇用機会の確保、個々の発達障害者の特性に応じた雇用管理を行うことにより雇用の安定を図るよう努める。】（10条-就労の支援） ・大学及び高等専門学校は、【個々の発達障害者の特性】に応じ、適切な教育上の配慮をする。（8条-教育）

6-15
児童福祉法とは？

18歳未満の子どもたち全員が安心して健やかに育つための日本の法律です。

ここだけは絶対覚えておこう

子どもたちを保護し、その成長を支えるために、国や地域コミュニティがどのような役割を果たし、どのようなサポートを提供すべきかの具体的なガイドラインである。

▶▶ 何のための法律？

児童福祉法は、すべての子どもが健やかに育つための法律で、1947年に制定されました。主要な考え方として、すべての国民が子どもの健やかな成長に貢献し、子どもは安全で愛情に包まれた環境で育つ権利があり、国や地方公共団体も子どもの健康な成長に責任を担うことが強調されています。これらの原則は、子どもに関する法律の実施において大切にされています。

児童の定義　「児童」とは18歳より若い子どものことを指します。

法律の詳細　各章では、児童が元気に育つためにどんな施設や活動が必要か、それをどう作り、運営していくかについてのアイデアやルールが書かれています。

▶▶ 障害を持つ子どもたちへの多面的なサポート

児童福祉法は、障害を持つ子どもたちや特別なケアが必要な子どもたちに焦点を当て、彼らが社会のあらゆる側面で支えられ、分け隔てなく参加できる権利を守ります。この法律は、専門的な施設やプログラムを提供し、個別の支援計画を策定し、物理的・情報的アクセシビリティを向上させ、家族を含めたアプローチを取り、コミュニティ参加を促進します。児童福祉法は、障害を持つ子どもたちが、多面的なサポートを通じて健やかに成長し、社会へ貢献できるよう支援する法律

です。

● サービスは主に通所と入所の2つ

　障害者のサービスは通所と入所の2つのタイプに分かれます。これは、成人の障害者だけでなく、障害のある子供にも同じように適用されます。その理由は地域でサポートをより身近に受けるためです。以前は、障害児向けの施設が限られており、障害の種類によって分かれていました。これが統合され、どこに住んでいても適切なサポートを受けられるようになり、地域での生活が向上しました。ただし、サービス提供だけでなく、専門的なサポートも提供されるように、支援者の質にも注意が払われています。

● 障害児施設・サービスの基本的なアプローチと通所サービスの実施主体変更

　障害児施設とサービスの基本的なアプローチは、障害の種類に関係なく地域でのサポートを提供し、あらゆる障害に対応可能な施設やプログラムを提供し、障害特性に合わせた専門的なサポートを提供することを目指しています。通所サービスは市町村が実施主体となっており、これは通所施設の増加と地域別の詳細な対応を可能にするための措置です。

● 通所サービスと児童発達支援の多様な役割

　通所サービスは、児童発達支援と医療型児童発達支援という2つのタイプがあります。児童発達支援には、児童発達支援事業と児童発達支援センターの2つの機能が含まれています。児童発達支援事業は、地域で身近な場所での療育を提供する役割を果たします。最近では、通所で療育を受けられない重度の障害児を対象に、居宅訪問型児童発達支援が開始されました。

　また、児童発達支援センターは、地域の中核として、障害児とその家族への相談支援や、他の施設への助言、援助を提供する役割を果たします。さらに、保育所や学校、児童養護施設などを訪問して、障害児が集団生活に適応できるように支援する保育所等訪問支援も行っています。

施設入所から地域生活への移行のイメージ

障害児入所施設

自立のための支援 →

地域生活への移行
（グループホーム等）
施設入所＋生活介護

18歳（一部20歳の場合も）

児童福祉法　→　障害者総合支援法

児童福祉法

市町村

障害者自立支援法
児童デイサービス →

市町村

障害児通所支援
・児童発達支援　┐令和6年度より
・医療型児童発達支援　┘一元化
・居宅訪問型児童発達支援
・放課後等デイサービス
・保育所等訪問支援

都道府県　　　　　　　　通所サービス

児童福祉法
知的障害児通園施設
難聴幼児通園施設
肢体不自由児通園施設(医)
重症心身障害児(者)通園事業(補助事業)

入所サービス

知的障害児施設・第一種自閉症児童補助(医)
　　　　　　　　・第二種自閉症児童補助
盲児施設
ろうあ児施設
肢体不自由児施設(医)
肢体不自由児療養施設
重症心身障害児施設(医)

都道府県

障害児入所支援
・福祉型障害児入所施設
・医療型障害児入所施設

▶▶ 入所施設の役割と退所後の生活へのサポート

　入所施設には、福祉型障害児入所施設と医療型障害児入所施設があり、医療型障害児入所施設では療養介護と連携しながらサービスを提供する場合もあります。

これらの施設では、障害児を保護し、日常生活の指導やスキルの習得を通じて、将来の地域生活への準備を支援します。18歳時には地域での生活に移行するため、必要なスキルや知識を獲得できるようなプログラムが提供されます。

　また、令和6年度からは福祉型と医療型の児童発達支援センターが統合され、必要な場合でも身近な場所で支援を受けることができるようになりました。しかし、今後は専門性を維持しながらサービスを提供する方法が課題となります。

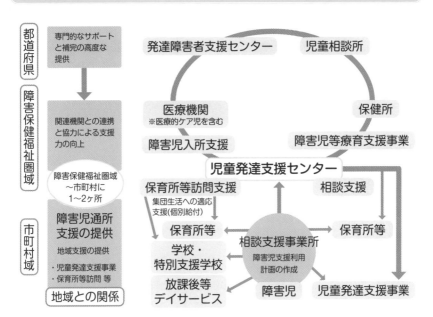

地域を基盤とした児童発達支援センターを軸とする支援ネットワーク

児童発達支援

児童発達支援センター

対　　象：全ての障害児
支援内容：福祉的支援

その他児童発達支援事業所

一元化

医療型児童発達支援

対　　象：肢体不自由児
支援内容：福祉的支援＋治療(リハビリ)

児童発達支援

児童発達支援センター

対　　象：全ての障害児
支援内容：福祉的支援（＋肢体不自由児の治療）これまで実施していた治療(リハビリ)は引き続き実施可

その他児童発達支援事業所

児童福祉法等の一部を改正する法律
(厚生労働省)

6-16
児童福祉法の対象と 障害児サービス

児童福祉法は、すべての子どもたちが健やかに育つことを目指す基本理念をもとに制定されています。特に、障害を持つ子どもたちに対しては、教育、医療、心理的なサポートをはじめとした多岐にわたるサービスが整えられています。

ここだけは絶対覚えておこう

子供たちの成長と発達をサポートするため、療育が必要な子供たちに、地域での手厚い支援を提供している。

▶▶ 児童発達支援と児童発達支援センターとは

児童発達支援は、医療が必要な障害を抱える子供たちとその家族を支えるプログラムです。このサービスには、児童発達支援事業と児童発達支援センターの2つの重要な側面があります。

①児童発達支援事業

子供たちが身近な場所で療育を受けるためのプログラムです。児童発達支援事業は、障害の種類に関係なく、地域の中で子供たちが必要なサポートを得られるように設計されています。最近の法改正により、通所での療育が難しい重度の障害を抱える子供たちに向けて、訪問型の児童発達支援が提供されるようになりました。

②児童発達支援センター

地域の障害児とその家族に対する相談、支援施設への援助、アドバイスなどを提供する中心的な場所として機能します。また、保育所や学校、児童養護施設などへの訪問を通じて、障害児が集団生活に適応できるよう支援する保育所等訪問支援も行います。

放課後等デイサービスの対象年齢と内容

放課後等デイサービスは、主に小学生から中学生などの学齢期の子供たちを対象としています。このサービスは、平日の放課後や休日に提供され、親が仕事に出ている時間や学校が休みの際に、子供たちが適切な環境で過ごせるようになります。通常、利用時間は午後3時から午後6時など、学校の終了時間から保護者が帰宅する時間帯に設定されています。

放課後等デイサービスでは、子供たちは集団でさまざまな活動を楽しむことができます。学習サポート、アート・クラフト活動、スポーツ、コミュニケーションスキルの向上などが含まれ、遊びながら学び、社会的なスキルを伸ばす機会が提供されます。専門的なスタッフがサポートし、個々の子供たちのニーズに合わせたプログラムを提供するため、成長や友情の築き方を楽しむことができます。

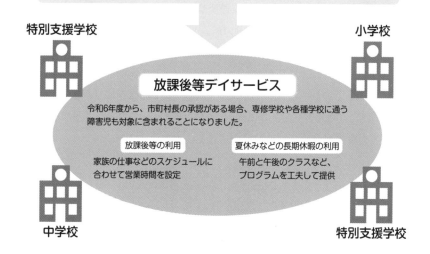

放課後等デイサービスについて

学校が終了した後や休業日に、生活能力向上のために必要なトレーニングや社会的交流の促進、その他の支援を提供します。

- 自立生活のために、トレーニング、クリエイティブな活動、余暇の提供など、多様な選択肢を提供し、個々の希望に応じたサービスを提供します。
- 学校と連携し、協力して支援を行います。

特別支援学校　小学校

放課後等デイサービス

令和6年度から、市町村長の承認がある場合、専修学校や各種学校に通う障害児も対象に含まれることになりました。

放課後等の利用
家族の仕事などのスケジュールに合わせて営業時間を設定

夏休みなどの長期休暇の利用
午前と午後のクラスなど、プログラムを工夫して提供

中学校　特別支援学校

保育所等訪問支援の役割と目的

保育所等訪問支援は、乳幼児期の障害児を育てる家庭を支援するプログラムで、生後数か月から就学前までの子供を対象にしています。専門的な児童指導員が家庭や保育所、学校などを訪問し、障害児とその家族に対するカウンセリングや支援計画を提供します。また、地域の保育施設での育児をサポートし、障害児とその家族が社会に参加しやすい環境を整えます。保育所等訪問支援は、子供たちが成長し、発展する機会を提供し、家庭での育児をサポートします。

障害児入所支援について

障害児入所施設は、障害の程度や家庭環境によって在宅生活が難しい障害児が、必要な支援を受ける場所です。平成24年に一元化され、福祉型と医療型の2つに分かれています。児童福祉法に基づき、18歳未満の児童が対象です。しかし、18歳以上でも入所が必要な場合、令和6年度から移行調整が強化され、22歳まで入所が可能となります。

専門相談の提供、障害児の相談支援事業

障害児相談支援事業は、障害のある児童や家族が必要な支援を受けるために役立ちます。これにより、適切なサービスを提供する役割が果たされます。かつては、一般的な相談は相談支援事業が行い、通所や入所サービスに関する相談は児童相談所に任せることが一般的でした。しかし、児童相談所へのアクセスの難しさが問題視され、通所サービスに特化した相談支援として障害児相談支援事業が導入されました。障害児相談支援事業には、障害児支援利用援助と継続障害児支援利用援助という2つのサービスがあります。前者では、具体的なサービスの選択やサポートプラン(障害児支援利用計画)の作成が行われ、その費用はかかりません。また、本人や家族が自身のプランを作成することも可能です。

保育所等訪問支援について

児童養護施設
集団生活への
適応支援

児童発達支援センター事業

保育所等訪問支援

幼稚園
集団生活への
適応支援

放課後等児童クラブ

保育所

18歳以上の障害児の施設入所サポート

市町村 ── **障害児入所施設** ── 都道府県

移行調整の継続
・障害児だけを対象とします。
・18歳以上の入所者には地域生活への移行計画の支援を提供し、家庭復帰やグループホームへの移行をサポート。

障害者支援施設への転換
・障害者のみを対象とし、障害児の入所枠は廃止されました。
・障害者は障害福祉サービスを利用できます。

障害児・者施設の併設
・施設の併設（障害児および障害者を対象）。
・障害者は障害福祉サービスを受ける権利があります。

その他
・グループホームなどを整備し、18歳以上の入所者を移行支援します。

児童通所支援サービスの利用手続きステップ

サービス利用申請

指定障害児相談支援事業者と契約

サービス意向調査と障害児支援利用計画案の提出

障害児支援の給付決定と支援計画の作成

サービス開始と定期的なモニタリング

障害児支援利用計画は、本人や家族などが作成することも可能です。このセルフプランを選択した場合、計画は自分たちで立てることができます。ただし、セルフプランを採用すると、モニタリングを受けることはできません。つまり、計画の内容や適切性の確認が行われないため、自己管理が求められます。

6-17
慢性疾患への支援、小児慢性特定疾患対策

慢性疾患を持つ子供たちへのサポート。医療費支援や、子供たちのニーズに合わせた成長支援を提供しています。

ここだけは絶対覚えておこう

小児慢性特定疾患対策は、多様な特定疾患に対応し、医療費の助成や日常生活用具の給付、子供たちの自立支援、家族へのサポートなどを提供する。

▶▶ 小児慢性疾患へのサポート

身体障害や知的障害だけでなく、長期的な病気に苦しむ子供たちを支えるために、小児慢性特定疾患対策が存在します。医療の進歩により生命の危険は少なくなりましたが、治療が長期間にわたり、家庭に負担をかけます。この制度は、児童福祉法で規定され、現在788の特定疾患が対象です。

▶▶ 医療費の軽減

小児慢性特定疾患対策の一環として、医療費の負担軽減が提供されています。慢性疾患の治療には高額な費用と時間がかかり、家庭に重い負担をかけます。このため、家庭の収入に応じて自己負担の上限を設定し、負担を和らげています。さらに、必要に応じて車椅子や特殊寝台、クールベスト、ネブライザーなどの日常生活用具も提供されます。給付対象や詳細については、通院医療機関の医療ソーシャルワーカーや専門家に相談してみてください。

▶▶ 子供の成長支援

もうひとつの要点は、子供たちの成長と自立を支える自立支援事業です。療養相談やピアカウンセリングなどの相談支援事業の他、居場所の提供やコミュニケー

ションスキルの向上、社会性の養成を目指す相互交流事業などが実施されています。これらの支援はまだ充分に整備されているとは言えませんが、法改正により子供たちへのサポートがますます広がることが期待されています。

▶▶ 利用手続きのステップ

①指定医療機関で指定医に意見書を作成してもらいます。

②意見書と必要な書類を用意し、市区町村の窓口で申請を行います。必要書類は自治体によって異なることがあります。医師の意見書が時間を要する場合、事前に自治体に相談して申請手続きの準備を進めることもできます。

③申請を受けると、都道府県の小児慢性特定疾病審査会が認定審査を行い、結果が通知されます。受給者証の認定期間は通常1年です。

④医療機関で受診時に、医療受給者証を受付で提示します。申請手続き中で医療受給者証を提示できない場合、一時的に医療費を支払いますが、後で医療受給者証を使用して超過分を支給してもらうことができます。

また、既に医療券を持っている場合、18歳を超えても20歳未満まで医療費助成の対象になりますが、更新手続きが必要です。

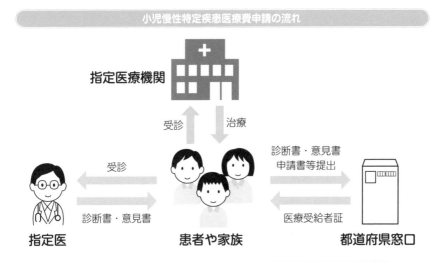

小児慢性特定疾患医療費申請の流れ

受給者証の認定期間は原則1年で、対象は18歳未満の方々です。
子供から成人への医療のスムーズな移行は重要です。

第6章　障害者に関連する法制度の概要

6-18
障害者虐待防止法とは？

障害者虐待防止法とは、障害者がさまざまな形の虐待から保護され、その権利が守られるように制定された法律です。

ここだけは絶対覚えておこう

この法律は、虐待の定義と報告義務、さらには虐待を防ぐための具体的な対策やガイドラインを提供し、障害者だけでなく、その家族や養護者にも支援を提供する。

障害者虐待防止法第2条（定義）

1　この法律において「障害者」とは、障害者基本法第2条第1号に規定する障害者をいう。

2　この法律において「障害者虐待」とは、養護者による障害者虐待、障害者福祉施設従事者等による障害者虐待及び使用者による障害者虐待をいう。

▶▶ 障害者虐待防止法の目的と特徴

障害のある人々は、自身の意思を他者に伝えることが難しいことがあり、そのため虐待の状況を告げるのが難しい場合が多いです。この問題を解決し、障害者の権利を守るために、2012年に「障害者虐待防止法」が制定されました。

この法律では、虐待を以下の3つに分類しています。

1.養護者による障害者虐待

2.障害者福祉施設のスタッフによる虐待

3.使用者（雇用主）による虐待

この法律には、これらの虐待に対する通報義務が定められているだけでなく、各虐待事例に応じた対策や養護者への支援も規定されています。

養護者の過度な負担とその解消

統計によると、養護者による虐待が最も多いとされています。しかし、虐待の背後には養護者の過度な負担や、その悩みを相談しにくい環境が影響していることが多いです。家族という絆は強固であり、その関係を健全に保つための支援が不可欠です。例えば、短期的な休憩が得られるショートステイのようなサービスの整備や、養護者の負担を軽減するための制度づくりが求められます。

障害者の虐待の種類

身体的虐待	障害者に対して無理に物理的な力を使う、または不必要に身体を拘束する行為。
性的虐待	障害者に対してする、または障害者にさせる不適切な性的行為。
心理的虐待	障害者に対して過度な暴言を吐く、または極端に拒絶する態度を取るなど、精神的に傷つける言動。
放棄・放置（ネグレクト）	障害者に十分な食事を提供せず、または必要なケアや監督を怠る行為。
経済的虐待	障害者またはその親族が、障害者の財産を不適切に管理または使用する行為。

虐待への取り組みの枠組み

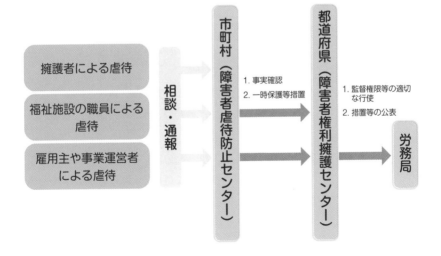

擁護者による虐待

福祉施設の職員による虐待

雇用主や事業運営者による虐待

相談・通報

市町村（障害者虐待防止センター）
1. 事実確認
2. 一時保護等措置

都道府県（障害者権利擁護センター）
1. 監督権限等の適切な行使
2. 措置等の公表

労務局

6-19
障害者虐待の禁止

障害者虐待防止法は、**虐待** を禁止するとともに、国や地方公共団体の責務として一定の努力義務を定め、また、国民の責務として国、地方公共団体の施策への協力を定めました。

ここだけは絶対覚えておこう

障害者の虐待はすべての人に対して禁止されている。

▶▶ 障害者虐待の禁止

障害者虐待防止法第3条は、「何人も、障害者に対し、虐待をしてはならない。」と規定しました。「何人も」とは、障害者の身の回りの人々に限らず、広くすべての人に対して障害者の虐待を禁止することを意味します。

▶▶ 虐待かどうかの判断

現実の事案では、ある行為が虐待にあたるかどうかの判断が必要となる場合があります。虐待をしている側に、虐待をしているという自覚がまったくない場合もあるのです。虐待の自覚がなく、しつけ、または障害者の指導のために必要な行為だと考えて行っている場合も考えられます。

しかし、虐待であるかどうかの判断には、行為者がその行為をどのように捉えているかは関係ありません。虐待であるかどうかは、行為者の自覚の有無とは関係なく客観的に判断される必要があります。

また、その行為の対象となる障害者本人が、自分が虐待されているという自覚がない場合もあります。さらに長期間虐待が続くことで、障害者本人が無力感を持って諦めてしまい、虐待を訴える気持ちをなくしていることもあるのです。しかしこれも虐待に変わりはありません。周囲の積極的な介入が求められます。

※**虐待** 日常的に暴力（身体的、心理的、性的）を加える、いやがらせをする、無視をするなどの行為のこと。

家族の遠慮は禁物

　虐待が施設や障害者が就労している場所で行われた場合、障害者の親や家族が、障害者を預かってもらっているという遠慮や、他には行き場がないという気持ちから虐待行為を「仕方がない」と諦めてしまうこともあります。障害者の親や家族からの訴えがない場合でも、客観的に事実を確認し、障害者本人の支援を第一に考える必要があります。

6-20
障害者差別解消法とは？

　障害者差別解消法は、2016年4月1日から施行された法律です。障害者差別解消法の正式な名称は「障害を理由とする差別の解消の推進に関する法律」といいます。この法律は、障害の有無に関係なく国民すべてがお互いに人格と個性を尊重し合いながら共に生きる社会を実現することを目的としています。

ここだけは絶対覚えておこう

　障害者差別とは、障害者に対する不当な差別的取扱い、そして、合理的配慮の不提供。

▶▶ 障害者差別解消法の成立

　平成23年の障害者基本法改正で、その基本原則の一つとして障害者に対する差別その他の権利利益を侵害する行為の禁止が定められました。障害者差別解消法は、この基本原則を受けて、これを具体化するために定められた法律なのです。

障害者基本法第4条（差別の禁止）

1　何人も、障害者に対して、障害を理由として、差別することその他の権利利益を侵害する行為をしてはならない。
2　社会的障壁の除去は、それを必要としている障害者が現に存し、かつ、その実施に伴う負担が過重でないときは、それを怠ることによって前項の規定に違反することとならないよう、その実施について必要かつ合理的な配慮がされなければならない。

障害者に対する差別

　障害者差別解消法は、障害者に対して、国、都道府県、市町村などの役所、そして企業、商店などの事業者が、障害を理由として、正当な理由がないにもかかわらず、財、サービス、各種機会の提供を拒否することや、提供する際にその場所や時間帯などを制限する、障害者でない者に対しては付けない条件を付けることなどによって障害者の権利・利益を侵害することを不当な差別的取扱いとして禁止しています。

合理的配慮の提供

　世の中には、障害者が社会の中で生活していくうえでのさまざまな障壁（バリア）が存在します。障害の種類・程度によっては床のわずかな段差でもバリアになるのです。障害者差別解消法は、バリアを取り除くための対応をして欲しいという要求が障害者からあったときに、合理的配慮を提供することを求めました。役所に対しては、負担が重すぎない範囲で適切に対応すること、企業、商店などの事業者に対しては、負担が重すぎない範囲で適切に対応するように努めることを合理的配慮と表現したのです。

　なお、障害者に対する合理的配慮の提供は、現行法では、国民には「努力義務」としていますが、2021年6月4日公布の改正法では国民についても「義務」としました。

　本書執筆時点では改正法の施行日は、公布の日から3年を超えない範囲で政令で定める日とされています。

　障害者に対する合理的配慮の例としては、次のものがあります。

・困っているようであれば、まずは声をかけ、手伝いの必要性を確かめてから対応する。
・目的の場所まで案内する際に、障害者に歩行速度を合わせる。前後・左右・距離の位置取りについて、障害者の希望を聞く。
・車椅子利用者であれば段差に携帯スロープを渡す、高い所に陳列された商品を取って渡すなど。
・障害の特性によって、頻繁に席を離れる必要があれば、会場の座席の位置を扉付近にする。

第6章　障害者に関連する法制度の概要

・筆談、読み上げ、手話など障害の特性に応じたコミュニケーション手段を利用する。

・意思疎通のために絵や写真カード、ICT機器（タブレット端末等）等を活用する。

・入学試験や就職試験の際に、別室での受験、試験時間の延長、読み上げ機能等の使用を許可する。

・支援員等の教室への入室や授業・試験でのパソコン入力支援等を許可する。

・取引、相談等の手段を、非対面の手段を含めて複数用意する。

・精算時に金額を示す際は、金額が分かるようにレジスターまたは電卓の表示板を見やすい方向に向ける、紙等に書く、絵カードを活用する等して示すようにする。

・お釣りなど金銭を渡す際に、紙幣と貨幣に分け、種類毎に直接手に渡す。

・重症心身障害や医療的ケアが必要な人については、急な温度変化を避けるための配慮をする。

■■不当な差別的取扱いの具体例■■

①受付や窓口での対応を拒否する、または順番を後回しにする。

②会合への出席を拒否する。

③無視する。例えば、障害者が買い物に来た時に、本人を無視してその介助者や付き添いの人、支援者だけに対応するなど。

④学校や塾などで、受験や入学を拒否する。

⑤店舗等で、来店した障害者を、保護者や介助者がいないことを理由として入店を拒否する。

⑥特に必要がないにもかかわらず、障害を理由として、付き添い者の同行を求めるなどの条件を付ける。また、特に支障がないにもかかわらず、付き添い者の同行を拒否する。

⑦その他

6-21
障害者差別解消法における合理的配慮について

合理的配慮は、障害者差別解消法において鍵となる概念です。

ここだけは絶対覚えておこう

この原則は、障害者のニーズに適切に応え、平等な機会を提供するための重要な手段として、法律で規定されている。

▶▶ 合理的配慮とは何か？

合理的配慮は、障害者差別解消法において非常に重要な概念です。この原則は、障害のある人々が社会参加や機会平等を実現するために、彼らのニーズや制約に合わせた対策を取ることを意味します。つまり、障害者がバリアを克服し、日常生活や仕事、教育などの領域で活動できるようにするための配慮です。

▶▶ 合理的配慮の提供

具体的な合理的配慮の提供には、様々な形があります。障害者のニーズに対処するためには、状況や障害の種類に応じて異なる対策が必要です。以下は、合理的配慮の提供の一般的な例です。

①建物のアクセス改善

障害者が建物内に出入りしやすいように、スロープやエレベーターの設置、段差の解消などの対策が行われます。

②コミュニケーション支援

聴覚障害者や視覚障害者に対して、手話通訳や点字情報、音声案内などを提供することで、コミュニケーションを円滑にします。

③試験の配慮

障害のある受験者に対して、試験時間の延長や特別な環境で試験を受けさせる

などの支援を行います。

④職場での調整

障害者の職場環境を調整し、特定の仕事の遂行ができるようにするための設備や支援を提供します。

⑤教育支援

学校や教育機関で、障害を持つ生徒や学生に対して、個別の教育プランや支援教育を提供します。

不当な差別的取扱いの具体例

一方で、障害者差別解消法は、不当な差別的取扱いを禁止しています。これには、受付や窓口での対応を拒否、会合への出席を拒否、無視、学校への入学を拒否、店舗での入店を拒否する、条件を不当に付けるなどが含まれます。障害者差別解消法は、こうした差別行為を明確に禁止し、合理的配慮を提供することを促進しています。

合理的配慮の提供を必要とする義務化

合理的配慮

・段差がある場合、スロープなどを設けてアクセスを改善する。
・意思の伝達に絵や写真カード、またはタブレット端末などを活用する。

義務 → 改正前から　行政機関

義務 → 努力義務　企業

法改正前から、事業者にも差別的取り扱いの禁止が課せられていました

6-22
成年後見制度とは？

判断能力に問題のある人が、保護者もなく社会生活を行うと、さまざまな損失・損害を被ることが考えられます。これを避けるために2012年4月1日から、成年後見制度利用支援事業が市町村の地域生活支援事業の必須事業にされています。

ここだけは絶対覚えておこう

成年後見制度は、判断能力に問題のある人が不利益を被ることのないように、不十分な判断能力を補うための制度。

▶▶ 判断能力に問題のある人を守る

障害者のうち、身体障害者を除いた知的障害者や精神障害者の中には判断能力に問題がある人が見られます。現在では障害者の自立と社会参加が叫ばれていますが、ただ単に社会への参加を促すだけでなく、保護すべき部分は社会全体で保護していく必要があります。

世の中には善人ばかりがいるわけではありません。自分の利益のためなら障害者でも高齢者でも餌食にしようと手ぐすね引いて狙っている連中も多いのです。また、ある程度判断能力があっても、契約の締結など、大切なことについて意思決定をするのは難しいという場合もあります。

そこで、判断能力に問題のある人が不利益を被ることのないように、不十分な判断能力を補うための制度が必要になります。それが成年後見制度なのです。

民法第7条

精神上の障害により事理を弁識する能力を欠く常況にある者については、家庭裁判所は、本人、配偶者、四親等内の親族、未成年後見人、未成年後見監督人、保佐人、保佐監督人、補助人、補助監督人又は検察官の請求により、後見開始の審判をすることができる。

成年後見制度の対象者

　成年後見制度によって保護される対象（成年被後見人）には、知的障害者、精神障害者のほか、認知症、自閉症、事故による脳の損傷や脳の疾患に起因する精神上の障害を持つ方などが想定されています。

　なお、未成年者で判断能力に問題がある場合には、民法の未成年者保護の規定により保護されます。成年被後見人、被保佐人、被補助人、そして未成年者の4者を保護する民法の制度を制限行為能力者制度と呼んでいます。

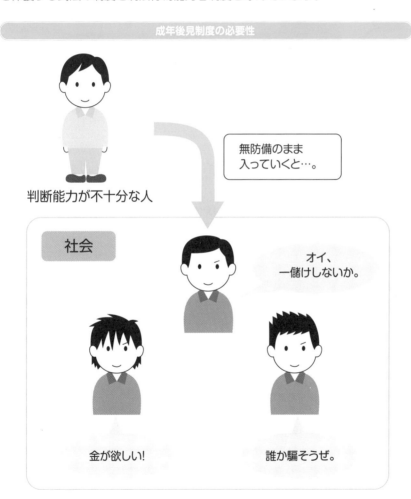

成年後見制度の必要性

6-23
成年後見制度の対象とサービス

精神的な障害がある成年者を支援する法的な仕組みです。この制度の対象は、認知症、知的障害、または精神障害により法律行為において自己の利益を保護する能力が不足している人々です。

ここだけは絶対覚えておこう

日常生活や財産管理が困難な成年者を支援するための制度で、信頼性のある後見人が裁判所の監督の下で被後見人の契約行為や財産の管理を代行する。

▶▶ 2つの成年後見制度

成年後見制度には法定後見制度と任意後見制度の2種類があります。このどちらも判断能力に問題のある人を守るための制度です。

法定後見制度は、民法という法律に基づいて、判断能力に問題のある人の配偶者や親族など一定の人の請求によって、家庭裁判所が審判を行って、成年後見人などの保護者を付け、その代わりに本人が契約などの行為をする能力を制限することで本人を保護する法律上の制度です。

これに対して任意後見制度とは、その名が示すとおり、あらかじめ判断能力のあるうちに、自分が将来認知症や知的障害、精神障害などによって判断能力に問題のある状況に至ったときに保護・支援してくれる後見人となる人を決めておく制度です。

任意後見制度は、自己決定権の尊重の理念に即して定められた制度なのです。任意後見契約という契約によって行われ、契約書は**公正証書***にしなければなりません。そして将来判断能力が不十分になるなど問題が生じたときに、契約で定められた後見人が、家庭裁判所が選任した後見監督人の監督のもとで、保護・支援を開始することになります。任意後見制度は、将来親が亡くなった後の知的障害者（児）や精神障害者の将来の保護のために利用することもできます。

＊**公正証書**　法律の専門家である公証人が公証人法や民法などの法律に従って作成する公文書。

成年後見制度と登記

法定後見については、全国の登記所（法務局・地方法務局）に備えつけてある後見登記等ファイルに一定の事項が登記されます。法定後見の登記は、原則として家庭裁判所書記官の嘱託に基づいて行われます。そして、任意後見の登記は、原則として公証人または裁判所書記官の嘱託で行われます。

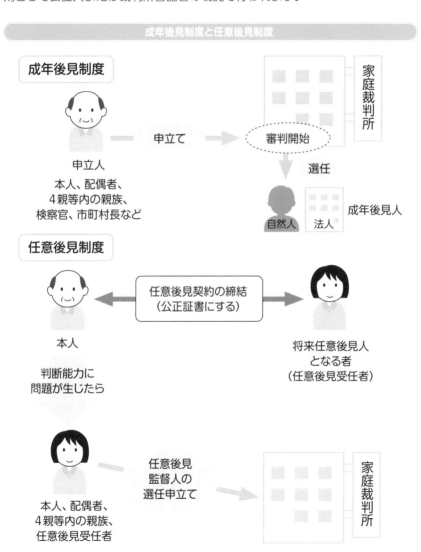

成年後見制度と任意後見制度

成年後見制度

申立人
本人、配偶者、
4親等内の親族、
検察官、市町村長など

申立て → 審判開始 → 家庭裁判所

選任

自然人　法人※　成年後見人

任意後見制度

任意後見契約の締結
（公正証書にする）

本人
判断能力に
問題が生じたら

将来任意後見人
となる者
（任意後見受任者）

本人、配偶者、
4親等内の親族、
任意後見受任者

任意後見
監督人の
選任申立て → 家庭裁判所

※法人 われわれ人間（自然人という）だけでなく、法人を選任することもできます。選任される法人には特に制限はなく、社会福祉法人以外でも信託銀行などの営利法人を選任することもできます。

6-24
成年後見制度改正と民法改正でどう変わる？

2019年6月成年後見制度の改正、そして2020年4月民法改正がもたらす効果を考えてみましょう。

ここだけは絶対覚えておこう

これまであまり利用されていなかった成年後見制度が利用しやすくなる。

▶▶ 成年後見制度の利用と不安

欠格条項を削除した改正の効果として言えることは、判断能力に問題のある人が成年後見制度を利用しやすくなったということです。

人は、高齢であることや脳の病気、障害などの様々な原因によって判断能力等が低下することがあり、成年後見制度の利用が可能な状態にまで至ることがあります。しかし、このような人たちもその多くが成年後見制度を利用してきたとは言えません。

▶▶ 欠格条項の削除で利用者増も

従来は、成年後見制度を利用したいと思っても、成年被後見人になると、会社の役員や公務員の地位を失うことになるなどの欠格条項があることでその利用に慎重になっている人もあったでしょう。しかし、改正によって欠格条項が削除され、成年被後見人や被保佐人となってもそれまでに持っていた資格を失うこともなく、仕事も従来通りに従事できるようになったのです。そのために、従来なら欠格条項を理由として成年後見制度の利用に不安を感じていた人も、成年後見制度を利用しやすくなったということができます。

意思無能力者の意思表示の無効が明確になった

　改正によって民法3条の2の条文が入ったことで、意思能力のない人が行った法律行為は無効であることが条文上も明確になりました。これにより事業者は、消費者との契約の締結を慎重に判断することになるでしょう。無効な契約の締結に人材や時間をつぎ込むことは無駄だらけなのです。

取引相手の意思能力の有無の確認が重要

　食料品の売買などの日常の買い物については特に変化はないでしょうが、さまざまな契約の場面で意思能力があるかどうかを確認されることが増えるでしょう。特に額の大きな借り入れ、住宅の建築や改築、また、土地・建物の売買などは、動く金銭の額も大きいことから、取引が無効となることがないように慎重に考え、調査することが重要なのです。

成年後見制度の利用が求められることも

　金融機関や建築・建設業者、そして不動産業者等は、後日になって取り消されたり、無効になる可能性の高い取引をするとは考えられません。取引相手の言動から判断能力に問題があると思ったときは、事前に成年被後見人等であるかないかを確認し、成年被後見人や被保佐人だと分かったときは保護者の意思を確認するでしょう。また、成年被後見人等でなかったときは、成年後見制度を利用して成年後見人や保佐人を選任するように求めてくることもあるでしょう。

能力に疑問を持たれたら

僕の家を500円で
買ってくれない?

家を500円で売るって、
アンタ制限行為能力者か?
保護者を連れてきなさいね

(株)○×不動産

- 障害者差別解消法の条文解説
- 障害者の日常生活及び
  社会生活を総合的に支援する
  ための法律(障害者総合支援法)
- 障害者基本法

障害者差別解消法の条文解説

　2016年4月1日から施行された障害者差別解消法は、国民すべてが、障害の有無によって分け隔てられることなく、お互いに人格と個性を尊重し合いながら共生する社会の実現に向け、障害を理由とする差別解消の推進を目的として制定された、条文数がわずか26条という非常に短い法律です。

　この法律の正式な名称は、「障害を理由とする差別の解消の推進に関する法律」です。ここでは、この本のこれまでのページとは少しばかり趣向を変えて、内閣府が定めた『障害を理由とする差別の解消の推進に関する基本方針』に基づいて、条文ごとにその内容を見ていきましょう。

▶▶ 第一章　総則

> （目的）
> 　この法律は、障害者基本法（昭和四十五年法律第八十四号）の基本的な理念にのっとり、全ての障害者が、障害者でない者と等しく、基本的人権を享有する個人としてその尊厳が重んぜられ、その尊厳にふさわしい生活を保障される権利を有することを踏まえ、障害を理由とする差別の解消の推進に関する基本的な事項、行政機関等及び事業者における障害を理由とする差別を解消するための措置等を定めることにより、障害を理由とする差別の解消を推進し、もって全ての国民が、障害の有無によって分け隔てられることなく、相互に人格と個性を尊重し合いながら共生する社会の実現に資することを目的とする。

　障害者基本法は、何人も、障害者に対して、障害を理由として、差別することその他の権利利益を侵害する行為をしてはならないと規定しています。障害者差別解消法は、障害者基本法の基本原則である差別の禁止を具体化するものであり、すべての国民が、障害の有無によって分け隔てられることなく、お互いに人格と個性を尊重し合いながら共生する社会の実現に向け、障害者差別の解消を推進することを目的として制定された法律です。

（定義）

第二条　この法律において、次の各号に掲げる用語の意義は、それぞれ当該各号に定めるところによる。

一　障害者　身体障害、知的障害、精神障害（発達障害を含む。）その他の心身の機能の障害（以下「障害」と総称する。）がある者であって、障害及び社会的障壁により継続的に日常生活又は社会生活に相当な制限を受ける状態にあるものをいう。

二　社会的障壁　障害がある者にとって日常生活又は社会生活を営む上で障壁となるような社会における事物、制度、慣行、観念その他一切のものをいう。

三　行政機関等　国の行政機関、独立行政法人等、地方公共団体（地方公営企業法（昭和二十七年法律第二百九十二号）第三章の規定の適用を受ける地方公共団体の経営する企業を除く。第七号、第十条及び附則第四条第一項において同じ。）及び地方独立行政法人をいう。

四　国の行政機関　次に掲げる機関をいう。

イ　法律の規定に基づき内閣に置かれる機関（内閣府を除く。）及び内閣の所轄の下に置かれる機関

ロ　内閣府、宮内庁並びに内閣府設置法（平成十一年法律第八十九号）第四十九条第一項及び第二項に規定する機関（これらの機関のうちニの政令で定める機関が置かれる機関にあっては、当該政令で定める機関を除く。）

ハ　国家行政組織法（昭和二十三年法律第百二十号）第三条第二項に規定する機関（ホの政令で定める機関が置かれる機関にあっては、当該政令で定める機関を除く。）

ニ　内閣府設置法第三十九条及び第五十五条並びに宮内庁法（昭和二十二年法律第七十号）第十六条第二項の機関並びに内閣府設置法第四十条及び第五十六条（宮内庁法第十八条第一項において準用する場合を含む。）の特別の機関で、政令で定めるもの

ホ　国家行政組織法第八条の二の施設等機関及び同法第八条の三の特別の機関で、政令で定めるもの

ヘ　会計検査院

資料

五　独立行政法人等　次に掲げる法人をいう。

イ　独立行政法人(独立行政法人通則法(平成十一年法律第百三号)第二条第一項に規定する独立行政法人をいう。ロにおいて同じ。)

ロ　法律により直接に設立された法人、特別の法律により特別の設立行為をもって設立された法人(独立行政法人を除く。)又は特別の法律により設立され、かつ、その設立に関し行政庁の認可を要する法人のうち、政令で定めるもの

六　地方独立行政法人　地方独立行政法人法(平成十五年法律第百十八号)第二条第一項に規定する地方独立行政法人(同法第二十一条第三号に掲げる業務を行うものを除く。)をいう。

七　事業者　商業その他の事業を行う者(国、独立行政法人等、地方公共団体及び地方独立行政法人を除く。)をいう。

　一般に障害者といった場合に思い浮かぶのは、手足等の機能に障害がある状態や、読み書き計算などの知的な行動についての障害で発達期に生じる知的障害、そして、うつ病や躁うつ病などの精神障害でしょう。

　障害者基本法2条第1号は、「障害者」という語をもっと広く捉えて、「身体障害、知的障害、精神障害(発達障害を含む。)その他の心身の機能の障害がある者であって、障害及び社会的障壁により継続的に日常生活又は社会生活に相当な制限を受ける状態にあるもの」と定義づけています。

　障害者差別解消法の対象となる障害者は、障害者基本法2条1号に規定されている障害者と同じです。

(国及び地方公共団体の責務)
第三条　国及び地方公共団体は、この法律の趣旨にのっとり、障害を理由とする差別の解消の推進に関して必要な施策を策定し、及びこれを実施しなければならない。

　一見すると特にそれほど重要なことが書いてあるようには見えません。しかし、そうではないのです。条文の最後を見てください。「実施しなければならない。」とあります。この表現とよく似た表現で、「実施するよう努めなければならない。」

という表現が使われることがあります。

　この二つの表現には根本的な違いがあるのです。法律の条文で、その文末が「実施しなければならない。」と書かれているときは、これは「実施する」義務を課したことになります。これに対して文末が「実施するよう努めなければならない。」であれば、これは努力義務を定めた条文となり、極論すれば、努力すればそれでよく、結果として実施できたかどうかは関係ないことになるのです。

　つまり、この条文は、国や地方公共団体に対して、障害を理由とする差別の解消の推進に関して必要な施策を策定し、及びこれを実施する法的義務を課した重要条文なのです。

（国民の責務）
第四条　国民は、第一条に規定する社会を実現する上で障害を理由とする差別の解消が重要であることに鑑み、障害を理由とする差別の解消の推進に寄与するよう努めなければならない。

資料

　第3条で述べた「努めなければならない」がここで登場します。第3条の解説で述べたように、国や地方公共団体は、障害を理由とする差別の解消の推進に関して必要な施策を策定し、及びこれを実施しなければなりません。しかし、障害者差別の解消は、国や地方公共団体などの行政だけが考え、実施することではありません。障害者の日常に関わるのは行政だけではありません。一般国民も様々な形で関わりを持つことになります。しかし、行政に対するのとは異なり、一般国民に対して福祉についてあまり負担の強い義務を課すことはできません。そこで、国民に対しては、その人ごとに可能な範囲で障害を理由とする差別の解消の推進に寄与するよう努力しなさいと定めているのです。なお、この第四条の改正については、第6章参照。

（社会的障壁の除去の実施についての必要かつ合理的な配慮に関する環境の整備）
第五条　行政機関等及び事業者は、社会的障壁の除去の実施についての必要

> かつ合理的な配慮を的確に行うため、自ら設置する施設の構造の改善及び設備の整備、関係職員に対する研修その他の必要な環境の整備に努めなければならない。

　この条文が対象としているのは、行政機関等と事業者です。これらの者は、障害者が相対することになる社会的障壁の除去の実施についての必要かつ合理的な配慮に関する環境の整備を行うよう努めなければならない旨を定めているのです。ここでいう行政機関等とは、第2条3号でいう国の行政機関、独立行政法人等、地方公共団体及び地方独立行政法人のことであり、事業者とは、第2条7号にあるように「商業その他の事業を行う者」です。事業者は、その目的が営利であるか非営利であるか、また、個人であるか法人であるかの別は関係ありません。同種の行為を反復継続する意思をもって行う者は、ここでいう事業者に当たります。したがって、例えば、個人事業者や対価を得ない無報酬の事業を行う者、非営利事業を行う社会福祉法人や特定非営利活動法人もこの条文が定める努力義務が課された対象者となるのです。

　ただし、事業者には、地方公共団体が経営する企業及び公営企業型地方独立行政法人は含まれますが、国、独立行政法人等、地方公共団体及び公営企業型以外の地方独立行政法人は除外されます。

　また、社会的障壁とは2条2号でいう、障害がある者にとって日常生活又は社会生活を営む上で障壁となるような社会における事物、制度、慣行、観念その他一切のものです。

　つまり、行政機関も、個人・法人を問わず商工業者も、それぞれが設置する行政施設や商工業施設等については障害者にとって障壁とならないように構造の改善や設備の整備を行い、また、障害者にとっての障壁となるような組織内の制度や慣行等をなくすための職員・従業員に対する研修に努めなければならないのです。障害者にとっての障壁となるような組織内の制度や慣行等とは、例えば、障害者であるということだけを理由として、事業所内での昇給や昇進について、障害者でない者よりも不利な取扱いをするようなことを指しています。

第二章　障害を理由とする差別の解消の推進に関する基本方針

> 第六条　政府は、障害を理由とする差別の解消の推進に関する施策を総合的かつ一体的に実施するため、障害を理由とする差別の解消の推進に関する基本方針（以下「基本方針」という。）を定めなければならない。
>
> 2　基本方針は、次に掲げる事項について定めるものとする。
>
> 一　障害を理由とする差別の解消の推進に関する施策に関する基本的な方向
>
> 二　行政機関等が講ずべき障害を理由とする差別を解消するための措置に関する基本的な事項
>
> 三　事業者が講ずべき障害を理由とする差別を解消するための措置に関する基本的な事項
>
> 四　その他障害を理由とする差別の解消の推進に関する施策に関する重要事項
>
> 3　内閣総理大臣は、基本方針の案を作成し、閣議の決定を求めなければならない。
>
> 4　内閣総理大臣は、基本方針の案を作成しようとするときは、あらかじめ、障害者その他の関係者の意見を反映させるために必要な措置を講ずるとともに、障害者政策委員会の意見を聴かなければならない。
>
> 5　内閣総理大臣は、第三項の規定による閣議の決定があったときは、遅滞なく、基本方針を公表しなければならない。
>
> 6　前三項の規定は、基本方針の変更について準用する。

　第6条の規定は、日本国政府に対して「障害を理由とする差別の解消の推進に関する基本方針」を定めるように求めた規定です。この基本方針は、平成27年2月24日に閣議決定が行われ、策定されました。

　障害を理由とする差別の解消の推進は、雇用、教育、医療、公共交通等、障害者の自立と社会参加に関わる多くのさまざまな分野に関連するものであり、各府省の職務に属する事務に横断的にまたがって実施される施策です。そこで、この基本方針は、政府として、施策の総合的かつ一体的な推進を図るとともに、行政機関相互の間や分野相互の間における取組の相互の矛盾やばらつきを防ぐため、施策の基本的な方向性等を示したものなのです。

▶▶ 第三章　行政機関等及び事業者における障害を理由とする差別を解消するための措置

> （行政機関等における障害を理由とする差別の禁止）
>
> 第七条　行政機関等は、その事務又は事業を行うに当たり、障害を理由として障害者でない者と不当な差別的取扱いをすることにより、障害者の権利利益を侵害してはならない。
>
> 2　行政機関等は、その事務又は事業を行うに当たり、障害者から現に社会的障壁の除去を必要としている旨の意思の表明があった場合において、その実施に伴う負担が過重でないときは、障害者の権利利益を侵害することとならないよう、当該障害者の性別、年齢及び障害の状態に応じて、社会的障壁の除去の実施について必要かつ合理的な配慮をしなければならない。

　行政機関等とは、第5条の解説でも述べたように、国の行政機関、独立行政法人等、地方公共団体および地方独立行政法人のことを指します。

　第7条1項は、これら行政機関等が、人に障害があることを理由として、障害者でない者に対する場合とは異なる不当な差別的取扱いをすることを禁止した規定です。

　この条文は、障害者と障害のない者について異なった取扱いをすることすべてを禁止しているものではありません。禁止されているのはあくまで「不当な差別的取扱い」なのです。不当な差別的取り扱いであるかどうかは、障害者とそうでない者について異なった取り扱いをする場合に、正当な理由があるかないかで判断されます。

　つまりこの条文は、行政機関等が、正当な理由なく、障害を理由として、財やサービス、そして各種の機会（チャンス）の提供を拒否すること、拒否しないまでも提供するに当たって場所や時間帯などを制限して障害者が利用・活用しづらくする、また、障害者でない者に対しては付けない条件を付けるなどによって、障害者の権利利益を侵害することを禁止しているのです。

　そして、第2項が要求する、行政機関等が行うべき「社会的障壁の除去についての必要かつ合理的な配慮」とは、障害者が日常生活や社会生活の中で受けること

になる制限の原因となる社会的障壁を除去するために、特定の障害者に対して個別の状況に応じて行政機関等によって講じられなければならない措置をいいます。具体的には、移動の際に車椅子を必要とする障害者の場合であれば、通路の段差解消のための渡し板の提供等や、乗り物への乗車に当たっての行政機関等の職員等による手助け、コミュニケーションについては筆談、読み上げ等の障害者の特性に応じた方法による対応を行うことが考えられます。

そして、障害者が働く場については、その障害者が持つ障害の特性に応じて休憩時間を調整するなど、ルールや職場慣行の柔軟な変更が必要となる場合があります。

なお、第2項が要求する障害者に対する合理的配慮は、障害者の権利利益を侵害することのないよう、障害者が個々の場面において必要としている社会的障壁を除去するために必要で、かつ、合理的なものであって、その実施に伴う負担が「過重でないもの」です。

過重かどうかの判断は、事案ごとに、いくつかの要素等を考慮し、具体的な場面や状況に応じて総合的・客観的に判断することが必要とされています。それが過重な負担に当たると判断した場合は、障害者にその理由を説明するものとされ、当事者である障害者の理解を得るよう努めることが望ましいとされているのです。

■過重な負担かどうかの判断要素
①事務・事業への影響の程度（事務・事業の目的・内容・機能を損なうか否か）
②実現可能性の程度（物理的・技術的制約、人的・体制上の制約）
③費用・負担の程度
④事務・事業規模
⑤財政・財務状況

また、第2項には、「社会的障壁の除去を必要としている旨の意思の表明があった場合」とありますが、ここでいう「意思の表明」とは、それぞれの具体的場面で、社会的障壁の除去に関して何らかの配慮を必要としている状況にあるのだということを、言語、点字、筆談、拡大文字、筆談、実物の提示や身振り手振り等によって行う合図、触覚による意思伝達など、障害者が他人とコミュニケーションを図

る際に必要な手段を使って他人に伝達することです。

　なお、意思を表明しようとしても、知的障害や精神障害(発達障害を含む。)等によって障害者本人からの意思の表明が困難な場合もあります。この場合には、障害者本人からの意思の表明でなくてもその家族や介助者等の支援する者が本人に代わって行った意思の表明も第2項でいう意思の表明ということができます。

（事業者における障害を理由とする差別の禁止）

第八条　事業者は、その事業を行うに当たり、障害を理由として障害者でない者と不当な差別的取扱いをすることにより、障害者の権利利益を侵害してはならない。

2　事業者は、その事業を行うに当たり、障害者から現に社会的障壁の除去を必要としている旨の意思の表明があった場合において、その実施に伴う負担が過重でないときは、障害者の権利利益を侵害することとならないよう、当該障害者の性別、年齢及び障害の状態に応じて、社会的障壁の除去の実施について必要かつ合理的な配慮をするように努めなければならない。

　第8条は、第7条が行政機関等に求めたこととほぼ同様のことを事業者に求めている規定です。異なっているのは第2項の文末が、「配慮をしなければならない。」ではなく、「配慮をするように努めなければならない。」となっていることです。この点については第3条の解説ですでに述べていますのでそこを参照してください。また、「事業者」については第5条の解説を参照してください。

（国等職員対応要領）

第九条　国の行政機関の長及び独立行政法人等は、基本方針に即して、第七条に規定する事項に関し、当該国の行政機関及び独立行政法人等の職員が適切に対応するために必要な要領(以下この条及び附則第三条において「国等職員対応要領」という。)を定めるものとする。

2　国の行政機関の長及び独立行政法人等は、国等職員対応要領を定めようとするときは、あらかじめ、障害者その他の関係者の意見を反映させるために

必要な措置を講じなければならない。

3　国の行政機関の長及び独立行政法人等は、国等職員対応要領を定めたときは、遅滞なく、これを公表しなければならない。

4　前二項の規定は、国等職員対応要領の変更について準用する。

第9条と第10条は、行政機関等が講じなければならない、障害を理由とする差別を解消するための措置に関する基本的な事項に関する条文です。

第9条は、国等の行政機関の職員のための対応要領に関する規定です。国の行政機関の長及び独立行政法人等は、障害を理由とする差別の禁止を規定した第7条に定められた事項に関して、その職員が事務・事業を行うに当たって、遵守しなければならない服務規律の一環として対応要領を定めるものと規定しました。つまり、行政機関等の職員が、その職務上で障害者に対応する場合に適切な対応ができるように、あらかじめその要点を定めておくものとされているのです。

行政機関等は公的な存在であり、その事務や事業には公共性があります。そのため、不当な差別的取扱いの禁止、そして障害者に対する合理的配慮の提供が法的義務とされているのです。そこで、職員の服務規律の一環として、障害者と対応することになった場合に知っておかなければならないことを職員に周知徹底させるために対応要領を定めておくのです。

第2項では、対応要領を定めるための手続が規定されています。対応要領を定める際は、その手続きとして、障害者その他の関係者の意見を反映させるために必要な措置を講じることを求めています。

障害者その他の関係者の意見を反映させるために必要な措置とは、具体的には、障害者その他の関係者を構成員に含む会議を開催し、障害者団体等からのヒアリングを実施するなど、障害者その他の関係者の意見を反映させるための手段を講じることです。

そして第3項では、対応要領を作成したら、対応要領を公表しなければならない旨を規定しました。

■対応要領の記載事項

①対応要領の趣旨

②障害を理由とする不当な差別的取扱い及び合理的配慮の基本的な考え方

③障害を理由とする不当な差別的取扱い及び合理的配慮の具体例

④相談体制の整備

⑤職員への研修・啓発

（地方公共団体等職員対応要領）

第十条　地方公共団体の機関及び地方独立行政法人は、基本方針に即して、第七条に規定する事項に関し、当該地方公共団体の機関及び地方独立行政法人の職員が適切に対応するために必要な要領（以下この条及び附則第四条において「地方公共団体等職員対応要領」という。）を定めるよう努めるものとする。

２　地方公共団体の機関及び地方独立行政法人は、地方公共団体等職員対応要領を定めようとするときは、あらかじめ、障害者その他の関係者の意見を反映させるために必要な措置を講ずるよう努めなければならない。

３　地方公共団体の機関及び地方独立行政法人は、地方公共団体等職員対応要領を定めたときは、遅滞なく、これを公表するよう努めなければならない。

４　国は、地方公共団体の機関及び地方独立行政法人による地方公共団体等職員対応要領の作成に協力しなければならない。

５　前三項の規定は、地方公共団体等職員対応要領の変更について準用する。

第10条は、地方公共団体の機関及び地方独立行政法人の対応要領に関する規定です。第9条とほとんど同様の規定ですが、第1項と第2項、そして第3項の文末に違いがあります。第9条は、「定めるものとする。」、「講じなければならない。」、「公表しなければならない。」ですが、第10条では、「定めるよう努めるものとする。」「講ずるよう努めなければならない。」「公表するよう努めなければならない。」とされているのです。

これは憲法が規定する地方自治、地方分権の趣旨にてらして、地方公共団体等における対応要領の作成については、国が法的義務として強制する性質のものではないと考えられたためで、努力義務として規定されているのです。

> （事業者のための対応指針）
> 第十一条　主務大臣は、基本方針に即して、第八条に規定する事項に関し、事業者が適切に対応するために必要な指針（以下「対応指針」という。）を定めるものとする。
> 2　第九条第二項から第四項までの規定は、対応指針について準用する。

第11条は、事業者のための対応指針に関する規定です。ここでは行政機関等の場合とは異なり、「対応要領」ではなく、「対応指針」とされています。この違いは「要領」が「ある物事の大切な部分」といった意味なのに対して、「指針」は「参考となる方針」といった程度の意味なのです。

事業者についてはその分野も業種も様々で、相対する障害者との関係も、その事業の分野や業種によって異なります。また、その場面や状況によって対応の仕方にも多様性があり、求められる配慮の内容・程度にも違いがあるのです。そのため、事業者の障害者に対する合理的配慮の提供については、強制するのではなく努力義務とされているのです。

各主務大臣は、自分が管轄している分野における事業者の障害者に対する対応指針を作成し、事業者は、その対応指針を参考にして、事業者自身の取組を進めることが求められます。

対応指針の作成については、主務大臣は、管轄する分野の特性を踏まえたきめ細かな対応を行うものとされています。そして、各事業者が行う取組については、障害者差別の禁止についての具体的取組、相談窓口の整備、事業者の研修・啓発の機会の確保等についても、対応指針の作成に当たって、その重要性を明記するものとされているのです。

対応指針の記載事項としては次のものが考えられます。

> ■対応指針の記載事項として考えられるもの
> ①趣旨
> ②障害を理由とする不当な差別的取扱い及び合理的配慮の基本的な考え方
> ③障害を理由とする不当な差別的取扱い及び合理的配慮の具体例

資料

④事業者における相談体制の整備

⑤事業者における研修・啓発

⑥国の行政機関（主務大臣）における相談窓口

（報告の徴収並びに助言、指導及び勧告）

第十二条　主務大臣は、第八条の規定の施行に関し、特に必要があると認める
ときは、対応指針に定める事項について、当該事業者に対し、報告を求め、又
は助言、指導若しくは勧告をすることができる。

　障害者差別解消に向けた事業者の取組は、主務大臣の定める対応指針を参考に
して、それぞれの事業者によって自主的に行われることが期待されています。し
かし、事業者によって行われる自主的取組だけでは、その適切な履行が確保され
ず、例えば、法に反した取扱いを繰り返し、自主的な改善を期待することが困難
な事業者の場合などは、主務大臣は、特に必要があると認められるときは、事業
者に報告を求め、又は助言、指導若しくは勧告をすることができることとされて
いるのです。

（事業主による措置に関する特例）

第十三条　行政機関等及び事業者が事業主としての立場で労働者に対して行
う障害を理由とする差別を解消するための措置については、障害者の雇用の
促進等に関する法律（昭和三十五年法律第百二十三号）の定めるところによる。

▶▶ 第四章　障害を理由とする差別を解消するための支援措置

（相談及び紛争の防止等のための体制の整備）

第十四条　国及び地方公共団体は、障害者及びその家族その他の関係者から
の障害を理由とする差別に関する相談に的確に応ずるとともに、障害を理由
とする差別に関する紛争の防止又は解決を図ることができるよう必要な体制

の整備を図るものとする。

　障害者差別の解消を効果的に推進するには、障害者及びその家族などの関係者からの相談等に的確に応じることが必要です。そして、相談等に対応する際には、障害者の性別、年齢、状態等について適切な配慮が求められます。国・地方公共団体は、相談等に応じるための窓口を明確にするとともに、相談や紛争解決などに対応する職員の業務の明確化・専門性の向上などを図り、障害者差別の解消の推進に資する体制を整備するものとされています。内閣府においては、相談及び紛争の防止等に関する機関の情報について収集・整理し、ホームページへの掲載等により情報提供を行うものとされているのです。

（啓発活動）
第十五条　国及び地方公共団体は、障害を理由とする差別の解消について国民の関心と理解を深めるとともに、特に、障害を理由とする差別の解消を妨げている諸要因の解消を図るため、必要な啓発活動を行うものとする。

　障害者差別が生じる原因としては、国民一人ひとりの障害に関する知識・理解の不足、意識の偏りに起因する面が大きいと考えられます。そこで、内閣府が中心となって、関係行政機関と連携して、さまざまな啓発活動に積極的に取り組み、国民各層の障害に関する理解を促進するのです。
　啓発活動は、①行政機関等の職員に対する研修、②事業者に対する研修、③地域住民等に対する啓発活動が考えられます。
　①行政機関等の職員に対する研修は、法の趣旨の周知徹底、障害者から話を聞く機会を設けるなどの各種研修等を実施することにより、職員の障害に関する理解の促進を図るものとされ、②事業者に対する研修は、事業者に法の趣旨の普及を図り、それとともに障害に関する理解の促進に努めるものとされています。また、③地域住民等に対する啓発活動は、障害者とそうでない者との相互理解が促進されるように、障害者も含め、広く周知・啓発を行うことが重要とされています。

資料

（情報の収集、整理及び提供）

第十六条　国は、障害を理由とする差別を解消するための取組に資するよう、国内外における障害を理由とする差別及びその解消のための取組に関する情報の収集、整理及び提供を行うものとする。

（障害者差別解消支援地域協議会）

第十七条　国及び地方公共団体の機関であって、医療、介護、教育その他の障害者の自立と社会参加に関連する分野の事務に従事するもの（以下この項及び次条第二項において「関係機関」という。）は、当該地方公共団体の区域において関係機関が行う障害を理由とする差別に関する相談及び当該相談に係る事例を踏まえた障害を理由とする差別を解消するための取組を効果的かつ円滑に行うため、関係機関により構成される障害者差別解消支援地域協議会（以下「協議会」という。）を組織することができる。

２　前項の規定により協議会を組織する国及び地方公共団体の機関は、必要があると認めるときは、協議会に次に掲げる者を構成員として加えることができる。

一　特定非営利活動促進法（平成十年法律第七号）第二条第二項に規定する特定非営利活動法人その他の団体

二　学識経験者

三　その他当該国及び地方公共団体の機関が必要と認める者

障害者差別解消支援地域協議会は、地域の実情に応じた差別の解消のための取組を主体的に行うネットワークとして組織される存在です。

障害者差別の解消を効果的に推進するには、障害者にとって身近な地域で主体的な取組がなされることが重要です。地域で日常生活、社会生活を営む障害者の活動にはさまざまなものがあり、相談等を行うに当たっては、どの機関がどのような権限を有しているかは必ずしも明らかではない場合があります。また、相談等を受ける機関においても、相談内容によっては特定の機関単独では適切な対応ができない場合もあります。

このため、地域における様々な関係機関が、窓口に寄せられた相談の事例等に

関する情報の共有や協議を通じて、それぞれの役割に応じた事案解決のための取組や類似事案の発生防止の取組など、地域の実情に応じた差別の解消のための取組を主体的に行うネットワークとして、障害者差別解消支援地域協議会を組織することができることとされているのです。

　地域協議会は、協議会を構成する機関等の相談窓口に寄せられた事案を始め、紛争の防止やその解決についての取組等を踏まえて、構成機関等が地域の幅広い分野にまたがる障害者差別に関する情報を共有して、その事案の解決のための取組や類似の事案の発生の防止等のための取組を、構築されたネットワークを通じて一体的に行うことなどを通じて障害者差別の解消を推進することを目的の一つとしているのです。

　新たに障害者差別解消支援地域協議会を組織する場合は、必ずしも地方公共団体の条例を根拠とする必要はありません。また、名称についても必ずしも「障害者差別解消支援地域協議会」という名称を用いなければならないものではないとされています。

　障害者差別解消支援地域協議会を構成する機関等として想定されるのは、都道府県については国の機関である法務局や労働局など、地方公共団体では都道府県福祉事務所や保健所、教育委員会、学校、県警、消費生活センターその他、関係機関団体等では、障害者団体、その家族会、PTA、障害者就業・生活支援センター、医師会・歯科医師会、看護協会、商工会議所、弁護士会・司法書士会その他さまざまなものがあり、市町村についても同様に多数の機関が想定されます。

（協議会の事務等）

第十八条　協議会は、前条第一項の目的を達するため、必要な情報を交換するとともに、障害者からの相談及び当該相談に係る事例を踏まえた障害を理由とする差別を解消するための取組に関する協議を行うものとする。

2　関係機関及び前条第二項の構成員（次項において「構成機関等」という。）は、前項の協議の結果に基づき、当該相談に係る事例を踏まえた障害を理由とする差別を解消するための取組を行うものとする。

3　協議会は、第一項に規定する情報の交換及び協議を行うため必要がある

と認めるとき、又は構成機関等が行う相談及び当該相談に係る事例を踏まえた障害を理由とする差別を解消するための取組に関し他の構成機関等から要請があった場合において必要があると認めるときは、構成機関等に対し、相談を行った障害者及び差別に係る事案に関する情報の提供、意見の表明その他の必要な協力を求めることができる。

4　協議会の庶務は、協議会を構成する地方公共団体において処理する。

5　協議会が組織されたときは、当該地方公共団体は、内閣府令で定めるところにより、その旨を公表しなければならない。

　協議会は、関係機関から提供された相談事例等について、適切に対応することができる相談窓口を持つ機関の紹介、具体的事案の対応例の共有・協議、協議会の構成機関等における調停、斡旋等の様々な取組による紛争解決、複数の機関で紛争解決等に対応することへの後押し等を行うことが期待されています。

　また、協議会の役割としては、関係機関において実際に紛争の解決に至った事例や合理的配慮の好事例、相談から社会的障壁の除去の実施についての必要かつ合理的な配慮に関する環境の整備を実施するに至った取組などの事例を紹介し、これらの事例を分析することによって、構成機関等における業務改善など、事案の発生を予防するための取組に関する協議、そして、事案の発生状況を把握するとともに好事例を含む事例を集積し、また、これに検討を加えることによる障害者差別に対する共通した認識を形成するための協議、構成機関等による周知・啓発活動の取組について協議することなどがあげられます。

　また、協議会の役割として、例えば、ボランティア団体等による相談活動の実施について提案することや、障害者差別に関して活用し得る相談機関等、障害者差別の解消に役立つ資源の掘り起こしなど、障害者差別の解消に資する社会資源の開発及び改善について協議することも想定されています。

（秘密保持義務）

第十九条　協議会の事務に従事する者又は協議会の事務に従事していた者は、正当な理由なく、協議会の事務に関して知り得た秘密を漏らしてはならない。

協議会の事務に従事する職員は、障害者やその家族等の障害者の周辺の人々にとって他人にはあまり知られたくない事実をその職務の中で知ることができる可能性があります。そこで、協議会の事務に従事する者又は過去に協議会の事務に従事していた者に対して守秘義務を課して秘密の漏えいを防止するのです。

秘密保持義務に違反した者に対しては、第25条で懲役を含む罰則が定められています。

> （協議会の定める事項）
> 第二十条　前三条に定めるもののほか、協議会の組織及び運営に関し必要な事項は、協議会が定める。

協議会について必要な事項で、第17条、第18条、第19条に規定されたものの他は、協議会自身が定めることとされています。法では基本的な事項や重要な事項について定め、これ以外の事項は協議会の自主的な決定に委ねるのです。

第五章　雑則

> （主務大臣）
> 第二十一条　この法律における主務大臣は、対応指針の対象となる事業者の事業を所管する大臣又は国家公安委員会とする。

> （地方公共団体が処理する事務）
> 第二十二条　第十二条に規定する主務大臣の権限に属する事務は、政令で定めるところにより、地方公共団体の長その他の執行機関が行うこととすることができる。

「第12条に規定する主務大臣の権限」とは、対応指針に定める事項について事業者に対して報告を求め、助言・指導・監督をすることができる権限のことです。なお、「政令」とは、内閣が制定する命令のことで、「命令」とは、行政府が制定する法規範のことです。

> （権限の委任）
> 第二十三条　この法律の規定により主務大臣の権限に属する事項は、政令で定めるところにより、その所属の職員に委任することができる。

> （政令への委任）
> 第二十四条　この法律に定めるもののほか、この法律の実施のため必要な事項は、政令で定める。

▶▶ 第六章　罰則

> 第二十五条　第十九条の規定に違反した者は、一年以下の懲役又は五十万円以下の罰金に処する。

　この罰則は、19条が規定する秘密保持義務に違反した場合のものです。懲役とは、受刑者を監獄に留置して一定の作業を行わせる刑罰です。また、罰金も刑罰の一種で、受刑者に対して原則として1万円以上の金銭の納付を命じます。

> 第二十六条　第十二条の規定による報告をせず、又は虚偽の報告をした者は、二十万円以下の過料に処する。

　事業者が、主務大臣から第12条に定められた報告を求められた場合に、その報告をしなかった場合や、嘘の報告をした場合に課せられる罰則です。第25条に規定された刑罰とは違ってこちらは行政罰と呼ばれる罰です。
　なお、過料と同じ読み方で科料という罰がありますが、科料は刑罰の一種です。

▶▶ 附則

> （施行期日）

第一条　この法律は、平成二十八年四月一日から施行する。ただし、次条から附則第六条までの規定は、公布の日から施行する。

（基本方針に関する経過措置）

第二条　政府は、この法律の施行前においても、第六条の規定の例により、基本方針を定めることができる。この場合において、内閣総理大臣は、この法律の施行前においても、同条の規定の例により、これを公表することができる。

2　前項の規定により定められた基本方針は、この法律の施行の日において第六条の規定により定められたものとみなす。

（国等職員対応要領に関する経過措置）

第三条　国の行政機関の長及び独立行政法人等は、この法律の施行前においても、第九条の規定の例により、国等職員対応要領を定め、これを公表することができる。

2　前項の規定により定められた国等職員対応要領は、この法律の施行の日において第九条の規定により定められたものとみなす。

（地方公共団体等職員対応要領に関する経過措置）

第四条　地方公共団体の機関及び地方独立行政法人は、この法律の施行前においても、第十条の規定の例により、地方公共団体等職員対応要領を定め、これを公表することができる。

2　前項の規定により定められた地方公共団体等職員対応要領は、この法律の施行の日において第十条の規定により定められたものとみなす。

（対応指針に関する経過措置）

第五条　主務大臣は、この法律の施行前においても、第十一条の規定の例により、対応指針を定め、これを公表することができる。

2　前項の規定により定められた対応指針は、この法律の施行の日において第十一条の規定により定められたものとみなす。

資料

（政令への委任）

第六条　この附則に規定するもののほか、この法律の施行に関し必要な経過措置は、政令で定める。

（検討）

第七条　政府は、この法律の施行後三年を経過した場合において、第八条第二項に規定する社会的障壁の除去の実施についての必要かつ合理的な配慮の在り方その他この法律の施行の状況について検討を加え、必要があると認めるときは、その結果に応じて所要の見直しを行うものとする。

障害者の日常生活及び社会生活を総合的に支援するための法律
（障害者総合支援法）

第一章　総則

（目的）
第一条　この法律は、障害者基本法（昭和四十五年法律第八十四号）の基本的な理念にのっとり、身体障害者福祉法（昭和二十四年法律第二百八十三号）、知的障害者福祉法（昭和三十五年法律第三十七号）、精神保健及び精神障害者福祉に関する法律（昭和二十五年法律第百二十三号）、児童福祉法（昭和二十二年法律第百六十四号）その他障害者及び障害児の福祉に関する法律と相まって、障害者及び障害児が基本的人権を享有する個人としての尊厳にふさわしい日常生活又は社会生活を営むことができるよう、必要な障害福祉サービスに係る給付、地域生活支援事業その他の支援を総合的に行い、もって障害者及び障害児の福祉の増進を図るとともに、障害の有無にかかわらず国民が相互に人格と個性を尊重し安心して暮らすことのできる地域社会の実現に寄与することを目的とする。

（基本理念）
第一条の二　障害者及び障害児が日常生活又は社会生活を営むための支援は、全ての国民が、障害の有無にかかわらず、等しく基本的人権を享有するかけがえのない個人として尊重されるものであるとの理念にのっとり、全ての国民が、障害の有無によって分け隔てられることなく、相互に人格と個性を尊重し合いながら共生する社会を実現するため、全ての障害者及び障害児が可能な限りその身近な場所において必要な日常生活又は社会生活を営むための支援を受けられることにより社会参加の機会が確保されること及びどこで誰と生活するかについての選択の機会が確保され、地域社会において他の人々と共生することを妨げられないこと並びに障害者及び障害児にとって日常生活又は社会生活を営む上で障壁となるような社会における事物、制度、慣行、観念その他一切のものの除去に資することを旨として、総合的かつ計画的に行わなければならない。

（市町村等の責務）
第二条　市町村（特別区を含む。以下同じ。）は、この法律の実施に関し、次に掲げる責務を有する。
　一　障害者が自ら選択した場所に居住し、又は障害者若しくは障害児（以下「障害者等」という。）が自立した日常生活又は社会生活を営むことができるよう、当該市町村の区域における障害者等の生活の実態を把握した上で、公共職業安定所その他の職業リハビリテーション（障害者の雇用の促進等に関する法律（昭和三十五年法律第百二十三号）第二条第七号に規定する職業リハビリテーションをいう。以下同じ。）の措置を実施する機関、教育機関その他の関係機関との緊密な連携を図りつつ、必要な自立支援給付及び地域生活支援事業を総合的かつ計画的に行うこと。
　二　障害者等の福祉に関し、必要な情報の提供を行い、並びに相談に応じ、必要な調査及び指導を行い、並びにこれらに付随する業務を行うこと。
　三　意思疎通について支援が必要な障害者等が障害福祉サービスを円滑に利用することができるよう必要な便宜を供与すること、障害者等に対する虐待の防止及びその早期発見のために関係機関と連絡調整を行うことその他障害者等の権利の擁護のために必要な援助を行うこと。
2　都道府県は、この法律の実施に関し、次に掲げる責務を有する。
　一　市町村が行う自立支援給付及び地域生活支援事業が適正かつ円滑に行われるよう、市町村に対する必要な助言、情報の提供その他の援助を行うこと。

資料

二　市町村と連携を図りつつ、必要な自立支援医療費の支給及び地域生活支援事業を総合的に行うこと。

　三　障害者等に関する相談及び指導のうち、専門的な知識及び技術を必要とするものを行うこと。

　四　市町村と協力して障害者等の権利の擁護のために必要な援助を行うとともに、市町村が行う障害者等の権利の擁護のために必要な援助が適正かつ円滑に行われるよう、市町村に対する必要な助言、情報の提供その他の援助を行うこと。

3　国は、市町村及び都道府県が行う自立支援給付、地域生活支援事業その他この法律に基づく業務が適正かつ円滑に行われるよう、市町村及び都道府県に対する必要な助言、情報の提供その他の援助を行わなければならない。

4　国及び地方公共団体は、障害者等が自立した日常生活又は社会生活を営むことができるよう、必要な障害福祉サービス、相談支援及び地域生活支援事業の提供体制の確保に努めなければならない。

（国民の責務）

第三条　すべての国民は、その障害の有無にかかわらず、障害者等が自立した日常生活又は社会生活を営めるような地域社会の実現に協力するよう努めなければならない。

（定義）

第四条　この法律において「障害者」とは、身体障害者福祉法第四条に規定する身体障害者、知的障害者福祉法にいう知的障害者のうち十八歳以上である者及び精神保健及び精神障害者福祉に関する法律第五条に規定する精神障害者（発達障害者支援法（平成十六年法律第百六十七号）第二条第二項に規定する発達障害者を含み、知的障害者福祉法にいう知的障害者を除く。以下「精神障害者」という。）のうち十八歳以上である者並びに治療方法が確立していない疾病その他の特殊の疾病であって政令で定めるものによる障害の程度が厚生労働大臣が定める程度である者であって十八歳以上であるものをいう。

2　この法律において「障害児」とは、児童福祉法第四条第二項に規定する障害児をいう。

3　この法律において「保護者」とは、児童福祉法第六条に規定する保護者をいう。

4　この法律において「障害支援区分」とは、障害者等の障害の多様な特性その他の心身の状態に応じて必要とされる標準的な支援の度合を総合的に示すものとして厚生労働省令で定める区分をいう。

第五条　この法律において「障害福祉サービス」とは、居宅介護、重度訪問介護、同行援護、行動援護、療養介護、生活介護、短期入所、重度障害者等包括支援、施設入所支援、自立訓練、就労移行支援、就労継続支援、就労定着支援、自立生活援助及び共同生活援助をいい、「障害福祉サービス事業」とは、障害福祉サービス（障害者支援施設、独立行政法人国立重度知的障害者総合施設のぞみの園法（平成十四年法律第百六十七号）第十一条第一号の規定により独立行政法人国立重度知的障害者総合施設のぞみの園が設置する施設（以下「のぞみの園」という。）その他厚生労働省令で定める施設において行われる施設障害福祉サービス（施設入所支援及び厚生労働省令で定める障害福祉サービスをいう。以下同じ。）を除く。）を行う事業をいう。

2　この法律において「居宅介護」とは、障害者等につき、居宅において入浴、排せつ又は食事の介護その他の厚生労働省令で定める便宜を供与することをいう。

3　この法律において「重度訪問介護」とは、重度の肢体不自由者その他の障害者であって常時介護を要するものとして厚生労働省令で定めるものにつき、居宅又はこれに相当する場所と

　して厚生労働省令で定める場所における入浴、排せつ又は食事の介護その他の厚生労働省令で定める便宜及び外出時における移動中の介護を総合的に供与することをいう。

4　この法律において「同行援護」とは、視覚障害により、移動に著しい困難を有する障害者等につき、外出時において、当該障害者等に同行し、移動に必要な情報を提供するとともに、移動の援護その他の厚生労働省令で定める便宜を供与することをいう。

5　この法律において「行動援護」とは、知的障害又は精神障害により行動上著しい困難を有する障害者等であって常時介護を要するものにつき、当該障害者等が行動する際に生じ得る危険を回避するために必要な援護、外出時における移動中の介護その他の厚生労働省令で定める便宜を供与することをいう。

6　この法律において「療養介護」とは、医療を要する障害者であって常時介護を要するものとして厚生労働省令で定めるものにつき、主として昼間において、病院その他の厚生労働省令で定める施設において行われる機能訓練、療養上の管理、看護、医学的管理の下における介護及び日常生活上の世話の供与をいい、「療養介護医療」とは、療養介護のうち医療に係るものをいう。

7　この法律において「生活介護」とは、常時介護を要する障害者として厚生労働省令で定める者につき、主として昼間において、障害者支援施設その他の厚生労働省令で定める施設において行われる入浴、排せつ又は食事の介護、創作的活動又は生産活動の機会の提供その他の厚生労働省令で定める便宜を供与することをいう。

8　この法律において「短期入所」とは、居宅においてその介護を行う者の疾病その他の理由により、障害者支援施設その他の厚生労働省令で定める施設への短期間の入所を必要とする障害者等につき、当該施設に短期間の入所をさせ、入浴、排せつ又は食事の介護その他の厚生労働省令で定める便宜を供与することをいう。

9　この法律において「重度障害者等包括支援」とは、常時介護を要する障害者等であって、その介護の必要の程度が著しく高いものとして厚生労働省令で定めるものにつき、居宅介護その他の厚生労働省令で定める障害福祉サービスを包括的に提供することをいう。

10　この法律において「施設入所支援」とは、その施設に入所する障害者につき、主として夜間において、入浴、排せつ又は食事の介護その他の厚生労働省令で定める便宜を供与することをいう。

11　この法律において「障害者支援施設」とは、障害者につき、施設入所支援を行うとともに、施設入所支援以外の施設障害福祉サービスを行う施設（のぞみの園及び第一項の厚生労働省令で定める施設を除く。）をいう。

12　この法律において「自立訓練」とは、障害者につき、自立した日常生活又は社会生活を営むことができるよう、厚生労働省令で定める期間にわたり、身体機能又は生活能力の向上のために必要な訓練その他の厚生労働省令で定める便宜を供与することをいう。

13　この法律において「就労移行支援」とは、就労を希望する障害者につき、厚生労働省令で定める期間にわたり、生産活動その他の活動の機会の提供を通じて、就労に必要な知識及び能力の向上のために必要な訓練その他の厚生労働省令で定める便宜を供与することをいう。

14　この法律において「就労継続支援」とは、通常の事業所に雇用されることが困難な障害者につき、就労の機会を提供するとともに、生産活動その他の活動の機会の提供を通じて、その知識及び能力の向上のために必要な訓練その他の厚生労働省令で定める便宜を供与することをいう。

15　この法律において「就労定着支援」とは、就労に向けた支援として厚生労働省令で定めるものを受けて通常の事業所に新たに雇用された障害者につき、厚生労働省令で定める期間にわたり、当該事業所での就労の継続を図るために必要な当該事業所の事業主、障害福祉サー

資料

ビス事業を行う者、医療機関その他の者との連絡調整その他の厚生労働省令で定める便宜を供与することをいう。

16　この法律において「自立生活援助」とは、施設入所支援又は共同生活援助を受けていた障害者その他の厚生労働省令で定める障害者が居宅における自立した日常生活を営む上での各般の問題につき、厚生労働省令で定める期間にわたり、定期的な巡回訪問により、又は随時通報を受け、当該障害者からの相談に応じ、必要な情報の提供及び助言その他の厚生労働省令で定める援助を行うことをいう。

17　この法律において「共同生活援助」とは、障害者につき、主として夜間において、共同生活を営むべき住居において相談、入浴、排せつ又は食事の介護その他の日常生活上の援助を行うことをいう。

18　この法律において「相談支援」とは、基本相談支援、地域相談支援及び計画相談支援をいい、「地域相談支援」とは、地域移行支援及び地域定着支援をいい、「計画相談支援」とは、サービス利用支援及び継続サービス利用支援をいい、「一般相談支援事業」とは、基本相談支援及び地域相談支援のいずれも行う事業をいい、「特定相談支援事業」とは、基本相談支援及び計画相談支援のいずれも行う事業をいう。

19　この法律において「基本相談支援」とは、地域の障害者等の福祉に関する各般の問題につき、障害者等、障害児の保護者又は障害者等の介護を行う者からの相談に応じ、必要な情報の提供及び助言を行い、併せてこれらの者と市町村及び第二十九条第二項に規定する指定障害福祉サービス事業者等との連絡調整（サービス利用支援及び継続サービス利用支援に関するものを除く。）その他の厚生労働省令で定める便宜を総合的に供与することをいう。

20　この法律において「地域移行支援」とは、障害者支援施設、のぞみの園若しくは第一項若しくは第六項の厚生労働省令で定める施設に入所している障害者又は精神科病院（精神科病院以外の病院で精神病室が設けられているものを含む。第八十九条第六項において同じ。）に入院している精神障害者その他の地域における生活に移行するために重点的な支援を必要とする者であって厚生労働省令で定めるものにつき、住居の確保その他の地域における生活に移行するための活動に関する相談その他の厚生労働省令で定める便宜を供与することをいう。

21　この法律において「地域定着支援」とは、居宅において単身その他の厚生労働省令で定める状況において生活する障害者につき、当該障害者との常時の連絡体制を確保し、当該障害者に対し、障害の特性に起因して生じた緊急の事態その他の厚生労働省令で定める場合に相談その他の便宜を供与することをいう。

22　この法律において「サービス利用支援」とは、第二十条第一項若しくは第二十四条第一項の申請に係る障害者等又は第五十一条の六第一項若しくは第五十一条の九第一項の申請に係る障害者の心身の状況、その置かれている環境、当該障害者等又は障害児の保護者の障害福祉サービス又は地域相談支援の利用に関する意向その他の事情を勘案し、利用する障害福祉サービス又は地域相談支援の種類及び内容その他の厚生労働省令で定める事項を定めた計画（以下「サービス等利用計画案」という。）を作成し、第十九条第一項に規定する支給決定（次項において「支給決定」という。）、第二十四条第二項に規定する支給決定の変更の決定（次項において「支給決定の変更の決定」という。）、第五十一条の五第一項に規定する地域相談支援給付決定（次項において「地域相談支援給付決定」という。）又は第五十一条の九第二項に規定する地域相談支援給付決定の変更の決定（次項において「地域相談支援給付決定の変更の決定」という。）（以下「支給決定等」と総称する。）が行われた後に、第二十九条第二項に規定する指定障害福祉サービス事業者等、第五十一条の十四第一項に規定する指定一般相談支援事業者その他の者（次項において「関係者」という。）との連絡調整その他の便宜を供与するとともに、当該支給決定等に係る障害福祉サービス又は地域相談支援の種類及び内容、

これを担当する者その他の厚生労働省令で定める事項を記載した計画（以下「サービス等利用計画」という。）を作成することをいう。

23　この法律において「継続サービス利用支援」とは、第十九条第一項の規定により支給決定を受けた障害者若しくは障害児の保護者（以下「支給決定障害者等」という。）又は第五十一条の五第一項の規定により地域相談支援給付決定を受けた障害者（以下「地域相談支援給付決定障害者」という。）が、第二十三条に規定する支給決定の有効期間又は第五十一条の八に規定する地域相談支援給付決定の有効期間内において継続して障害福祉サービス又は地域相談支援を適切に利用することができるよう、当該支給決定障害者等又は地域相談支援給付決定障害者に係るサービス等利用計画（この項の規定により変更されたものを含む。以下同じ。）が適切であるかどうかにつき、厚生労働省令で定める期間ごとに、当該支給決定障害者等の障害福祉サービス又は当該地域相談支援給付決定障害者の地域相談支援の利用状況を検証し、その結果及び当該支給決定に係る障害者等又は当該地域相談支援給付決定に係る障害者の心身の状況、その置かれている環境、当該障害者等又は障害児の保護者の障害福祉サービス又は地域相談支援の利用に関する意向その他の事情を勘案し、サービス等利用計画の見直しを行い、その結果に基づき、次のいずれかの便宜の供与を行うことをいう。

一　サービス等利用計画を変更するとともに、関係者との連絡調整その他の便宜の供与を行うこと。

二　新たな支給決定若しくは地域相談支援給付決定又は支給決定の変更の決定若しくは地域相談支援給付決定の変更の決定が必要であると認められる場合において、当該支給決定等に係る障害者又は障害児の保護者に対し、支給決定等に係る申請の勧奨を行うこと。

24　この法律において「自立支援医療」とは、障害者等につき、その心身の障害の状態の軽減を図り、自立した日常生活又は社会生活を営むために必要な医療であって政令で定めるものをいう。

25　この法律において「補装具」とは、障害者等の身体機能を補完し、又は代替し、かつ、長期間にわたり継続して使用されるものその他の厚生労働省令で定める基準に該当するものとして、義肢、装具、車いすその他の厚生労働大臣が定めるものをいう。

26　この法律において「移動支援事業」とは、障害者等が円滑に外出することができるよう、障害者等の移動を支援する事業をいう。

27　この法律において「地域活動支援センター」とは、障害者等を通わせ、創作的活動又は生産活動の機会の提供、社会との交流の促進その他の厚生労働省令で定める便宜を供与する施設をいう。

28　この法律において「福祉ホーム」とは、現に住居を求めている障害者につき、低額な料金で、居室その他の設備を利用させるとともに、日常生活に必要な便宜を供与する施設をいう。

第二章　自立支援給付

第一節　通則

（自立支援給付）

第六条　自立支援給付は、介護給付費、特例介護給付費、訓練等給付費、特例訓練等給付費、特定障害者特別給付費、特例特定障害者特別給付費、地域相談支援給付費、特例地域相談支援給付費、計画相談支援給付費、特例計画相談支援給付費、自立支援医療費、療養介護医療費、基準該当療養介護医療費、補装具費及び高額障害福祉サービス等給付費の支給とする。

（他の法令による給付等との調整）

第七条　自立支援給付は、当該障害の状態につき、介護保険法（平成九年法律第百二十三号）の
規定による介護給付、健康保険法（大正十一年法律第七十号）の規定による療養の給付その
他の法令に基づく給付又は事業であって政令で定めるもののうち自立支援給付に相当するも
のを受け、又は利用することができるときは政令で定める限度において、当該政令で定める
給付又は事業以外の給付であって国又は地方公共団体の負担において自立支援給付に相当す
るものが行われたときはその限度において、行わない。

（不正利得の徴収）

第八条　市町村（政令で定める医療に係る自立支援医療費の支給に関しては、都道府県とする。
以下「市町村等」という。）は、偽りその他不正の手段により自立支援給付を受けた者がある
ときは、その者から、その自立支援給付の額に相当する金額の全部又は一部を徴収すること
ができる。

２　市町村等は、第二十九条第二項に規定する指定障害福祉サービス事業者等、第五十一条の
十四第一項に規定する指定一般相談支援事業者、第五十一条の十七第一項第一号に規定する
指定特定相談支援事業者又は第五十四条第二項に規定する指定自立支援医療機関（以下この
項において「事業者等」という。）が、偽りその他不正の行為により介護給付費、訓練等給付費、
特定障害者特別給付費、地域相談支援給付費、計画相談支援給付費、自立支援医療費又は療
養介護医療費の支給を受けたときは、当該事業者等に対し、その支払った額につき返還させ
るほか、その返還させる額に百分の四十を乗じて得た額を支払わせることができる。

３　前二項の規定による徴収金は、地方自治法（昭和二十二年法律第六十七号）第二百三十一条
の三第三項に規定する法律で定める歳入とする。

（報告等）

第九条　市町村等は、自立支援給付に関して必要があると認めるときは、障害者等、障害児の
保護者、障害者等の配偶者若しくは障害者等の属する世帯の世帯主その他その世帯に属する
者又はこれらの者であった者に対し、報告若しくは文書その他の物件の提出若しくは提示を
命じ、又は当該職員に質問させることができる。

２　前項の規定による質問を行う場合においては、当該職員は、その身分を示す証明書を携帯し、
かつ、関係人の請求があるときは、これを提示しなければならない。

３　第一項の規定による権限は、犯罪捜査のために認められたものと解釈してはならない。

第十条　市町村等は、自立支援給付に関して必要があると認めるときは、当該自立支援給付に
係る障害福祉サービス、相談支援、自立支援医療、療養介護医療若しくは補装具の販売、貸
与若しくは修理（以下「自立支援給付対象サービス等」という。）を行う者若しくはこれらを
使用する者若しくはこれらの者であった者に対し、報告若しくは文書その他の物件の提出若
しくは提示を命じ、又は当該職員に関係者に対して質問させ、若しくは当該自立支援給付対
象サービス等の事業を行う事業所若しくは施設に立ち入り、その設備若しくは帳簿書類その
他の物件を検査させることができる。

２　前条第二項の規定は前項の規定による質問又は検査について、同条第三項の規定は前項の規
定による権限について準用する。

（厚生労働大臣又は都道府県知事の自立支援給付対象サービス等に関する調査等）

第十一条　厚生労働大臣又は都道府県知事は、自立支援給付に関して必要があると認めるとき
は、自立支援給付に係る障害者等若しくは障害児の保護者又はこれらの者であった者に対し、

当該自立支援給付に係る自立支援給付対象サービス等の内容に関し、報告若しくは文書その他の物件の提出若しくは提示を命じ、又は当該職員に質問させることができる。

2 厚生労働大臣又は都道府県知事は、自立支援給付に関して必要があると認めるときは、自立支援給付対象サービス等を行った者若しくはこれらを使用した者に対し、その行った自立支援給付対象サービス等に関し、報告若しくは当該自立支援給付対象サービス等の提供の記録、帳簿書類その他の物件の提出若しくは提示を命じ、又は当該職員に関係者に対して質問させることができる。

3 第九条第二項の規定は前二項の規定による質問について、同条第三項の規定は前二項の規定による権限について準用する。

（指定事務受託法人）

第十一条の二 市町村及び都道府県は、次に掲げる事務の一部を、法人であって厚生労働省令で定める要件に該当し、当該事務を適正に実施することができると認められるものとして都道府県知事が指定するもの（以下「指定事務受託法人」という。）に委託することができる。

　一 第九条第一項、第十条第一項並びに前条第一項及び第二項に規定する事務（これらの規定による命令及び質問の対象となる者並びに立入検査の対象となる事業所及び施設の選定に係るもの並びに当該命令及び当該立入検査を除く。）

　二 その他厚生労働省令で定める事務（前号括弧書に規定するものを除く。）

2 指定事務受託法人の役員若しくは職員又はこれらの職にあった者は、正当な理由なしに、当該委託事務に関して知り得た秘密を漏らしてはならない。

3 指定事務受託法人の役員又は職員で、当該委託事務に従事するものは、刑法（明治四十年法律第四十五号）その他の罰則の適用については、法令により公務に従事する職員とみなす。

4 市町村又は都道府県は、第一項の規定により事務を委託したときは、厚生労働省令で定めるところにより、その旨を公示しなければならない。

5 第九条第二項の規定は、第一項の規定により委託を受けて行う同条第一項、第十条第一項並びに前条第一項及び第二項の規定による質問について準用する。

6 前各項に定めるもののほか、指定事務受託法人に関し必要な事項は、政令で定める。

（資料の提供等）

第十二条 市町村等は、自立支援給付に関して必要があると認めるときは、障害者等、障害児の保護者、障害者等の配偶者又は障害者等の属する世帯の世帯主その他その世帯に属する者の資産又は収入の状況につき、官公署に対し必要な文書の閲覧若しくは資料の提供を求め、又は銀行、信託会社その他の機関若しくは障害者の雇用主その他の関係人に報告を求めることができる。

（受給権の保護）

第十三条 自立支援給付を受ける権利は、譲り渡し、担保に供し、又は差し押さえることができない。

（租税その他の公課の禁止）

第十四条 租税その他の公課は、自立支援給付として支給を受けた金品を標準として、課することができない。

　　第二節 介護給付費、特例介護給付費、訓練等給付費、特例訓練等給付費、特定障害者

特別給付費及び特例特定障害者特別給付費の支給

第一款　市町村審査会

（市町村審査会）
第十五条　第二十六条第二項に規定する審査判定業務を行わせるため、市町村に第十九条第一項に規定する介護給付費等の支給に関する審査会（以下「市町村審査会」という。）を置く。

（委員）
第十六条　市町村審査会の委員の定数は、政令で定める基準に従い条例で定める数とする。
2　委員は、障害者等の保健又は福祉に関する学識経験を有する者のうちから、市町村長（特別区の区長を含む。以下同じ。）が任命する。

（共同設置の支援）
第十七条　都道府県は、市町村審査会について地方自治法第二百五十二条の七第一項の規定による共同設置をしようとする市町村の求めに応じ、市町村相互間における必要な調整を行うことができる。
2　都道府県は、市町村審査会を共同設置した市町村に対し、その円滑な運営が確保されるように必要な技術的な助言その他の援助をすることができる。

（政令への委任）
第十八条　この法律に定めるもののほか、市町村審査会に関し必要な事項は、政令で定める。

第二款　支給決定等

（介護給付費等の支給決定）
第十九条　介護給付費、特例介護給付費、訓練等給付費又は特例訓練等給付費（以下「介護給付費等」という。）の支給を受けようとする障害者又は障害児の保護者は、市町村の介護給付費等を支給する旨の決定（以下「支給決定」という。）を受けなければならない。
2　支給決定は、障害者又は障害児の保護者の居住地の市町村が行うものとする。ただし、障害者又は障害児の保護者が居住地を有しないとき、又は明らかでないときは、その障害者又は障害児の保護者の現在地の市町村が行うものとする。
3　前項の規定にかかわらず、第二十九条第一項若しくは第三十条第一項の規定により介護給付費等の支給を受けて又は身体障害者福祉法第十八条第二項若しくは知的障害者福祉法第十六条第一項の規定により入所措置が採られて障害者支援施設、のぞみの園又は第五条第一項若しくは第六項の厚生労働省令で定める施設に入所している障害者及び生活保護法（昭和二十五年法律第百四十四号）第三十条第一項ただし書の規定により入所している障害者（以下この項において「特定施設入所障害者」と総称する。）については、その者が障害者支援施設、のぞみの園、第五条第一項若しくは第六項の厚生労働省令で定める施設又は同法第三十条第一項ただし書に規定する施設（以下「特定施設」という。）への入所前に有した居住地（継続して二以上の特定施設に入所している特定施設入所障害者（以下この項において「継続入所障害者」という。）については、最初に入所した特定施設への入所前に有した居住地）の市町村が、支給決定を行うものとする。ただし、特定施設への入所前に居住地を有しないか、又は明らかでなかった特定施設入所障害者については、入所前におけるその者の所在地（継続入所障

害者については、最初に入所した特定施設の入所前に有した所在地）の市町村が、支給決定を行うものとする。

4　前二項の規定にかかわらず、児童福祉法第二十四条の二第一項若しくは第二十四条の二十四第一項の規定により障害児入所給付費の支給を受けて又は同法第二十七条第一項第三号若しくは第二項の規定により措置（同法第三十一条第五項の規定により同法第二十七条第一項第三号又は第二項の規定による措置とみなされる場合を含む。）が採られて第五条第一項の厚生労働省令で定める施設に入所していた障害者等が、継続して、第二十九条第一項若しくは第三十条第一項の規定により介護給付費等の支給を受けて、身体障害者福祉法第十八条第二項若しくは知的障害者福祉法第十六条第一項の規定により入所措置が採られて又は生活保護法第三十条第一項ただし書の規定により特定施設に入所した場合は、当該障害者等が満十八歳となる日の前日に当該障害者等の保護者であった者（以下この項において「保護者であった者」という。）が有した居住地の市町村が、支給決定を行うものとする。ただし、当該障害者等が満十八歳となる日の前日に保護者であった者がいないか、保護者であった者が居住地を有しないか、又は保護者であった者の居住地が明らかでない障害者等については、当該障害者等が満十八歳となる日の前日におけるその者の所在地の市町村が支給決定を行うものとする。

5　前二項の規定の適用を受ける障害者等が入所している特定施設は、当該特定施設の所在する市町村及び当該障害者等に対し支給決定を行う市町村に、必要な協力をしなければならない。

（申請）

第二十条　支給決定を受けようとする障害者又は障害児の保護者は、厚生労働省令で定めるところにより、市町村に申請をしなければならない。

2　市町村は、前項の申請があったときは、次条第一項及び第二十二条第一項の規定により障害支援区分の認定及び同項に規定する支給要否決定を行うため、厚生労働省令で定めるところにより、当該職員をして、当該申請に係る障害者等又は障害児の保護者に面接をさせ、その心身の状況、その置かれている環境その他厚生労働省令で定める事項について調査をさせるものとする。この場合において、市町村は、当該調査を第五十一条の十四第一項に規定する指定一般相談支援事業者その他の厚生労働省令で定める者（以下この条において「指定一般相談支援事業者等」という。）に委託することができる。

3　前項後段の規定により委託を受けた指定一般相談支援事業者等は、障害者等の保健又は福祉に関する専門的知識及び技術を有するものとして厚生労働省令で定める者に当該委託に係る調査を行わせるものとする。

4　第二項後段の規定により委託を受けた指定一般相談支援事業者等の役員（業務を執行する社員、取締役、執行役又はこれらに準ずる者をいい、相談役、顧問その他いかなる名称を有する者であるかを問わず、法人に対し業務を執行する社員、取締役、執行役又はこれらに準ずる者と同等以上の支配力を有するものと認められる者を含む。第百九条第一項を除き、以下同じ。）若しくは前項の厚生労働省令で定める者又はこれらの職にあった者は、正当な理由なしに、当該委託業務に関して知り得た個人の秘密を漏らしてはならない。

5　第二項後段の規定により委託を受けた指定一般相談支援事業者等の役員又は第三項の厚生労働省令で定める者で、当該委託業務に従事するものは、刑法その他の罰則の適用については、法令により公務に従事する職員とみなす。

6　第二項の場合において、市町村は、当該障害者等又は障害児の保護者が遠隔の地に居住地又は現在地を有するときは、当該調査を他の市町村に嘱託することができる。

（障害支援区分の認定）

第二十一条　市町村は、前条第一項の申請があったときは、政令で定めるところにより、市町村審査会が行う当該申請に係る障害者等の障害支援区分に関する審査及び判定の結果に基づき、障害支援区分の認定を行うものとする。

2　市町村審査会は、前項の審査及び判定を行うに当たって必要があると認めるときは、当該審査及び判定に係る障害者等、その家族、医師その他の関係者の意見を聴くことができる。

（支給要否決定等）

第二十二条　市町村は、第二十条第一項の申請に係る障害者等の障害支援区分、当該障害者等の介護を行う者の状況、当該障害者等の置かれている環境、当該申請に係る障害者等又は障害児の保護者の障害福祉サービスの利用に関する意向その他の厚生労働省令で定める事項を勘案して介護給付費等の支給の要否の決定（以下この条及び第二十七条において「支給要否決定」という。）を行うものとする。

2　市町村は、支給要否決定を行うに当たって必要があると認めるときは、厚生労働省令で定めるところにより、市町村審査会又は身体障害者福祉法第九条第七項に規定する身体障害者更生相談所（第七十四条及び第七十六条第三項において「身体障害者更生相談所」という。）、知的障害者福祉法第九条第六項に規定する知的障害者更生相談所、精神保健及び精神障害者福祉に関する法律第六条第一項に規定する精神保健福祉センター若しくは児童相談所（以下「身体障害者更生相談所等」と総称する。）その他厚生労働省令で定める機関の意見を聴くことができる。

3　市町村審査会、身体障害者更生相談所等又は前項の厚生労働省令で定める機関は、同項の意見を述べるに当たって必要があると認めるときは、当該支給要否決定に係る障害者等、その家族、医師その他の関係者の意見を聴くことができる。

4　市町村は、支給要否決定を行うに当たって必要と認められる場合として厚生労働省令で定める場合には、厚生労働省令で定めるところにより、第二十条第一項の申請に係る障害者又は障害児の保護者に対し、第五十一条の十七第一項第一号に規定する指定特定相談支援事業者が作成するサービス等利用計画案の提出を求めるものとする。

5　前項の規定によりサービス等利用計画案の提出を求められた障害者又は障害児の保護者は、厚生労働省令で定める場合には、同項のサービス等利用計画案に代えて厚生労働省令で定めるサービス等利用計画案を提出することができる。

6　市町村は、前二項のサービス等利用計画案の提出があった場合には、第一項の厚生労働省令で定める事項及び当該サービス等利用計画案を勘案して支給要否決定を行うものとする。

7　市町村は、支給決定を行う場合には、障害福祉サービスの種類ごとに月を単位として厚生労働省令で定める期間において介護給付費等を支給する障害福祉サービスの量（以下「支給量」という。）を定めなければならない。

8　市町村は、支給決定を行ったときは、当該支給決定障害者等に対し、厚生労働省令で定めるところにより、支給量その他の厚生労働省令で定める事項を記載した障害福祉サービス受給者証（以下「受給者証」という。）を交付しなければならない。

（支給決定の有効期間）

第二十三条　支給決定は、厚生労働省令で定める期間（以下「支給決定の有効期間」という。）内に限り、その効力を有する。

（支給決定の変更）

第二十四条　支給決定障害者等は、現に受けている支給決定に係る障害福祉サービスの種類、支給量その他の厚生労働省令で定める事項を変更する必要があるときは、厚生労働省令で定めるところにより、市町村に対し、当該支給決定の変更の申請をすることができる。

2　市町村は、前項の申請又は職権により、第二十二条第一項の厚生労働省令で定める事項を勘案し、支給決定障害者等につき、必要があると認めるときは、支給決定の変更の決定を行うことができる。この場合において、市町村は、当該決定に係る支給決定障害者等に対し受給者証の提出を求めるものとする。

3　第十九条（第一項を除く。）、第二十条（第一項を除く。）及び第二十二条（第一項を除く。）の規定は、前項の支給決定の変更の決定について準用する。この場合において、必要な技術的読替えは、政令で定める。

4　市町村は、第二項の支給決定の変更の決定を行うに当たり、必要があると認めるときは、障害支援区分の変更の認定を行うことができる。

5　第二十一条の規定は、前項の障害支援区分の変更の認定について準用する。この場合において、必要な技術的読替えは、政令で定める。

6　市町村は、第二項の支給決定の変更の決定を行った場合には、受給者証に当該決定に係る事項を記載し、これを返還するものとする。

（支給決定の取消し）

第二十五条　支給決定を行った市町村は、次に掲げる場合には、当該支給決定を取り消すことができる。

一　支給決定に係る障害者等が、第二十九条第一項に規定する指定障害福祉サービス等及び第三十条第一項第二号に規定する基準該当障害福祉サービスを受ける必要がなくなったと認めるとき。

二　支給決定障害者等が、支給決定の有効期間内に、当該市町村以外の市町村の区域内に居住地を有するに至ったと認めるとき（支給決定に係る障害者が特定施設に入所することにより当該市町村以外の市町村の区域内に居住地を有するに至ったと認めるときを除く。）。

三　支給決定に係る障害者等又は障害児の保護者が、正当な理由なしに第二十条第二項（前条第三項において準用する場合を含む。）の規定による調査に応じないとき。

四　その他政令で定めるとき。

2　前項の規定により支給決定の取消しを行った市町村は、厚生労働省令で定めるところにより、当該取消しに係る支給決定障害者等に対し受給者証の返還を求めるものとする。

（都道府県による援助等）

第二十六条　都道府県は、市町村の求めに応じ、市町村が行う第十九条から第二十二条まで、第二十四条及び前条の規定による業務に関し、その設置する身体障害者更生相談所等による技術的事項についての協力その他市町村に対する必要な援助を行うものとする。

2　地方自治法第二百五十二条の十四第一項の規定により市町村の委託を受けて審査判定業務（第二十一条（第二十四条第五項において準用する場合を含む。第四項において同じ。）、第二十二条第二項及び第三項（これらの規定を第二十四条第三項において準用する場合を含む。第四項において同じ。）並びに第五十一条の七第二項及び第三項（これらの規定を第五十一条の九第三項において準用する場合を含む。）の規定により市町村審査会が行う業務をいう。以下この条及び第九十五条第二項第一号において同じ。）を行う都道府県に、当該審査判定業務を行わせるため、介護給付費等の支給に関する審査会（以下「都道府県審査会」という。）を

置く。

3 第十六条及び第十八条の規定は、前項の都道府県審査会について準用する。この場合におい
て、第十六条第二項中「市町村長（特別区の区長を含む。以下同じ。）」とあるのは、「都道府
県知事」と読み替えるものとする。

4 審査判定業務を都道府県に委託した市町村について第二十一条並びに第二十二条第二項及び
第三項の規定を適用する場合においては、これらの規定中「市町村審査会」とあるのは、「都
道府県審査会」とする。

（政令への委任）

第二十七条　この款に定めるもののほか、障害支援区分に関する審査及び判定、支給決定、支
給要否決定、受給者証、支給決定の変更の決定並びに支給決定の取消しに関し必要な事項は、
政令で定める。

第三款　介護給付費、特例介護給付費、訓練等給付費及び特例訓練等給付費の支給

（介護給付費、特例介護給付費、訓練等給付費及び特例訓練等給付費の支給）

第二十八条　介護給付費及び特例介護給付費の支給は、次に掲げる障害福祉サービスに関して
次条及び第三十条の規定により支給する給付とする。

一　居宅介護

二　重度訪問介護

三　同行援護

四　行動援護

五　療養介護（医療に係るものを除く。）

六　生活介護

七　短期入所

八　重度障害者等包括支援

九　施設入所支援

2 訓練等給付費及び特例訓練等給付費の支給は、次に掲げる障害福祉サービスに関して次条及
び第三十条の規定により支給する給付とする。

一　自立訓練

二　就労移行支援

三　就労継続支援

四　就労定着支援

五　自立生活援助

六　共同生活援助

（介護給付費又は訓練等給付費）

第二十九条　市町村は、支給決定障害者等が、支給決定の有効期間内において、都道府県知事
が指定する障害福祉サービス事業を行う者（以下「指定障害福祉サービス事業者」という。）
若しくは障害者支援施設（以下「指定障害者支援施設」という。）から当該指定に係る障害福
祉サービス（以下「指定障害福祉サービス」という。）を受けたとき、又はのぞみの園から施
設障害福祉サービスを受けたときは、厚生労働省令で定めるところにより、当該支給決定障
害者等に対し、当該指定障害福祉サービス又は施設障害福祉サービス（支給量の範囲内のも
のに限る。以下「指定障害福祉サービス等」という。）に要した費用（食事の提供に要する費用、

居住若しくは滞在に要する費用その他の日常生活に要する費用又は創作的活動若しくは生産活動に要する費用のうち厚生労働省令で定める費用（以下「特定費用」という。）を除く。）について、介護給付費又は訓練等給付費を支給する。

2　指定障害福祉サービス等を受けようとする支給決定障害者等は、厚生労働省令で定めるところにより、指定障害福祉サービス事業者、指定障害者支援施設又はのぞみの園（以下「指定障害福祉サービス事業者等」という。）に受給者証を提示して当該指定障害福祉サービス等を受けるものとする。ただし、緊急の場合その他やむを得ない事由のある場合については、この限りでない。

3　介護給付費又は訓練等給付費の額は、一月につき、第一号に掲げる額から第二号に掲げる額を控除して得た額とする。

　一　同一の月に受けた指定障害福祉サービス等について、障害福祉サービスの種類ごとに指定障害福祉サービス等に通常要する費用（特定費用を除く。）につき、厚生労働大臣が定める基準により算定した費用の額（その額が現に当該指定障害福祉サービス等に要した費用（特定費用を除く。）の額を超えるときは、当該現に指定障害福祉サービス等に要した費用の額）を合計した額

　二　当該支給決定障害者等の家計の負担能力その他の事情をしん酌して政令で定める額（当該政令で定める額が前号に掲げる額の百分の十に相当する額を超えるときは、当該相当する額）

4　支給決定障害者等が指定障害福祉サービス事業者等から指定障害福祉サービス等を受けたときは、市町村は、当該支給決定障害者等が当該指定障害福祉サービス事業者等に支払うべき当該指定障害福祉サービス等に要した費用（特定費用を除く。）について、介護給付費又は訓練等給付費として当該支給決定障害者等に支給すべき額の限度において、当該支給決定障害者等に代わり、当該指定障害福祉サービス事業者等に支払うことができる。

5　前項の規定による支払があったときは、支給決定障害者等に対し介護給付費又は訓練等給付費の支給があったものとみなす。

6　市町村は、指定障害福祉サービス事業者等から介護給付費又は訓練等給付費の請求があったときは、第三項第一号の厚生労働大臣が定める基準及び第四十三条第二項の都道府県の条例で定める指定障害福祉サービスの事業の設備及び運営に関する基準（指定障害福祉サービスの取扱いに関する部分に限る。）又は第四十四条第二項の都道府県の条例で定める指定障害者支援施設等の設備及び運営に関する基準（施設障害福祉サービスの取扱いに関する部分に限る。）に照らして審査の上、支払うものとする。

7　市町村は、前項の規定による審査及び支払に関する事務を国民健康保険法（昭和三十三年法律第百九十二号）第四十五条第五項に規定する国民健康保険団体連合会（以下「連合会」という。）に委託することができる。

8　前各項に定めるもののほか、介護給付費及び訓練等給付費の支給並びに指定障害福祉サービス事業者等の介護給付費及び訓練等給付費の請求に関し必要な事項は、厚生労働省令で定める。

（特例介護給付費又は特例訓練等給付費）

第三十条　市町村は、次に掲げる場合において、必要があると認めるときは、厚生労働省令で定めるところにより、当該指定障害福祉サービス等又は第二号に規定する基準該当障害福祉サービス（支給量の範囲内のものに限る。）に要した費用（特定費用を除く。）について、特例介護給付費又は特例訓練等給付費を支給することができる。

　一　支給決定障害者等が、第二十条第一項の申請をした日から当該支給決定の効力が生じた

日の前日までの間に、緊急その他やむを得ない理由により指定障害福祉サービス等を受けたとき。

　二　支給決定障害者等が、指定障害福祉サービス等以外の障害福祉サービス（次に掲げる事業所又は施設により行われるものに限る。以下「基準該当障害福祉サービス」という。）を受けたとき。

　イ　第四十三条第一項の都道府県の条例で定める基準又は同条第二項の都道府県の条例で定める指定障害福祉サービスの事業の設備及び運営に関する基準に定める事項のうち都道府県の条例で定めるものを満たすと認められる事業を行う事業所（以下「基準該当事業所」という。）

　ロ　第四十四条第一項の都道府県の条例で定める基準又は同条第二項の都道府県の条例で定める指定障害者支援施設等の設備及び運営に関する基準に定める事項のうち都道府県の条例で定めるものを満たすと認められる施設（以下「基準該当施設」という。）

　三　その他政令で定めるとき。

2　都道府県が前項第二号イ及びロの条例を定めるに当たっては、第一号から第三号までに掲げる事項については厚生労働省令で定める基準に従い定めるものとし、第四号に掲げる事項については厚生労働省令で定める基準を標準として定めるものとし、その他の事項については厚生労働省令で定める基準を参酌するものとする。

　一　基準該当障害福祉サービスに従事する従業者及びその員数

　二　基準該当障害福祉サービスの事業に係る居室及び病室の床面積

　三　基準該当障害福祉サービスの事業の運営に関する事項であって、障害者又は障害児の保護者のサービスの適切な利用の確保、障害者等の安全の確保及び秘密の保持等に密接に関連するものとして厚生労働省令で定めるもの

　四　基準該当障害福祉サービスの事業に係る利用定員

3　特例介護給付費又は特例訓練等給付費の額は、一月につき、同一の月に受けた次の各号に掲げる障害福祉サービスの区分に応じ、当該各号に定める額を合計した額から、それぞれ当該支給決定障害者等の家計の負担能力その他の事情をしん酌して政令で定める額（当該政令で定める額が当該合計した額の百分の十に相当する額を超えるときは、当該相当する額）を控除して得た額を基準として、市町村が定める。

　一　指定障害福祉サービス等　前条第三項第一号の厚生労働大臣が定める基準により算定した費用の額（その額が現に当該指定障害福祉サービス等に要した費用（特定費用を除く。）の額を超えるときは、当該現に指定障害福祉サービス等に要した費用の額）

　二　基準該当障害福祉サービス　障害福祉サービスの種類ごとに基準該当障害福祉サービスに通常要する費用（特定費用を除く。）につき厚生労働大臣が定める基準により算定した費用の額（その額が現に当該基準該当障害福祉サービスに要した費用（特定費用を除く。）の額を超えるときは、当該現に基準該当障害福祉サービスに要した費用の額）

4　前三項に定めるもののほか、特例介護給付費及び特例訓練等給付費の支給に関し必要な事項は、厚生労働省令で定める。

（介護給付費等の額の特例）

第三十一条　市町村が、災害その他の厚生労働省令で定める特別の事情があることにより、障害福祉サービスに要する費用を負担することが困難であると認めた支給決定障害者等が受ける介護給付費又は訓練等給付費の支給について第二十九条第三項の規定を適用する場合においては、同項第二号中「額」とあるのは、「額）の範囲内において市町村が定める額」とする。

2　前項に規定する支給決定障害者等が受ける特例介護給付費又は特例訓練等給付費の支給について前条第三項の規定を適用する場合においては、同項中「を控除して得た額を基準として、

市町村が定める」とあるのは、「の範囲内において市町村が定める額を控除して得た額とする」とする。

　　第四款　特定障害者特別給付費及び特例特定障害者特別給付費の支給

第三十二条　削除

第三十三条　削除

（特定障害者特別給付費の支給）
第三十四条　市町村は、施設入所支援、共同生活援助その他の政令で定める障害福祉サービス（以下この項において「特定入所等サービス」という。）に係る支給決定を受けた障害者のうち所得の状況その他の事情をしん酌して厚生労働省令で定めるもの（以下この項及び次条第一項において「特定障害者」という。）が、支給決定の有効期間内において、指定障害者支援施設若しくはのぞみの園（以下「指定障害者支援施設等」という。）に入所し、又は共同生活援助を行う住居に入居して、当該指定障害者支援施設等又は指定障害福祉サービス事業者から特定入所等サービスを受けたときは、当該特定障害者に対し、当該指定障害者支援施設等又は共同生活援助を行う住居における食事の提供に要した費用又は居住に要した費用（同項において「特定入所等費用」という。）について、政令で定めるところにより、特定障害者特別給付費を支給する。
2　第二十九条第二項及び第四項から第七項までの規定は、特定障害者特別給付費の支給について準用する。この場合において、必要な技術的読替えは、政令で定める。
3　前二項に定めるもののほか、特定障害者特別給付費の支給及び指定障害者支援施設等又は指定障害福祉サービス事業者の特定障害者特別給付費の請求に関し必要な事項は、厚生労働省令で定める。

（特例特定障害者特別給付費の支給）
第三十五条　市町村は、次に掲げる場合において、必要があると認めるときは、特定障害者に対し、当該指定障害者支援施設等若しくは基準該当施設又は共同生活援助を行う住居における特定入所等費用について、政令で定めるところにより、特例特定障害者特別給付費を支給することができる。
　　一　特定障害者が、第二十条第一項の申請をした日から当該支給決定の効力が生じた日の前日までの間に、緊急その他やむを得ない理由により指定障害福祉サービス等を受けたとき。
　　二　特定障害者が、基準該当障害福祉サービスを受けたとき。
2　前項に定めるもののほか、特例特定障害者特別給付費の支給に関し必要な事項は、厚生労働省令で定める。

　　第五款　指定障害福祉サービス事業者及び指定障害者支援施設等

（指定障害福祉サービス事業者の指定）
第三十六条　第二十九条第一項の指定障害福祉サービス事業者の指定は、厚生労働省令で定めるところにより、障害福祉サービス事業を行う者の申請により、障害福祉サービスの種類及び障害福祉サービス事業を行う事業所（以下この款において「サービス事業所」という。）ごとに行う。

2　就労継続支援その他の厚生労働省令で定める障害福祉サービス（以下この条及び次条第一項において「特定障害福祉サービス」という。）に係る第二十九条第一項の指定障害福祉サービス事業者の指定は、当該特定障害福祉サービスの量を定めてするものとする。

3　都道府県知事は、第一項の申請があった場合において、次の各号（療養介護に係る指定の申請にあっては、第七号を除く。）のいずれかに該当するときは、指定障害福祉サービス事業者の指定をしてはならない。

一　申請者が都道府県の条例で定める者でないとき。

二　当該申請に係るサービス事業所の従業者の知識及び技能並びに人員が、第四十三条第一項の都道府県の条例で定める基準を満たしていないとき。

三　申請者が、第四十三条第二項の都道府県の条例で定める指定障害福祉サービスの事業の設備及び運営に関する基準に従って適正な障害福祉サービス事業の運営をすることができないと認められるとき。

四　申請者が、禁錮以上の刑に処せられ、その執行を終わり、又は執行を受けることがなくなるまでの者であるとき。

五　申請者が、この法律その他国民の保健医療若しくは福祉に関する法律で政令で定めるものの規定により罰金の刑に処せられ、その執行を終わり、又は執行を受けることがなくなるまでの者であるとき。

五の二　申請者が、労働に関する法律の規定であって政令で定めるものにより罰金の刑に処せられ、その執行を終わり、又は執行を受けることがなくなるまでの者であるとき。

六　申請者が、第五十条第一項（同条第三項において準用する場合を含む。以下この項において同じ。）、第五十一条の二十九第一項若しくは第二項又は第七十六条の三第六項の規定により指定を取り消され、その取消しの日から起算して五年を経過しない者（当該指定を取り消された者が法人である場合においては、当該取消しの処分に係る行政手続法（平成五年法律第八十八号）第十五条の規定による通知があった日前六十日以内に当該法人の役員又はそのサービス事業所を管理する者その他の政令で定める使用人（以下「役員等」という。）であった者で当該取消しの日から起算して五年を経過しないものを含み、当該指定を取り消された者が法人でない場合においては、当該通知があった日前六十日以内に当該者の管理者であった者で当該取消しの日から起算して五年を経過しないものを含む。）であるとき。ただし、当該指定の取消しが、指定障害福祉サービス事業者の指定の取消しのうち当該指定の取消しの処分の理由となった事実及び当該事実の発生を防止するための当該指定障害福祉サービス事業者による業務管理体制の整備についての取組の状況その他の当該事実に関して当該指定障害福祉サービス事業者が有していた責任の程度を考慮して、この号本文に規定する指定の取消しに該当しないこととすることが相当であると認められるものとして厚生労働省令で定めるものに該当する場合を除く。

七　申請者と密接な関係を有する者（申請者（法人に限る。以下この号において同じ。）の株式の所有その他の事由を通じて当該申請者の事業を実質的に支配し、若しくはその事業に重要な影響を与える関係にある者として厚生労働省令で定めるもの（以下この号において「申請者の親会社等」という。）、申請者の親会社等が株式の所有その他の事由を通じてその事業を実質的に支配し、若しくはその事業に重要な影響を与える関係にある者として厚生労働省令で定めるもの又は当該申請者が株式の所有その他の事由を通じてその事業を実質的に支配し、若しくはその事業に重要な影響を与える関係にある者として厚生労働省令で定めるもののうち、当該申請者と厚生労働省令で定める密接な関係を有する法人をいう。）が、第五十条第一項、第五十一条の二十九第一項若しくは第二項又は第七十六条の三第六項の規定により指定を取り消され、その取消しの日から起算して五年を経過していないとき。ただし、当該

指定の取消しが、指定障害福祉サービス事業者の指定の取消しのうち当該指定の取消しの処分の理由となった事実及び当該事実の発生を防止するための当該指定障害福祉サービス事業者による業務管理体制の整備についての取組の状況その他の当該事実に関して当該指定障害福祉サービス事業者が有していた責任の程度を考慮して、この号本文に規定する指定の取消しに該当しないこととすることが相当であると認められるものとして厚生労働省令で定めるものに該当する場合を除く。

八　申請者が、第五十条第一項、第五十一条の二十九第一項若しくは第二項又は第七十六条の三第六項の規定による指定の取消しの処分に係る行政手続法第十五条の規定による通知があった日から当該処分をする日又は処分をしないことを決定する日までの間に第四十六条第二項又は第五十一条の二十五第二項若しくは第四項の規定による事業の廃止の届出をした者（当該事業の廃止について相当の理由がある者を除く。）で、当該届出の日から起算して五年を経過しないものであるとき。

九　申請者が、第四十八条第一項（同条第三項において準用する場合を含む。）又は第五十一条の二十七第一項若しくは第二項の規定による検査が行われた日から聴聞決定予定日（当該検査の結果に基づき第五十条第一項又は第五十一条の二十九第一項若しくは第二項の規定による指定の取消しの処分に係る聴聞を行うか否かの決定をすることが見込まれる日として厚生労働省令で定めるところにより都道府県知事が当該申請者に当該検査が行われた日から十日以内に特定の日を通知した場合における当該特定の日をいう。）までの間に第四十六条第二項又は第五十一条の二十五第二項若しくは第四項の規定による事業の廃止の届出をした者（当該事業の廃止について相当の理由がある者を除く。）で、当該届出の日から起算して五年を経過しないものであるとき。

十　第八号に規定する期間内に第四十六条第二項又は第五十一条の二十五第二項若しくは第四項の規定による事業の廃止の届出があった場合において、申請者が、同号の通知の日前六十日以内に当該届出に係る法人（当該事業の廃止について相当の理由がある法人を除く。）の役員等又は当該届出に係る法人でない者（当該事業の廃止について相当の理由がある者を除く。）の管理者であった者で、当該届出の日から起算して五年を経過しないものであるとき。

十一　申請者が、指定の申請前五年以内に障害福祉サービスに関し不正又は著しく不当な行為をした者であるとき。

十二　申請者が、法人で、その役員等のうちに第四号から第六号まで又は第八号から前号までのいずれかに該当する者のあるものであるとき。

十三　申請者が、法人でない者で、その管理者が第四号から第六号まで又は第八号から第十一号までのいずれかに該当する者であるとき。

4　都道府県が前項第一号の条例を定めるに当たっては、厚生労働省令で定める基準に従い定めるものとする。

5　都道府県知事は、特定障害福祉サービスにつき第一項の申請があった場合において、当該都道府県又は当該申請に係るサービス事業所の所在地を含む区域（第八十九条第二項第二号の規定により都道府県が定める区域をいう。）における当該申請に係る種類ごとの指定障害福祉サービスの量が、同条第一項の規定により当該都道府県が定める都道府県障害福祉計画において定める当該都道府県若しくは当該区域の当該指定障害福祉サービスの必要な量に既に達しているか、又は当該申請に係る事業者の指定によってこれを超えることになると認めるとき、その他の当該都道府県障害福祉計画の達成に支障を生ずるおそれがあると認めるときは、第二十九条第一項の指定をしないことができる。

（指定障害福祉サービス事業者の指定の変更）

第三十七条　指定障害福祉サービス事業者は、第二十九条第一項の指定に係る特定障害福祉サービスの量を増加しようとするときは、厚生労働省令で定めるところにより、同項の指定の変更を申請することができる。

2　前条第三項から第五項までの規定は、前項の指定の変更の申請があった場合について準用する。この場合において、必要な技術的読替えは、政令で定める。

（指定障害者支援施設の指定）

第三十八条　第二十九条第一項の指定障害者支援施設の指定は、厚生労働省令で定めるところにより、障害者支援施設の設置者の申請により、施設障害福祉サービスの種類及び当該障害者支援施設の入所定員を定めて、行う。

2　都道府県知事は、前項の申請があった場合において、当該都道府県における当該申請に係る指定障害者支援施設の入所定員の総数が、第八十九条第一項の規定により当該都道府県が定める都道府県障害福祉計画において定める当該都道府県の当該指定障害者支援施設の必要入所定員総数に既に達しているか、又は当該申請に係る施設の指定によってこれを超えることになると認めるとき、その他の当該都道府県障害福祉計画の達成に支障を生ずるおそれがあると認めるときは、第二十九条第一項の指定をしないことができる。

3　第三十六条第三項及び第四項の規定は、第二十九条第一項の指定障害者支援施設の指定について準用する。この場合において、必要な技術的読替えは、政令で定める。

（指定障害者支援施設の指定の変更）

第三十九条　指定障害者支援施設の設置者は、第二十九条第一項の指定に係る施設障害福祉サービスの種類を変更しようとするとき、又は当該指定に係る入所定員を増加しようとするときは、厚生労働省令で定めるところにより、同項の指定の変更を申請することができる。

2　前条第二項及び第三項の規定は、前項の指定の変更の申請があった場合について準用する。この場合において、必要な技術的読替えは、政令で定める。

第四十条　削除

（指定の更新）

第四十一条　第二十九条第一項の指定障害福祉サービス事業者及び指定障害者支援施設の指定は、六年ごとにそれらの更新を受けなければ、その期間の経過によって、それらの効力を失う。

2　前項の更新の申請があった場合において、同項の期間（以下この条において「指定の有効期間」という。）の満了の日までにその申請に対する処分がされないときは、従前の指定は、指定の有効期間の満了後もその処分がされるまでの間は、なおその効力を有する。

3　前項の場合において、指定の更新がされたときは、その指定の有効期間は、従前の指定の有効期間の満了の日の翌日から起算するものとする。

4　第三十六条及び第三十八条の規定は、第一項の指定の更新について準用する。この場合において、必要な技術的読替えは、政令で定める。

（共生型障害福祉サービス事業者の特例）

第四十一条の二　居宅介護、生活介護その他厚生労働省令で定める障害福祉サービスに係るサービス事業所について、児童福祉法第二十一条の五の三第一項の指定（当該サービス事業所により行われる障害福祉サービスの種類に応じて厚生労働省令で定める種類の同法第六条の二

の二第一項に規定する障害児通所支援に係るものに限る。）又は介護保険法第四十一条第一項本文の指定（当該サービス事業所により行われる障害福祉サービスの種類に応じて厚生労働省令で定める種類の同法第八条第一項に規定する居宅サービスに係るものに限る。）、同法第四十二条の二第一項本文の指定（当該サービス事業所により行われる障害福祉サービスの種類に応じて厚生労働省令で定める種類の同法第八条第十四項に規定する地域密着型サービスに係るものに限る。）、同法第五十三条第一項本文の指定（当該サービス事業所により行われる障害福祉サービスの種類に応じて厚生労働省令で定める種類の同法第八条の二第一項に規定する介護予防サービスに係るものに限る。）若しくは同法第五十四条の二第一項本文の指定（当該サービス事業所により行われる障害福祉サービスの種類に応じて厚生労働省令で定める種類の同法第八条の二第十二項に規定する地域密着型介護予防サービスに係るものに限る。）を受けている者から当該サービス事業所に係る第三十六条第一項（前条第四項において準用する場合を含む。）の申請があった場合において、次の各号のいずれにも該当するときにおける第三十六条第三項（前条第四項において準用する場合を含む。以下この項において同じ。）の規定の適用については、第三十六条第三項第二号中「第四十三条第一項の」とあるのは「第四十一条の二第一項第一号の指定障害福祉サービスに従事する従業者に係る」と、同項第三号中「第四十三条第二項」とあるのは「第四十一条の二第一項第二号」とする。ただし、申請者が、厚生労働省令で定めるところにより、別段の申出をしたときは、この限りでない。

一 当該申請に係るサービス事業所の従業者の知識及び技能並びに人員が、指定障害福祉サービスに従事する従業者に係る都道府県の条例で定める基準を満たしていること。

二 申請者が、都道府県の条例で定める指定障害福祉サービスの事業の設備及び運営に関する基準に従って適正な障害福祉サービス事業の運営をすることができると認められること。

2 都道府県が前項各号の条例を定めるに当たっては、第一号から第三号までに掲げる事項については厚生労働省令で定める基準に従い定めるものとし、第四号に掲げる事項については厚生労働省令で定める基準を標準として定めるものとし、その他の事項については厚生労働省令で定める基準を参酌するものとする。

一 指定障害福祉サービスに従事する従業者及びその員数

二 指定障害福祉サービスの事業に係る居室の床面積

三 指定障害福祉サービスの事業の運営に関する事項であって、障害者又は障害児の保護者のサービスの適切な利用の確保、障害者等の適切な処遇及び安全の確保並びに秘密の保持等に密接に関連するものとして厚生労働省令で定めるもの

四 指定障害福祉サービスの事業に係る利用定員

3 第一項の場合において、同項に規定する者が同項の申請に係る第二十九条第一項の指定を受けたときは、その者に対しては、第四十三条第三項の規定は適用せず、次の表の上欄に掲げる規定の適用については、これらの規定中同表の中欄に掲げる字句は、それぞれ同表の下欄に掲げる字句とする。

第二十九条第六項	第四十三条第二項	第四十一条の二第一項第二号
第四十三条第一項	都道府県	第四十一条の二第一項第一号の指定障害福祉サービスに従事する従業者に係る都道府県
第四十三条第二項	指定障害福祉サービスの事業	第四十一条の二第一項第二号の指定障害福祉サービスの事業
第四十九条第一項第一号	第四十三条第一項の	第四十一条の二第一項第一号の指定障害福祉サービスに従事する従業者に係る
第四十九条第一項第二号	第四十三条第二項	第四十一条の二第一項第二号

第五十条第一項第三号	第四十三条第一項の	第四十一条の二第一項第一号の指定障害福祉サービスに従事する従業者に係る
第五十条第一項第四号	第四十三条第二項	第四十一条の二第一項第二号

4　第一項に規定する者であって、同項の申請に係る第二十九条第一項の指定を受けたものから、次の各号のいずれかの届出があったときは、当該指定に係る指定障害福祉サービスの事業について、第四十六条第二項の規定による事業の廃止又は休止の届出があったものとみなす。

一　児童福祉法第二十一条の五の三第一項に規定する指定通所支援の事業（当該指定に係るサービス事業所において行うものに限る。）に係る同法第二十一条の五の二十第四項の規定による事業の廃止又は休止の届出

二　介護保険法第四十一条第一項に規定する指定居宅サービスの事業（当該指定に係るサービス事業所において行うものに限る。）に係る同法第七十五条第二項の規定による事業の廃止又は休止の届出

三　介護保険法第五十三条第一項に規定する指定介護予防サービスの事業（当該指定に係るサービス事業所において行うものに限る。）に係る同法第百十五条の五第二項の規定による事業の廃止又は休止の届出

5　第一項に規定する者であって、同項の申請に係る第二十九条第一項の指定を受けたものは、介護保険法第四十二条の二第一項に規定する指定地域密着型サービスの事業（当該指定に係るサービス事業所において行うものに限る。）又は同法第五十四条の二第一項に規定する指定地域密着型介護予防サービスの事業（当該指定に係るサービス事業所において行うものに限る。）を廃止し、又は休止しようとするときは、厚生労働省令で定めるところにより、その廃止又は休止の日の一月前までに、その旨を当該指定を行った都道府県知事に届け出なければならない。この場合において、当該届出があったときは、当該指定に係る指定障害福祉サービスの事業について、第四十六条第二項の規定による事業の廃止又は休止の届出があったものとみなす。

（指定障害福祉サービス事業者及び指定障害者支援施設等の設置者の責務）

第四十二条　指定障害福祉サービス事業者及び指定障害者支援施設等の設置者（以下「指定事業者等」という。）は、障害者等が自立した日常生活又は社会生活を営むことができるよう、障害者等の意思決定の支援に配慮するとともに、市町村、公共職業安定所その他の職業リハビリテーションの措置を実施する機関、教育機関その他の関係機関との緊密な連携を図りつつ、障害福祉サービスを当該障害者等の意向、適性、障害の特性その他の事情に応じ、常に障害者等の立場に立って効果的に行うように努めなければならない。

2　指定事業者等は、その提供する障害福祉サービスの質の評価を行うことその他の措置を講ずることにより、障害福祉サービスの質の向上に努めなければならない。

3　指定事業者等は、障害者等の人格を尊重するとともに、この法律又はこの法律に基づく命令を遵守し、障害者等のため忠実にその職務を遂行しなければならない。

（指定障害福祉サービスの事業の基準）

第四十三条　指定障害福祉サービス事業者は、当該指定に係るサービス事業所ごとに、都道府県の条例で定める基準に従い、当該指定障害福祉サービスに従事する従業者を有しなければならない。

2　指定障害福祉サービス事業者は、都道府県の条例で定める指定障害福祉サービスの事業の設

備及び運営に関する基準に従い、指定障害福祉サービスを提供しなければならない。

3　都道府県が前二項の条例を定めるに当たっては、第一号から第三号までに掲げる事項については厚生労働省令で定める基準に従い定めるものとし、第四号に掲げる事項については厚生労働省令で定める基準を標準として定めるものとし、その他の事項については厚生労働省令で定める基準を参酌するものとする。

一　指定障害福祉サービスに従事する従業者及びその員数

二　指定障害福祉サービスの事業に係る居室及び病室の床面積

三　指定障害福祉サービスの事業の運営に関する事項であって、障害者又は障害児の保護者のサービスの適切な利用の確保、障害者等の適切な処遇及び安全の確保並びに秘密の保持等に密接に関連するものとして厚生労働省令で定めるもの

四　指定障害福祉サービスの事業に係る利用定員

4　指定障害福祉サービス事業者は、第四十六条第二項の規定による事業の廃止又は休止の届出をしたときは、当該届出の日前一月以内に当該指定障害福祉サービスを受けていた者であって、当該事業の廃止又は休止の日以後においても引き続き当該指定障害福祉サービスに相当するサービスの提供を希望する者に対し、必要な障害福祉サービスが継続的に提供されるよう、他の指定障害福祉サービス事業者その他関係者との連絡調整その他の便宜の提供を行わなければならない。

（指定障害者支援施設等の基準）

第四十四条　指定障害者支援施設等の設置者は、都道府県の条例で定める基準に従い、施設障害福祉サービスに従事する従業者を有しなければならない。

2　指定障害者支援施設等の設置者は、都道府県の条例で定める指定障害者支援施設等の設備及び運営に関する基準に従い、施設障害福祉サービスを提供しなければならない。

3　都道府県が前二項の条例を定めるに当たっては、次に掲げる事項については厚生労働省令で定める基準に従い定めるものとし、その他の事項については厚生労働省令で定める基準を参酌するものとする。

一　施設障害福祉サービスに従事する従業者及びその員数

二　指定障害者支援施設等に係る居室の床面積

三　指定障害者支援施設等の運営に関する事項であって、障害者のサービスの適切な利用、適切な処遇及び安全の確保並びに秘密の保持に密接に関連するものとして厚生労働省令で定めるもの

4　指定障害者支援施設の設置者は、第四十七条の規定による指定の辞退をするときは、同条に規定する予告期間の開始日の前日に当該施設障害福祉サービスを受けていた者であって、当該指定の辞退の日以後においても引き続き当該施設障害福祉サービスに相当するサービスの提供を希望する者に対し、必要な施設障害福祉サービスが継続的に提供されるよう、他の指定障害者支援施設等の設置者その他関係者との連絡調整その他の便宜の提供を行わなければならない。

第四十五条　削除

（変更の届出等）

第四十六条　指定障害福祉サービス事業者は、当該指定に係るサービス事業所の名称及び所在地その他厚生労働省令で定める事項に変更があったとき、又は休止した当該指定障害福祉サービスの事業を再開したときは、厚生労働省令で定めるところにより、十日以内に、その旨を

都道府県知事に届け出なければならない。

2　指定障害福祉サービス事業者は、当該指定障害福祉サービスの事業を廃止し、又は休止しようとするときは、厚生労働省令で定めるところにより、その廃止又は休止の日の一月前までに、その旨を都道府県知事に届け出なければならない。

3　指定障害者支援施設の設置者は、設置者の住所その他の厚生労働省令で定める事項に変更があったときは、厚生労働省令で定めるところにより、十日以内に、その旨を都道府県知事に届け出なければならない。

（指定の辞退）

第四十七条　指定障害者支援施設は、三月以上の予告期間を設けて、その指定を辞退することができる。

（都道府県知事等による連絡調整又は援助）

第四十七条の二　都道府県知事又は市町村長は、第四十三条第四項又は第四十四条第四項に規定する便宜の提供が円滑に行われるため必要があると認めるときは、当該指定障害福祉サービス事業者、指定障害者支援施設の設置者その他の関係者相互間の連絡調整又は当該指定障害福祉サービス事業者、指定障害者支援施設の設置者その他の関係者に対する助言その他の援助を行うことができる。

2　厚生労働大臣は、同一の指定障害福祉サービス事業者又は指定障害者支援施設の設置者について二以上の都道府県知事が前項の規定による連絡調整又は援助を行う場合において、第四十三条第四項又は第四十四条第四項に規定する便宜の提供が円滑に行われるため必要があると認めるときは、当該都道府県知事相互間の連絡調整又は当該指定障害福祉サービス事業者若しくは指定障害者支援施設の設置者に対する都道府県の区域を超えた広域的な見地からの助言その他の援助を行うことができる。

（報告等）

第四十八条　都道府県知事又は市町村長は、必要があると認めるときは、指定障害福祉サービス事業者若しくは指定障害福祉サービス事業者であった者若しくは当該指定に係るサービス事業所の従業者であった者（以下この項において「指定障害福祉サービス事業者であった者等」という。）に対し、報告若しくは帳簿書類その他の物件の提出若しくは提示を命じ、指定障害福祉サービス事業者若しくは当該指定に係るサービス事業所の従業者若しくは指定障害福祉サービス事業者であった者等に対し出頭を求め、又は当該職員に関係者に対して質問させ、若しくは当該指定障害福祉サービス事業者の当該指定に係るサービス事業所、事務所その他当該指定障害福祉サービスの事業に関係のある場所に立ち入り、その設備若しくは帳簿書類その他の物件を検査させることができる。

2　第九条第二項の規定は前項の規定による質問又は検査について、同条第三項の規定は前項の規定による権限について準用する。

3　前二項の規定は、指定障害者支援施設等の設置者について準用する。この場合において、必要な技術的読替えは、政令で定める。

（勧告、命令等）

第四十九条　都道府県知事は、指定障害福祉サービス事業者が、次の各号に掲げる場合に該当すると認めるときは、当該指定障害福祉サービス事業者に対し、期限を定めて、当該各号に定める措置をとるべきことを勧告することができる。

一　当該指定に係るサービス事業所の従業者の知識若しくは技能又は人員について第四十三条第一項の都道府県の条例で定める基準に適合していない場合　当該基準を遵守すること。

二　第四十三条第二項の都道府県の条例で定める指定障害福祉サービスの事業の設備及び運営に関する基準に従って適正な指定障害福祉サービスの事業の運営をしていない場合　当該基準を遵守すること。

三　第四十三条第四項に規定する便宜の提供を適正に行っていない場合　当該便宜の提供を適正に行うこと。

2　都道府県知事は、指定障害者支援施設等の設置者が、次の各号（のぞみの園の設置者にあっては、第三号を除く。以下この項において同じ。）に掲げる場合に該当すると認めるときは、当該指定障害者支援施設等の設置者に対し、期限を定めて、当該各号に定める措置をとるべきことを勧告することができる。

一　指定障害者支援施設等の従業者の知識若しくは技能又は人員について第四十四条第一項の都道府県の条例で定める基準に適合していない場合　当該基準を遵守すること。

二　第四十四条第二項の都道府県の条例で定める指定障害者支援施設等の設備及び運営に関する基準に従って適正な施設障害福祉サービスの事業の運営をしていない場合　当該基準を遵守すること。

三　第四十四条第四項に規定する便宜の提供を適正に行っていない場合　当該便宜の提供を適正に行うこと。

3　都道府県知事は、前二項の規定による勧告をした場合において、その勧告を受けた指定事業者等が、前二項の期限内にこれに従わなかったときは、その旨を公表することができる。

4　都道府県知事は、第一項又は第二項の規定による勧告を受けた指定事業者等が、正当な理由がなくてその勧告に係る措置をとらなかったときは、当該指定事業者等に対し、期限を定めて、その勧告に係る措置をとるべきことを命ずることができる。

5　都道府県知事は、前項の規定による命令をしたときは、その旨を公示しなければならない。

6　市町村は、介護給付費、訓練等給付費又は特定障害者特別給付費の支給に係る指定障害福祉サービス等を行った指定事業者等について、第一項各号又は第二項各号（のぞみの園の設置者にあっては、第三号を除く。）に掲げる場合のいずれかに該当すると認めるときは、その旨を当該指定に係るサービス事業所又は施設の所在地の都道府県知事に通知しなければならない。

（指定の取消し等）

第五十条　都道府県知事は、次の各号のいずれかに該当する場合においては、当該指定障害福祉サービス事業者に係る第二十九条第一項の指定を取り消し、又は期間を定めてその指定の全部若しくは一部の効力を停止することができる。

一　指定障害福祉サービス事業者が、第三十六条第三項第四号から第五号の二まで、第十二号又は第十三号のいずれかに該当するに至ったとき。

二　指定障害福祉サービス事業者が、第四十二条第三項の規定に違反したと認められるとき。

三　指定障害福祉サービス事業者が、当該指定に係るサービス事業所の従業者の知識若しくは技能又は人員について、第四十三条第一項の都道府県の条例で定める基準を満たすことができなくなったとき。

四　指定障害福祉サービス事業者が、第四十三条第二項の都道府県の条例で定める指定障害福祉サービスの事業の設備及び運営に関する基準に従って適正な指定障害福祉サービスの事業の運営をすることができなくなったとき。

五　介護給付費若しくは訓練等給付費又は療養介護医療費の請求に関し不正があったとき。

六　指定障害福祉サービス事業者が、第四十八条第一項の規定により報告又は帳簿書類その他の物件の提出若しくは提示を命ぜられてこれに従わず、又は虚偽の報告をしたとき。

七　指定障害福祉サービス事業者又は当該指定に係るサービス事業所の従業者が、第四十八条第一項の規定により出頭を求められてこれに応ぜず、同項の規定による質問に対して答弁せず、若しくは虚偽の答弁をし、又は同項の規定による検査を拒み、妨げ、若しくは忌避したとき。ただし、当該指定に係るサービス事業所の従業者がその行為をした場合において、その行為を防止するため、当該指定障害福祉サービス事業者が相当の注意及び監督を尽くしたときを除く。

八　指定障害福祉サービス事業者が、不正の手段により第二十九条第一項の指定を受けたとき。

九　前各号に掲げる場合のほか、指定障害福祉サービス事業者が、この法律その他国民の保健医療若しくは福祉に関する法律で政令で定めるもの又はこれらの法律に基づく命令若しくは処分に違反したとき。

十　前各号に掲げる場合のほか、指定障害福祉サービス事業者が、障害福祉サービスに関し不正又は著しく不当な行為をしたとき。

十一　指定障害福祉サービス事業者が法人である場合において、その役員等のうちに指定の取消し又は指定の全部若しくは一部の効力の停止をしようとするとき前五年以内に障害福祉サービスに関し不正又は著しく不当な行為をした者があるとき。

十二　指定障害福祉サービス事業者が法人でない場合において、その管理者が指定の取消し又は指定の全部若しくは一部の効力の停止をしようとするとき前五年以内に障害福祉サービスに関し不正又は著しく不当な行為をした者であるとき。

2　市町村は、自立支援給付に係る指定障害福祉サービスを行った指定障害福祉サービス事業者について、前項各号のいずれかに該当すると認めるときは、その旨を当該指定に係るサービス事業所の所在地の都道府県知事に通知しなければならない。

3　前二項の規定は、指定障害者支援施設について準用する。この場合において、必要な技術的読替えは、政令で定める。

（公示）
第五十一条　都道府県知事は、次に掲げる場合には、その旨を公示しなければならない。

一　第二十九条第一項の指定障害福祉サービス事業者又は指定障害者支援施設の指定をしたとき。

二　第四十六条第二項の規定による事業の廃止の届出があったとき。

三　第四十七条の規定による指定障害者支援施設の指定の辞退があったとき。

四　前条第一項（同条第三項において準用する場合を含む。）又は第七十六条の三第六項の規定により指定障害福祉サービス事業者又は指定障害者支援施設の指定を取り消したとき。

　　　第六款　業務管理体制の整備等

（業務管理体制の整備等）
第五十一条の二　指定事業者等は、第四十二条第三項に規定する義務の履行が確保されるよう、厚生労働省令で定める基準に従い、業務管理体制を整備しなければならない。

2　指定事業者等は、次の各号に掲げる区分に応じ、当該各号に定める者に対し、厚生労働省令で定めるところにより、業務管理体制の整備に関する事項を届け出なければならない。

一　次号から第四号までに掲げる指定事業者等以外の指定事業者等　都道府県知事

二　当該指定に係る事業所又は施設が一の地方自治法第二百五十二条の十九第一項の指定都市（以下「指定都市」という。）の区域に所在する指定事業者等　指定都市の長

三　当該指定に係る事業所又は施設が一の地方自治法第二百五十二条の二十二第一項の中核市（以下「中核市」という。）の区域に所在する指定事業者等　中核市の長

四　当該指定に係る事業所若しくは施設が二以上の都道府県の区域に所在する指定事業者等（のぞみの園の設置者を除く。第四項、次条第二項及び第三項並びに第五十一条の四第五項において同じ。）又はのぞみの園の設置者　厚生労働大臣

3　前項の規定により届出をした指定事業者等は、その届け出た事項に変更があったときは、厚生労働省令で定めるところにより、遅滞なく、その旨を当該届出をした厚生労働大臣、都道府県知事又は指定都市若しくは中核市の長（以下この款において「厚生労働大臣等」という。）に届け出なければならない。

4　第二項の規定による届出をした指定事業者等は、同項各号に掲げる区分の変更により、同項の規定により当該届出をした厚生労働大臣等以外の厚生労働大臣等に届出を行うときは、厚生労働省令で定めるところにより、その旨を当該届出をした厚生労働大臣等にも届け出なければならない。

5　厚生労働大臣等は、前三項の規定による届出が適正になされるよう、相互に密接な連携を図るものとする。

（報告等）

第五十一条の三　前条第二項の規定による届出を受けた厚生労働大臣等は、当該届出をした指定事業者等（同条第四項の規定による届出を受けた厚生労働大臣等にあっては、同項の規定による届出をした指定事業者等を除く。）における同条第一項の規定による業務管理体制の整備に関して必要があると認めるときは、当該指定事業者等に対し、報告若しくは帳簿書類その他の物件の提出若しくは提示を命じ、当該指定事業者等若しくは当該指定事業者等の従業者に対し出頭を求め、又は当該職員に関係者に対して質問させ、若しくは当該指定事業者等の当該指定に係る事業所若しくは施設、事務所その他の指定障害福祉サービス等の提供に関係のある場所に立ち入り、その設備若しくは帳簿書類その他の物件を検査させることができる。

2　厚生労働大臣又は指定都市若しくは中核市の長が前項の権限を行うときは、当該指定事業者等に係る指定を行った都道府県知事（次条第五項において「関係都道府県知事」という。）と密接な連携の下に行うものとする。

3　都道府県知事は、その行った又はその行おうとする指定に係る指定事業者等における前条第一項の規定による業務管理体制の整備に関して必要があると認めるときは、厚生労働大臣又は指定都市若しくは中核市の長に対し、第一項の権限を行うよう求めることができる。

4　厚生労働大臣又は指定都市若しくは中核市の長は、前項の規定による都道府県知事の求めに応じて第一項の権限を行ったときは、厚生労働省令で定めるところにより、その結果を当該権限を行うよう求めた都道府県知事に通知しなければならない。

5　第九条第二項の規定は第一項の規定による質問又は検査について、同条第三項の規定は第一項の規定による権限について準用する。

（勧告、命令等）

第五十一条の四　第五十一条の二第二項の規定による届出を受けた厚生労働大臣等は、当該届出をした指定事業者等（同条第四項の規定による届出を受けた厚生労働大臣等にあっては、同項の規定による届出をした指定事業者等を除く。）が、同条第一項の厚生労働省令で定める基

準に従って適正な業務管理体制の整備をしていないと認めるときは、当該指定事業者等に対し、期限を定めて、当該厚生労働省令で定める基準に従って適正な業務管理体制を整備すべきことを勧告することができる。

2 厚生労働大臣等は、前項の規定による勧告をした場合において、その勧告を受けた指定事業者等が、同項の期限内にこれに従わなかったときは、その旨を公表することができる。

3 厚生労働大臣等は、第一項の規定による勧告を受けた指定事業者等が、正当な理由がなくてその勧告に係る措置をとらなかったときは、当該指定事業者等に対し、期限を定めて、その勧告に係る措置をとるべきことを命ずることができる。

4 厚生労働大臣等は、前項の規定による命令をしたときは、その旨を公示しなければならない。

5 厚生労働大臣又は指定都市若しくは中核市の長は、指定事業者等が第三項の規定による命令に違反したときは、厚生労働省令で定めるところにより、当該違反の内容を関係都道府県知事に通知しなければならない。

　　　第三節　地域相談支援給付費、特例地域相談支援給付費、計画相談支援給付費及び特例計画相談支援給付費の支給

　　　第一款　地域相談支援給付費及び特例地域相談支援給付費の支給

（地域相談支援給付費等の相談支援給付決定）

第五十一条の五　地域相談支援給付費又は特例地域相談支援給付費（以下「地域相談支援給付費等」という。）の支給を受けようとする障害者は、市町村の地域相談支援給付費等を支給する旨の決定（以下「地域相談支援給付決定」という。）を受けなければならない。

2 第十九条（第一項を除く。）の規定は、地域相談支援給付決定について準用する。この場合において、必要な技術的読替えは、政令で定める。

（申請）

第五十一条の六　地域相談支援給付決定を受けようとする障害者は、厚生労働省令で定めるところにより、市町村に申請しなければならない。

2 第二十条（第一項を除く。）の規定は、前項の申請について準用する。この場合において、必要な技術的読替えは、政令で定める。

（給付要否決定等）

第五十一条の七　市町村は、前条第一項の申請があったときは、当該申請に係る障害者の心身の状態、当該障害者の地域相談支援の利用に関する意向その他の厚生労働省令で定める事項を勘案して地域相談支援給付費等の支給の要否の決定（以下この条及び第五十一条の十二において「給付要否決定」という。）を行うものとする。

2 市町村は、給付要否決定を行うに当たって必要があると認めるときは、厚生労働省令で定めるところにより、市町村審査会、身体障害者更生相談所等その他厚生労働省令で定める機関の意見を聴くことができる。

3 市町村審査会、身体障害者更生相談所等又は前項の厚生労働省令で定める機関は、同項の意見を述べるに当たって必要があると認めるときは、当該給付要否決定に係る障害者、その家族、医師その他の関係者の意見を聴くことができる。

4 市町村は、給付要否決定を行うに当たって必要と認められる場合として厚生労働省令で定める場合には、厚生労働省令で定めるところにより、前条第一項の申請に係る障害者に対し、第

五十一条の十七第一項第一号に規定する指定特定相談支援事業者が作成するサービス等利用計画案の提出を求めるものとする。

5　前項の規定によりサービス等利用計画案の提出を求められた障害者は、厚生労働省令で定める場合には、同項のサービス等利用計画案に代えて厚生労働省令で定めるサービス等利用計画案を提出することができる。

6　市町村は、前二項のサービス等利用計画案の提出があった場合には、第一項の厚生労働省令で定める事項及び当該サービス等利用計画案を勘案して給付要否決定を行うものとする。

7　市町村は、地域相談支援給付決定を行う場合には、地域相談支援の種類ごとに月を単位として厚生労働省令で定める期間において地域相談支援給付費等を支給する地域相談支援の量（以下「地域相談支援給付量」という。）を定めなければならない。

8　市町村は、地域相談支援給付決定を行ったときは、当該地域相談支援給付決定障害者に対し、厚生労働省令で定めるところにより、地域相談支援給付量その他の厚生労働省令で定める事項を記載した地域相談支援受給者証（以下「地域相談支援受給者証」という。）を交付しなければならない。

（地域相談支援給付決定の有効期間）
第五十一条の八　地域相談支援給付決定は、厚生労働省令で定める期間（以下「地域相談支援給付決定の有効期間」という。）内に限り、その効力を有する。

（地域相談支援給付決定の変更）
第五十一条の九　地域相談支援給付決定障害者は、現に受けている地域相談支援給付決定に係る地域相談支援の種類、地域相談支援給付量その他の厚生労働省令で定める事項を変更する必要があるときは、厚生労働省令で定めるところにより、市町村に対し、当該地域相談支援給付決定の変更の申請をすることができる。

2　市町村は、前項の申請又は職権により、第五十一条の七第一項の厚生労働省令で定める事項を勘案し、地域相談支援給付決定障害者につき、必要があると認めるときは、地域相談支援給付決定の変更の決定を行うことができる。この場合において、市町村は、当該決定に係る地域相談支援給付決定障害者に対し地域相談支援受給者証の提出を求めるものとする。

3　第十九条（第一項を除く。）、第二十条（第一項を除く。）及び第五十一条の七（第一項を除く。）の規定は、前項の地域相談支援給付決定の変更の決定について準用する。この場合において、必要な技術的読替えは、政令で定める。

4　市町村は、第二項の地域相談支援給付決定の変更の決定を行った場合には、地域相談支援受給者証に当該決定に係る事項を記載し、これを返還するものとする。

（地域相談支援給付決定の取消し）
第五十一条の十　地域相談支援給付決定を行った市町村は、次に掲げる場合には、当該地域相談支援給付決定を取り消すことができる。

一　地域相談支援給付決定に係る障害者が、第五十一条の十四第一項に規定する指定地域相談支援を受ける必要がなくなったと認めるとき。

二　地域相談支援給付決定障害者が、地域相談支援給付決定の有効期間内に、当該市町村以外の市町村の区域内に居住地を有するに至ったと認めるとき（地域相談支援給付決定に係る障害者が特定施設に入所することにより当該市町村以外の市町村の区域内に居住地を有するに至ったと認めるときを除く。）。

三　地域相談支援給付決定に係る障害者が、正当な理由なしに第五十一条の六第二項及び前

資料

条第三項において準用する第二十条第二項の規定による調査に応じないとき。

　　四　その他政令で定めるとき。

2　前項の規定により地域相談支援給付決定の取消しを行った市町村は、厚生労働省令で定める
　ところにより、当該取消しに係る地域相談支援給付決定障害者に対し地域相談支援受給者証
　の返還を求めるものとする。

（都道府県による援助等）

第五十一条の十一　都道府県は、市町村の求めに応じ、市町村が行う第五十一条の五から第
　五十一条の七まで、第五十一条の九及び前条の規定による業務に関し、その設置する身体障
　害者更生相談所等による技術的事項についての協力その他市町村に対する必要な援助を行う
　ものとする。

（政令への委任）

第五十一条の十二　第五十一条の五から前条までに定めるもののほか、地域相談支援給付決定、
　給付要否決定、地域相談支援受給者証、地域相談支援給付決定の変更の決定及び地域相談支
　援給付決定の取消しに関し必要な事項は、政令で定める。

（地域相談支援給付費及び特例地域相談支援給付費の支給）

第五十一条の十三　地域相談支援給付費及び特例地域相談支援給付費の支給は、地域相談支援
　に関して次条及び第五十一条の十五の規定により支給する給付とする。

（地域相談支援給付費）

第五十一条の十四　市町村は、地域相談支援給付決定障害者が、地域相談支援給付決定の有効
　期間内において、都道府県知事が指定する一般相談支援事業を行う者（以下「指定一般相談
　支援事業者」という。）から当該指定に係る地域相談支援（以下「指定地域相談支援」という。）
　を受けたときは、厚生労働省令で定めるところにより、当該地域相談支援給付決定障害者に
　対し、当該指定地域相談支援（地域相談支援給付量の範囲内のものに限る。以下この条及び
　次条において同じ。）に要した費用について、地域相談支援給付費を支給する。

2　指定地域相談支援を受けようとする地域相談支援給付決定障害者は、厚生労働省令で定める
　ところにより、指定一般相談支援事業者に地域相談支援受給者証を提示して当該指定地域相
　談支援を受けるものとする。ただし、緊急の場合その他やむを得ない事由のある場合につい
　ては、この限りでない。

3　地域相談支援給付費の額は、指定地域相談支援の種類ごとに指定地域相談支援に通常要する
　費用につき、厚生労働大臣が定める基準により算定した費用の額（その額が現に当該指定地
　域相談支援に要した費用の額を超えるときは、当該現に指定地域相談支援に要した費用の額）
　とする。

4　地域相談支援給付決定障害者が指定一般相談支援事業者から指定地域相談支援を受けたとき
　は、市町村は、当該地域相談支援給付決定障害者が当該指定一般相談支援事業者に支払うべ
　き当該指定地域相談支援に要した費用について、地域相談支援給付費として当該地域相談支
　援給付決定障害者に支給すべき額の限度において、当該地域相談支援給付決定障害者に代わ
　り、当該指定一般相談支援事業者に支払うことができる。

5　前項の規定による支払があったときは、地域相談支援給付決定障害者に対し地域相談支援給
　付費の支給があったものとみなす。

6　市町村は、指定一般相談支援事業者から地域相談支援給付費の請求があったときは、第三項

の厚生労働大臣が定める基準及び第五十一条の二十三第二項の厚生労働省令で定める指定地域相談支援の事業の運営に関する基準（指定地域相談支援の取扱いに関する部分に限る。）に照らして審査の上、支払うものとする。

7　市町村は、前項の規定による審査及び支払に関する事務を連合会に委託することができる。

8　前各項に定めるもののほか、地域相談支援給付費の支給及び指定一般相談支援事業者の地域相談支援給付費の請求に関し必要な事項は、厚生労働省令で定める。

（特例地域相談支援給付費）

第五十一条の十五　市町村は、地域相談支援給付決定障害者が、第五十一条の六第一項の申請をした日から当該地域相談支援給付決定の効力が生じた日の前日までの間に、緊急その他やむを得ない理由により指定地域相談支援を受けた場合において、必要があると認めるときは、厚生労働省令で定めるところにより、当該指定地域相談支援に要した費用について、特例地域相談支援給付費を支給することができる。

2　特例地域相談支援給付費の額は、前条第三項の厚生労働大臣が定める基準により算定した費用の額（その額が現に当該指定地域相談支援に要した費用の額を超えるときは、当該現に指定地域相談支援に要した費用の額）を基準として、市町村が定める。

3　前二項に定めるもののほか、特例地域相談支援給付費の支給に関し必要な事項は、厚生労働省令で定める。

　　　　第二款　計画相談支援給付費及び特例計画相談支援給付費の支給

（計画相談支援給付費及び特例計画相談支援給付費の支給）

第五十一条の十六　計画相談支援給付費及び特例計画相談支援給付費の支給は、計画相談支援に関して次条及び第五十一条の十八の規定により支給する給付とする。

（計画相談支援給付費）

第五十一条の十七　市町村は、次の各号に掲げる者（以下「計画相談支援対象障害者等」という。）に対し、当該各号に定める場合の区分に応じ、当該各号に規定する計画相談支援に要した費用について、計画相談支援給付費を支給する。

　一　第二十二条第四項（第二十四条第三項において準用する場合を含む。）の規定により、サービス等利用計画案の提出を求められた第二十条第一項若しくは第二十四条第一項の申請に係る障害者若しくは障害児の保護者又は第五十一条の七第四項（第五十一条の九第三項において準用する場合を含む。）の規定により、サービス等利用計画案の提出を求められた第五十一条の六第一項若しくは第五十一条の九第一項の申請に係る障害者　市町村長が指定する特定相談支援事業を行う者（以下「指定特定相談支援事業者」という。）から当該指定に係るサービス利用支援（次項において「指定サービス利用支援」という。）を受けた場合であって、当該申請に係る支給決定等を受けたとき。

　二　支給決定障害者等又は地域相談支援給付決定障害者　指定特定相談支援事業者から当該指定に係る継続サービス利用支援（次項において「指定継続サービス利用支援」という。）を受けたとき。

2　計画相談支援給付費の額は、指定サービス利用支援又は指定継続サービス利用支援（以下「指定計画相談支援」という。）に通常要する費用につき、厚生労働大臣が定める基準により算定した費用の額（その額が現に当該指定計画相談支援に要した費用の額を超えるときは、当該現に指定計画相談支援に要した費用の額）とする。

3　計画相談支援対象障害者等が指定特定相談支援事業者から指定計画相談支援を受けたとき
　は、市町村は、当該計画相談支援対象障害者等が当該指定特定相談支援事業者に支払うべき
　当該指定計画相談支援に要した費用について、計画相談支援給付費として当該計画相談支援
　対象障害者等に対し支給すべき額の限度において、当該計画相談支援対象障害者等に代わり、
　当該指定特定相談支援事業者に支払うことができる。

4　前項の規定による支払があったときは、計画相談支援対象障害者等に対し計画相談支援給付
　費の支給があったものとみなす。

5　市町村は、指定特定相談支援事業者から計画相談支援給付費の請求があったときは、第二項
　の厚生労働大臣が定める基準及び第五十一条の二十四第二項の厚生労働省令で定める指定計
　画相談支援の事業の運営に関する基準（指定計画相談支援の取扱いに関する部分に限る。）に
　照らして審査の上、支払うものとする。

6　市町村は、前項の規定による審査及び支払に関する事務を連合会に委託することができる。

7　前各項に定めるもののほか、計画相談支援給付費の支給及び指定特定相談支援事業者の計画
　相談支援給付費の請求に関し必要な事項は、厚生労働省令で定める。

（特例計画相談支援給付費）

第五十一条の十八　市町村は、計画相談支援対象障害者等が、指定計画相談支援以外の計画相
　談支援（第五十一条の二十四第一項の厚生労働省令で定める基準及び同条第二項の厚生労働
　省令で定める指定計画相談支援の事業の運営に関する基準に定める事項のうち厚生労働省令
　で定めるものを満たすと認められる事業を行う事業所により行われるものに限る。以下この
　条において「基準該当計画相談支援」という。）を受けた場合において、必要があると認める
　ときは、厚生労働省令で定めるところにより、基準該当計画相談支援に要した費用について、
　特例計画相談支援給付費を支給することができる。

2　特例計画相談支援給付費の額は、当該基準該当計画相談支援について前条第二項の厚生労働
　大臣が定める基準により算定した費用の額（その額が現に当該基準該当計画相談支援に要し
　た費用の額を超えるときは、当該現に基準該当計画相談支援に要した費用の額）を基準として、
　市町村が定める。

3　前二項に定めるもののほか、特例計画相談支援給付費の支給に関し必要な事項は、厚生労働
　省令で定める。

　　　　第三款　指定一般相談支援事業者及び指定特定相談支援事業者

（指定一般相談支援事業者の指定）

第五十一条の十九　第五十一条の十四第一項の指定一般相談支援事業者の指定は、厚生労働省
　令で定めるところにより、一般相談支援事業を行う者の申請により、地域相談支援の種類及
　び一般相談支援事業を行う事業所（以下この款において「一般相談支援事業所」という。）ご
　とに行う。

2　第三十六条第三項（第四号、第十号及び第十三号を除く。）の規定は、第五十一条の十四第
　一項の指定一般相談支援事業者の指定について準用する。この場合において、第三十六条第
　三項第一号中「都道府県の条例で定める者」とあるのは、「法人」と読み替えるほか、必要な
　技術的読替えは、政令で定める。

（指定特定相談支援事業者の指定）

第五十一条の二十　第五十一条の十七第一項第一号の指定特定相談支援事業者の指定は、厚生

労働省令で定めるところにより、総合的に相談支援を行う者として厚生労働省令で定める基準に該当する者の申請により、特定相談支援事業を行う事業所（以下この款において「特定相談支援事業所」という。）ごとに行う。

2　第三十六条第三項（第四号、第十号及び第十三号を除く。）の規定は、第五十一条の十七第一項第一号の指定特定相談支援事業者の指定について準用する。この場合において、第三十六条第三項第一号中「都道府県の条例で定める者」とあるのは、「法人」と読み替えるほか、必要な技術的読替えは、政令で定める。

（指定の更新）

第五十一条の二十一　第五十一条の十四第一項の指定一般相談支援事業者及び第五十一条の十七第一項第一号の指定特定相談支援事業者の指定は、六年ごとにそれらの更新を受けなければ、その期間の経過によって、それらの効力を失う。

2　第四十一条第二項及び第三項並びに前二条の規定は、前項の指定の更新について準用する。この場合において、必要な技術的読替えは、政令で定める。

（指定一般相談支援事業者及び指定特定相談支援事業者の責務）

第五十一条の二十二　指定一般相談支援事業者及び指定特定相談支援事業者（以下「指定相談支援事業者」という。）は、障害者等が自立した日常生活又は社会生活を営むことができるよう、障害者等の意思決定の支援に配慮するとともに、市町村、公共職業安定所その他の職業リハビリテーションの措置を実施する機関、教育機関その他の関係機関との緊密な連携を図りつつ、相談支援を当該障害者等の意向、適性、障害の特性その他の事情に応じ、常に障害者等の立場に立って効果的に行うように努めなければならない。

2　指定相談支援事業者は、その提供する相談支援の質の評価を行うことその他の措置を講ずることにより、相談支援の質の向上に努めなければならない。

3　指定相談支援事業者は、障害者等の人格を尊重するとともに、この法律又はこの法律に基づく命令を遵守し、障害者等のため忠実にその職務を遂行しなければならない。

（指定地域相談支援の事業の基準）

第五十一条の二十三　指定一般相談支援事業者は、当該指定に係る一般相談支援事業所ごとに、厚生労働省令で定める基準に従い、当該指定地域相談支援に従事する従業者を有しなければならない。

2　指定一般相談支援事業者は、厚生労働省令で定める指定地域相談支援の事業の運営に関する基準に従い、指定地域相談支援を提供しなければならない。

3　指定一般相談支援事業者は、第五十一条の二十五第二項の規定による事業の廃止又は休止の届出をしたときは、当該届出の日前一月以内に当該指定地域相談支援を受けていた者であって、当該事業の廃止又は休止の日以後においても引き続き当該指定地域相談支援に相当するサービスの提供を希望する者に対し、必要な地域相談支援が継続的に提供されるよう、他の指定一般相談支援事業者その他関係者との連絡調整その他の便宜の提供を行わなければならない。

（指定計画相談支援の事業の基準）

第五十一条の二十四　指定特定相談支援事業者は、当該指定に係る特定相談支援事業所ごとに、厚生労働省令で定める基準に従い、当該指定計画相談支援に従事する従業者を有しなければならない。

2　指定特定相談支援事業者は、厚生労働省令で定める指定計画相談支援の事業の運営に関する基準に従い、指定計画相談支援を提供しなければならない。

3　指定特定相談支援事業者は、次条第四項の規定による事業の廃止又は休止の届出をしたときは、当該届出の日前一月以内に当該指定計画相談支援を受けていた者であって、当該事業の廃止又は休止の日以後においても引き続き当該指定計画相談支援に相当するサービスの提供を希望する者に対し、必要な計画相談支援が継続的に提供されるよう、他の指定特定相談支援事業者その他関係者との連絡調整その他の便宜の提供を行わなければならない。

（変更の届出等）

第五十一条の二十五　指定一般相談支援事業者は、当該指定に係る一般相談支援事業所の名称及び所在地その他厚生労働省令で定める事項に変更があったとき、又は休止した当該指定地域相談支援の事業を再開したときは、厚生労働省令で定めるところにより、十日以内に、その旨を都道府県知事に届け出なければならない。

2　指定一般相談支援事業者は、当該指定地域相談支援の事業を廃止し、又は休止しようとするときは、厚生労働省令で定めるところにより、その廃止又は休止の日の一月前までに、その旨を都道府県知事に届け出なければならない。

3　指定特定相談支援事業者は、当該指定に係る特定相談支援事業所の名称及び所在地その他厚生労働省令で定める事項に変更があったとき、又は休止した当該指定計画相談支援の事業を再開したときは、厚生労働省令で定めるところにより、十日以内に、その旨を市町村長に届け出なければならない。

4　指定特定相談支援事業者は、当該指定計画相談支援の事業を廃止し、又は休止しようとするときは、厚生労働省令で定めるところにより、その廃止又は休止の日の一月前までに、その旨を市町村長に届け出なければならない。

（都道府県知事等による連絡調整又は援助）

第五十一条の二十六　第四十七条の二の規定は、指定一般相談支援事業者が行う第五十一条の二十三第三項に規定する便宜の提供について準用する。

2　市町村長は、指定特定相談支援事業者による第五十一条の二十四第三項に規定する便宜の提供が円滑に行われるため必要があると認めるときは、当該指定特定相談支援事業者その他の関係者相互間の連絡調整又は当該指定特定相談支援事業者その他の関係者に対する助言その他の援助を行うことができる。

（報告等）

第五十一条の二十七　都道府県知事又は市町村長は、必要があると認めるときは、指定一般相談支援事業者若しくは指定一般相談支援事業者であった者若しくは当該指定に係る一般相談支援事業所の従業者であった者（以下この項において「指定一般相談支援事業者であった者等」という。）に対し、報告若しくは帳簿書類その他の物件の提出若しくは提示を命じ、指定一般相談支援事業者若しくは当該指定に係る一般相談支援事業所の従業者若しくは指定一般相談支援事業者であった者等に対し出頭を求め、又は当該職員に関係者に対して質問させ、若しくは当該指定一般相談支援事業者の当該指定に係る一般相談支援事業所、事務所その他当該指定地域相談支援の事業に関係のある場所に立ち入り、その設備若しくは帳簿書類その他の物件を検査させることができる。

2　市町村長は、必要があると認めるときは、指定特定相談支援事業者若しくは指定特定相談支援事業者であった者若しくは当該指定に係る特定相談支援事業所の従業者であった者（以下

この項において「指定特定相談支援事業者であった者等」という。）に対し、報告若しくは帳簿書類その他の物件の提出若しくは提示を命じ、指定特定相談支援事業者若しくは当該指定に係る特定相談支援事業所の従業者若しくは指定特定相談支援事業者であった者等に対し出頭を求め、又は当該職員に関係者に対して質問させ、若しくは当該指定特定相談支援事業者の当該指定に係る特定相談支援事業所、事務所その他当該指定計画相談支援の事業に関係のある場所に立ち入り、その設備若しくは帳簿書類その他の物件を検査させることができる。

3　第九条第二項の規定は前二項の規定による質問又は検査について、同条第三項の規定は前二項の規定による権限について準用する。

（勧告、命令等）
第五十一条の二十八　都道府県知事は、指定一般相談支援事業者が、次の各号に掲げる場合に該当すると認めるときは、当該指定一般相談支援事業者に対し、期限を定めて、当該各号に定める措置をとるべきことを勧告することができる。
　一　当該指定に係る一般相談支援事業所の従業者の知識若しくは技能又は人員について第五十一条の二十三第一項の厚生労働省令で定める基準に適合していない場合　当該基準を遵守すること。
　二　第五十一条の二十三第二項の厚生労働省令で定める指定地域相談支援の事業の運営に関する基準に従って適正な指定地域相談支援の事業の運営をしていない場合　当該基準を遵守すること。
　三　第五十一条の二十三第三項に規定する便宜の提供を適正に行っていない場合　当該便宜の提供を適正に行うこと。
2　市町村長は、指定特定相談支援事業者が、次の各号に掲げる場合に該当すると認めるときは、当該指定特定相談支援事業者に対し、期限を定めて、当該各号に定める措置をとるべきことを勧告することができる。
　一　当該指定に係る特定相談支援事業所の従業者の知識若しくは技能又は人員について第五十一条の二十四第一項の厚生労働省令で定める基準に適合していない場合　当該基準を遵守すること。
　二　第五十一条の二十四第二項の厚生労働省令で定める指定計画相談支援の事業の運営に関する基準に従って適正な指定計画相談支援の事業の運営をしていない場合　当該基準を遵守すること。
　三　第五十一条の二十四第三項に規定する便宜の提供を適正に行っていない場合　当該便宜の提供を適正に行うこと。
3　都道府県知事は、第一項の規定による勧告をした場合において、市町村長は、前項の規定による勧告をした場合において、その勧告を受けた指定相談支援事業者が、前二項の期限内にこれに従わなかったときは、その旨を公表することができる。
4　都道府県知事は、第一項の規定による勧告を受けた指定一般相談支援事業者が、正当な理由がなくてその勧告に係る措置をとらなかったとき、市町村長は、第二項の規定による勧告を受けた指定特定相談支援事業者が、正当な理由がなくてその勧告に係る措置をとらなかったときは、当該指定相談支援事業者に対し、期限を定めて、その勧告に係る措置をとるべきことを命ずることができる。
5　都道府県知事又は市町村長は、前項の規定による命令をしたときは、その旨を公示しなければならない。
6　市町村は、地域相談支援給付費の支給に係る指定地域相談支援を行った指定一般相談支援事業者について、第一項各号に掲げる場合のいずれかに該当すると認めるときは、その旨を当

該指定に係る一般相談支援事業所の所在地の都道府県知事に通知しなければならない。

（指定の取消し等）

第五十一条の二十九　都道府県知事は、次の各号のいずれかに該当する場合においては、当該指定一般相談支援事業者に係る第五十一条の十四第一項の指定を取り消し、又は期間を定めてその指定の全部若しくは一部の効力を停止することができる。

　一　指定一般相談支援事業者が、第五十一条の十九第二項において準用する第三十六条第三項第五号、第五号の二又は第十二号のいずれかに該当するに至ったとき。

　二　指定一般相談支援事業者が、第五十一条の二十二第三項の規定に違反したと認められるとき。

　三　指定一般相談支援事業者が、当該指定に係る一般相談支援事業所の従業者の知識若しくは技能又は人員について、第五十一条の二十三第一項の厚生労働省令で定める基準を満たすことができなくなったとき。

　四　指定一般相談支援事業者が、第五十一条の二十三第二項の厚生労働省令で定める指定地域相談支援の事業の運営に関する基準に従って適正な指定地域相談支援の事業の運営をすることができなくなったとき。

　五　地域相談支援給付費の請求に関し不正があったとき。

　六　指定一般相談支援事業者が、第五十一条の二十七第一項の規定により報告又は帳簿書類その他の物件の提出若しくは提示を命ぜられてこれに従わず、又は虚偽の報告をしたとき。

　七　指定一般相談支援事業者又は当該指定に係る一般相談支援事業所の従業者が、第五十一条の二十七第一項の規定により出頭を求められてこれに応ぜず、同項の規定による質問に対して答弁せず、若しくは虚偽の答弁をし、又は同項の規定による検査を拒み、妨げ、若しくは忌避したとき。ただし、当該指定に係る一般相談支援事業所の従業者がその行為をした場合において、その行為を防止するため、当該指定一般相談支援事業者が相当の注意及び監督を尽くしたときを除く。

　八　指定一般相談支援事業者が、不正の手段により第五十一条の十四第一項の指定を受けたとき。

　九　前各号に掲げる場合のほか、指定一般相談支援事業者が、この法律その他国民の福祉に関する法律で政令で定めるもの又はこれらの法律に基づく命令若しくは処分に違反したとき。

　十　前各号に掲げる場合のほか、指定一般相談支援事業者が、地域相談支援に関し不正又は著しく不当な行為をしたとき。

　十一　指定一般相談支援事業者の役員又はその一般相談支援事業所を管理する者その他の政令で定める使用人のうちに指定の取消し又は指定の全部若しくは一部の効力の停止をしようとするとき前五年以内に地域相談支援に関し不正又は著しく不当な行為をした者があるとき。

2　市町村長は、次の各号のいずれかに該当する場合においては、当該指定特定相談支援事業者に係る第五十一条の十七第一項第一号の指定を取り消し、又は期間を定めてその指定の全部若しくは一部の効力を停止することができる。

　一　指定特定相談支援事業者が、第五十一条の二十第二項において準用する第三十六条第三項第五号、第五号の二又は第十二号のいずれかに該当するに至ったとき。

　二　指定特定相談支援事業者が、第五十一条の二十二第三項の規定に違反したと認められるとき。

　三　指定特定相談支援事業者が、当該指定に係る特定相談支援事業所の従業者の知識若しくは技能又は人員について、第五十一条の二十四第一項の厚生労働省令で定める基準を満たすことができなくなったとき。

四　指定特定相談支援事業者が、第五十一条の二十四第二項の厚生労働省令で定める指定計画相談支援の事業の運営に関する基準に従って適正な指定計画相談支援の事業の運営をすることができなくなったとき。

五　計画相談支援給付費の請求に関し不正があったとき。

六　指定特定相談支援事業者が、第五十一条の二十七第二項の規定により報告又は帳簿書類その他の物件の提出若しくは提示を命ぜられてこれに従わず、又は虚偽の報告をしたとき。

七　指定特定相談支援事業者又は当該指定に係る特定相談支援事業所の従業者が、第五十一条の二十七第二項の規定により出頭を求められてこれに応ぜず、同項の規定による質問に対して答弁せず、若しくは虚偽の答弁をし、又は同項の規定による検査を拒み、妨げ、若しくは忌避したとき。ただし、当該指定に係る特定相談支援事業所の従業者がその行為をした場合において、その行為を防止するため、当該指定特定相談支援事業者が相当の注意及び監督を尽くしたときを除く。

八　指定特定相談支援事業者が、不正の手段により第五十一条の十七第一項第一号の指定を受けたとき。

九　前各号に掲げる場合のほか、指定特定相談支援事業者が、この法律その他国民の福祉に関する法律で政令で定めるもの又はこれらの法律に基づく命令若しくは処分に違反したとき。

十　前各号に掲げる場合のほか、指定特定相談支援事業者が、計画相談支援に関し不正又は著しく不当な行為をしたとき。

十一　指定特定相談支援事業者の役員又はその特定相談支援事業所を管理する者その他の政令で定める使用人のうちに指定の取消し又は指定の全部若しくは一部の効力の停止をしようとするとき前五年以内に計画相談支援に関し不正又は著しく不当な行為をした者があるとき。

3　市町村は、地域相談支援給付費の支給に係る指定地域相談支援を行った指定一般相談支援事業者について、第一項各号のいずれかに該当すると認めるときは、その旨を当該指定に係る一般相談支援事業所の所在地の都道府県知事に通知しなければならない。

（公示）

第五十一条の三十　都道府県知事は、次に掲げる場合には、その旨を公示しなければならない。

一　第五十一条の十四第一項の指定一般相談支援事業者の指定をしたとき。

二　第五十一条の二十五第二項の規定による事業の廃止の届出があったとき。

三　前条第一項又は第七十六条の三第六項の規定により指定一般相談支援事業者の指定を取り消したとき。

2　市町村長は、次に掲げる場合には、その旨を公示しなければならない。

一　第五十一条の十七第一項第一号の指定特定相談支援事業者の指定をしたとき。

二　第五十一条の二十五第四項の規定による事業の廃止の届出があったとき。

三　前条第二項の規定により指定特定相談支援事業者の指定を取り消したとき。

第四款　業務管理体制の整備等

（業務管理体制の整備等）

第五十一条の三十一　指定相談支援事業者は、第五十一条の二十二第三項に規定する義務の履行が確保されるよう、厚生労働省令で定める基準に従い、業務管理体制を整備しなければならない。

2　指定相談支援事業者は、次の各号に掲げる区分に応じ、当該各号に定める者に対し、厚生労働省令で定めるところにより、業務管理体制の整備に関する事項を届け出なければならない。

一　次号から第五号までに掲げる指定相談支援事業者以外の指定相談支援事業者　都道府県知事

二　特定相談支援事業のみを行う指定特定相談支援事業者であって、当該指定に係る事業所が一の市町村の区域に所在するもの　市町村長

三　当該指定に係る事業所が一の指定都市の区域に所在する指定相談支援事業者（前号に掲げるものを除く。）　指定都市の長

四　当該指定に係る事業所が一の中核市の区域に所在する指定相談支援事業者（第二号に掲げるものを除く。）　中核市の長

五　当該指定に係る事業所が二以上の都道府県の区域に所在する指定相談支援事業者　厚生労働大臣

3　前項の規定により届出をした指定相談支援事業者は、その届け出た事項に変更があったときは、厚生労働省令で定めるところにより、遅滞なく、その旨を当該届出をした厚生労働大臣、都道府県知事、指定都市若しくは中核市の長又は市町村長（以下この款において「厚生労働大臣等」という。）に届け出なければならない。

4　第二項の規定による届出をした指定相談支援事業者は、同項各号に掲げる区分の変更により、同項の規定により当該届出をした厚生労働大臣等以外の厚生労働大臣等に届出を行うときは、厚生労働省令で定めるところにより、その旨を当該届出をした厚生労働大臣等にも届け出なければならない。

5　厚生労働大臣等は、前三項の規定による届出が適正になされるよう、相互に密接な連携を図るものとする。

（報告等）

第五十一条の三十二　前条第二項の規定による届出を受けた厚生労働大臣等は、当該届出をした指定相談支援事業者（同条第四項の規定による届出を受けた厚生労働大臣等にあっては、同項の規定による届出をした指定相談支援事業者を除く。）における同条第一項の規定による業務管理体制の整備に関して必要があると認めるときは、当該指定相談支援事業者に対し、報告若しくは帳簿書類その他の物件の提出若しくは提示を命じ、当該指定相談支援事業者若しくは当該指定相談支援事業者の従業者に対し出頭を求め、又は当該職員に関係者に対して質問させ、若しくは当該指定相談支援事業者の当該指定に係る事業所、事務所その他の指定地域相談支援若しくは指定計画相談支援の提供に関係のある場所に立ち入り、その設備若しくは帳簿書類その他の物件を検査させることができる。

2　厚生労働大臣が前項の権限を行うときは当該指定一般相談支援事業者に係る指定を行った都道府県知事（以下この項及び次条第五項において「関係都道府県知事」という。）又は当該指定特定相談支援事業者に係る指定を行った市町村長（以下この項及び次条第五項において「関係市町村長」という。）と、都道府県知事が前項の権限を行うときは関係市町村長と、指定都市又は中核市の長が同項の権限を行うときは関係都道府県知事と密接な連携の下に行うものとする。

3　都道府県知事は、その行った又はその行おうとする指定に係る指定一般相談支援事業者における前条第一項の規定による業務管理体制の整備に関して必要があると認めるときは、厚生労働大臣又は指定都市若しくは中核市の長に対し、市町村長は、その行った又はその行おうとする指定に係る指定特定相談支援事業者における同項の規定による業務管理体制の整備に関して必要があると認めるときは、厚生労働大臣又は都道府県知事に対し、第一項の権限を行うよう求めることができる。

4　厚生労働大臣、都道府県知事又は指定都市若しくは中核市の長は、前項の規定による都道府

県知事又は市町村長の求めに応じて第一項の権限を行ったときは、厚生労働省令で定めるところにより、その結果を当該権限を行うよう求めた都道府県知事又は市町村長に通知しなければならない。

5　第九条第二項の規定は第一項の規定による質問又は検査について、同条第三項の規定は第一項の規定による権限について準用する。

（勧告、命令等）

第五十一条の三十三　第五十一条の三十一第二項の規定による届出を受けた厚生労働大臣等は、当該届出をした指定相談支援事業者（同条第四項の規定による届出を受けた厚生労働大臣等にあっては、同項の規定による届出をした指定相談支援事業者を除く。）が、同条第一項の厚生労働省令で定める基準に従って適正な業務管理体制の整備をしていないと認めるときは、当該指定相談支援事業者に対し、期限を定めて、当該厚生労働省令で定める基準に従って適正な業務管理体制を整備すべきことを勧告することができる。

2　厚生労働大臣等は、前項の規定による勧告をした場合において、その勧告を受けた指定相談支援事業者が、同項の期限内にこれに従わなかったときは、その旨を公表することができる。

3　厚生労働大臣等は、第一項の規定による勧告を受けた指定相談支援事業者が、正当な理由がなくてその勧告に係る措置をとらなかったときは、当該指定相談支援事業者に対し、期限を定めて、その勧告に係る措置をとるべきことを命ずることができる。

4　厚生労働大臣等は、前項の規定による命令をしたときは、その旨を公示しなければならない。

5　厚生労働大臣、都道府県知事又は指定都市若しくは中核市の長は、指定相談支援事業者が第三項の規定による命令に違反したときは、厚生労働省令で定めるところにより、当該違反の内容を関係都道府県知事又は関係市町村長に通知しなければならない。

第四節　自立支援医療費、療養介護医療費及び基準該当療養介護医療費の支給

（自立支援医療費の支給認定）

第五十二条　自立支援医療費の支給を受けようとする障害者又は障害児の保護者は、市町村等の自立支援医療費を支給する旨の認定（以下「支給認定」という。）を受けなければならない。

2　第十九条第二項の規定は市町村等が行う支給認定について、同条第三項から第五項までの規定は市町村が行う支給認定について準用する。この場合において、必要な技術的読替えは、政令で定める。

（申請）

第五十三条　支給認定を受けようとする障害者又は障害児の保護者は、厚生労働省令で定めるところにより、市町村等に申請をしなければならない。

2　前項の申請は、都道府県が支給認定を行う場合には、政令で定めるところにより、当該障害者又は障害児の保護者の居住地の市町村（障害者又は障害児の保護者が居住地を有しないか、又はその居住地が明らかでないときは、その障害者又は障害児の保護者の現在地の市町村）を経由して行うことができる。

（支給認定等）

第五十四条　市町村等は、前条第一項の申請に係る障害者等が、その心身の障害の状態からみて自立支援医療を受ける必要があり、かつ、当該障害者等又はその属する世帯の他の世帯員の所得の状況、治療状況その他の事情を勘案して政令で定める基準に該当する場合には、厚

生労働省令で定める自立支援医療の種類ごとに支給認定を行うものとする。ただし、当該障害者等が、自立支援医療のうち厚生労働省令で定める種類の医療を、戦傷病者特別援護法（昭和三十八年法律第百六十八号）又は心神喪失等の状態で重大な他害行為を行った者の医療及び観察等に関する法律（平成十五年法律第百十号）の規定により受けることができるときは、この限りでない。

2　市町村等は、支給認定をしたときは、厚生労働省令で定めるところにより、都道府県知事が指定する医療機関（以下「指定自立支援医療機関」という。）の中から、当該支給認定に係る障害者等が自立支援医療を受けるものを定めるものとする。

3　市町村等は、支給認定をしたときは、支給認定を受けた障害者又は障害児の保護者（以下「支給認定障害者等」という。）に対し、厚生労働省令で定めるところにより、次条に規定する支給認定の有効期間、前項の規定により定められた指定自立支援医療機関の名称その他の厚生労働省令で定める事項を記載した自立支援医療受給者証（以下「医療受給者証」という。）を交付しなければならない。

（支給認定の有効期間）

第五十五条　支給認定は、厚生労働省令で定める期間（以下「支給認定の有効期間」という。）内に限り、その効力を有する。

（支給認定の変更）

第五十六条　支給認定障害者等は、現に受けている支給認定に係る第五十四条第二項の規定により定められた指定自立支援医療機関その他の厚生労働省令で定める事項について変更の必要があるときは、厚生労働省令で定めるところにより、市町村等に対し、支給認定の変更の申請をすることができる。

2　市町村等は、前項の申請又は職権により、支給認定障害者等につき、同項の厚生労働省令で定める事項について変更の必要があると認めるときは、厚生労働省令で定めるところにより、支給認定の変更の認定を行うことができる。この場合において、市町村等は、当該支給認定障害者等に対し医療受給者証の提出を求めるものとする。

3　第十九条第二項の規定は市町村等が行う前項の支給認定の変更の認定について、同条第三項から第五項までの規定は市町村が行う前項の支給認定の変更の認定について準用する。この場合において、必要な技術的読替えは、政令で定める。

4　市町村等は、第二項の支給認定の変更の認定を行った場合には、医療受給者証に当該認定に係る事項を記載し、これを返還するものとする。

（支給認定の取消し）

第五十七条　支給認定を行った市町村等は、次に掲げる場合には、当該支給認定を取り消すことができる。

一　支給認定に係る障害者等が、その心身の障害の状態からみて自立支援医療を受ける必要がなくなったと認めるとき。

二　支給認定障害者等が、支給認定の有効期間内に、当該市町村等以外の市町村等の区域内に居住地を有するに至ったと認めるとき（支給認定に係る障害者が特定施設に入所することにより当該市町村以外の市町村の区域内に居住地を有するに至ったと認めるときを除く。）。

三　支給認定に係る障害者等が、正当な理由なしに第九条第一項の規定による命令に応じないとき。

四　その他政令で定めるとき。

2　前項の規定により支給認定の取消しを行った市町村等は、厚生労働省令で定めるところにより、当該取消しに係る支給認定障害者等に対し医療受給者証の返還を求めるものとする。

（自立支援医療費の支給）
第五十八条　市町村等は、支給認定に係る障害者等が、支給認定の有効期間内において、第五十四条第二項の規定により定められた指定自立支援医療機関から当該指定に係る自立支援医療（以下「指定自立支援医療」という。）を受けたときは、厚生労働省令で定めるところにより、当該支給認定障害者等に対し、当該指定自立支援医療に要した費用について、自立支援医療費を支給する。
2　指定自立支援医療を受けようとする支給認定障害者等は、厚生労働省令で定めるところにより、指定自立支援医療機関に医療受給者証を提示して当該指定自立支援医療を受けるものとする。ただし、緊急の場合その他やむを得ない事由のある場合については、この限りでない。
3　自立支援医療費の額は、一月につき、第一号に掲げる額（当該指定自立支援医療に食事療養（健康保険法第六十三条第二項第一号に規定する食事療養をいう。以下この項において同じ。）が含まれるときは、当該額及び第二号に掲げる額の合算額、当該指定自立支援医療に生活療養（同条第二項第二号に規定する生活療養をいう。以下この項において同じ。）が含まれるときは、当該額及び第三号に掲げる額の合算額）とする。
　一　同一の月に受けた指定自立支援医療（食事療養及び生活療養を除く。）につき健康保険の療養に要する費用の額の算定方法の例により算定した額から、当該支給認定障害者等の家計の負担能力、障害の状態その他の事情をしん酌して政令で定める額（当該政令で定める額が当該算定した額の百分の十に相当する額を超えるときは、当該相当する額）を控除して得た額
　二　当該指定自立支援医療（食事療養に限る。）につき健康保険の療養に要する費用の額の算定方法の例により算定した額から、健康保険法第八十五条第二項に規定する食事療養標準負担額、支給認定障害者等の所得の状況その他の事情を勘案して厚生労働大臣が定める額を控除した額
　三　当該指定自立支援医療（生活療養に限る。）につき健康保険の療養に要する費用の額の算定方法の例により算定した額から、健康保険法第八十五条の二第二項に規定する生活療養標準負担額、支給認定障害者等の所得の状況その他の事情を勘案して厚生労働大臣が定める額を控除した額
4　前項に規定する療養に要する費用の額の算定方法の例によることができないとき、及びこれによることを適当としないときの自立支援医療に要する費用の額の算定方法は、厚生労働大臣の定めるところによる。
5　支給認定に係る障害者等が指定自立支援医療機関から指定自立支援医療を受けたときは、市町村等は、当該支給認定障害者等が当該指定自立支援医療機関に支払うべき当該指定自立支援医療に要した費用について、自立支援医療費として当該支給認定障害者等に支給すべき額の限度において、当該支給認定障害者等に代わり、当該指定自立支援医療機関に支払うことができる。
6　前項の規定による支払があったときは、支給認定障害者等に対し自立支援医療費の支給があったものとみなす。

（指定自立支援医療機関の指定）
第五十九条　第五十四条第二項の指定は、厚生労働省令で定めるところにより、病院若しくは診療所（これらに準ずるものとして政令で定めるものを含む。以下同じ。）又は薬局の開設者

の申請により、同条第一項の厚生労働省令で定める自立支援医療の種類ごとに行う。

2　都道府県知事は、前項の申請があった場合において、次の各号のいずれかに該当するときは、指定自立支援医療機関の指定をしないことができる。

　一　当該申請に係る病院若しくは診療所又は薬局が、健康保険法第六十三条第三項第一号に規定する保険医療機関若しくは保険薬局又は厚生労働省令で定める事業所若しくは施設でないとき。

　二　当該申請に係る病院若しくは診療所若しくは薬局又は申請者が、自立支援医療費の支給に関し診療又は調剤の内容の適切さを欠くおそれがあるとして重ねて第六十三条の規定による指導又は第六十七条第一項の規定による勧告を受けたものであるとき。

　三　申請者が、第六十七条第三項の規定による命令に従わないものであるとき。

　四　前三号のほか、当該申請に係る病院若しくは診療所又は薬局が、指定自立支援医療機関として著しく不適当と認めるものであるとき。

3　第三十六条第三項（第一号から第三号まで及び第七号を除く。）の規定は、指定自立支援医療機関の指定について準用する。この場合において、必要な技術的読替えは、政令で定める。

（指定の更新）

第六十条　第五十四条第二項の指定は、六年ごとにその更新を受けなければ、その期間の経過によって、その効力を失う。

2　健康保険法第六十八条第二項の規定は、前項の指定の更新について準用する。この場合において、必要な技術的読替えは、政令で定める。

（指定自立支援医療機関の責務）

第六十一条　指定自立支援医療機関は、厚生労働省令で定めるところにより、良質かつ適切な自立支援医療を行わなければならない。

（診療方針）

第六十二条　指定自立支援医療機関の診療方針は、健康保険の診療方針の例による。

2　前項に規定する診療方針によることができないとき、及びこれによることを適当としないときの診療方針は、厚生労働大臣が定めるところによる。

（都道府県知事の指導）

第六十三条　指定自立支援医療機関は、自立支援医療の実施に関し、都道府県知事の指導を受けなければならない。

（変更の届出）

第六十四条　指定自立支援医療機関は、当該指定に係る医療機関の名称及び所在地その他厚生労働省令で定める事項に変更があったときは、厚生労働省令で定めるところにより、その旨を都道府県知事に届け出なければならない。

（指定の辞退）

第六十五条　指定自立支援医療機関は、一月以上の予告期間を設けて、その指定を辞退することができる。

（報告等）

第六十六条　都道府県知事は、自立支援医療の実施に関して必要があると認めるときは、指定自立支援医療機関若しくは指定自立支援医療機関の開設者若しくは管理者、医師、薬剤師その他の従業者であった者（以下この項において「開設者であった者等」という。）に対し報告若しくは診療録、帳簿書類その他の物件の提出若しくは提示を命じ、指定自立支援医療機関の開設者若しくは管理者、医師、薬剤師その他の従業者（開設者であった者等を含む。）に対し出頭を求め、又は当該職員に関係者に対して質問させ、若しくは指定自立支援医療機関について設備若しくは診療録、帳簿書類その他の物件を検査させることができる。

2　第九条第二項の規定は前項の規定による質問又は検査について、同条第三項の規定は前項の規定による権限について準用する。

3　指定自立支援医療機関が、正当な理由がなく、第一項の規定による報告若しくは提出若しくは提示をせず、若しくは虚偽の報告をし、又は同項の規定による検査を拒み、妨げ、若しくは忌避したときは、都道府県知事は、当該指定自立支援医療機関に対する市町村等の自立支援医療費の支払を一時差し止めることを指示し、又は差し止めることができる。

（勧告、命令等）

第六十七条　都道府県知事は、指定自立支援医療機関が、第六十一条又は第六十二条の規定に従って良質かつ適切な自立支援医療を行っていないと認めるときは、当該指定自立支援医療機関の開設者に対し、期限を定めて、第六十一条又は第六十二条の規定を遵守すべきことを勧告することができる。

2　都道府県知事は、前項の規定による勧告をした場合において、その勧告を受けた指定自立支援医療機関の開設者が、同項の期限内にこれに従わなかったときは、その旨を公表することができる。

3　都道府県知事は、第一項の規定による勧告を受けた指定自立支援医療機関の開設者が、正当な理由がなくてその勧告に係る措置をとらなかったときは、当該指定自立支援医療機関の開設者に対し、期限を定めて、その勧告に係る措置をとるべきことを命ずることができる。

4　都道府県知事は、前項の規定による命令をしたときは、その旨を公示しなければならない。

5　市町村は、指定自立支援医療を行った指定自立支援医療機関の開設者について、第六十一条又は第六十二条の規定に従って良質かつ適切な自立支援医療を行っていないと認めるときは、その旨を当該指定に係る医療機関の所在地の都道府県知事に通知しなければならない。

（指定の取消し等）

第六十八条　都道府県知事は、次の各号のいずれかに該当する場合においては、当該指定自立支援医療機関に係る第五十四条第二項の指定を取り消し、又は期間を定めてその指定の全部若しくは一部の効力を停止することができる。

　一　指定自立支援医療機関が、第五十九条第二項各号のいずれかに該当するに至ったとき。

　二　指定自立支援医療機関が、第五十九条第三項の規定により準用する第三十六条第三項第四号から第五号の二まで、第十二号又は第十三号のいずれかに該当するに至ったとき。

　三　指定自立支援医療機関が、第六十一条又は第六十二条の規定に違反したとき。

　四　自立支援医療費の請求に関し不正があったとき。

　五　指定自立支援医療機関が、第六十六条第一項の規定により報告若しくは診療録、帳簿書類その他の物件の提出若しくは提示を命ぜられてこれに従わず、又は虚偽の報告をしたとき。

　六　指定自立支援医療機関の開設者又は従業者が、第六十六条第一項の規定により出頭を求められてこれに応ぜず、同項の規定による質問に対して答弁せず、若しくは虚偽の答弁をし、

又は同項の規定による検査を拒み、妨げ、若しくは忌避したとき。ただし、当該指定自立支援医療機関の従業者がその行為をした場合において、その行為を防止するため、当該指定自立支援医療機関の開設者が相当の注意及び監督を尽くしたときを除く。

2　第五十条第一項第八号から第十二号まで及び第二項の規定は、前項の指定自立支援医療機関の指定の取消し又は効力の停止について準用する。この場合において、必要な技術的読替えは、政令で定める。

（公示）

第六十九条　都道府県知事は、次に掲げる場合には、その旨を公示しなければならない。

　　一　第五十四条第二項の指定自立支援医療機関の指定をしたとき。

　　二　第六十四条の規定による届出（同条の厚生労働省令で定める事項の変更に係るものを除く。）があったとき。

　　三　第六十五条の規定による指定自立支援医療機関の指定の辞退があったとき。

　　四　前条の規定により指定自立支援医療機関の指定を取り消したとき。

（療養介護医療費の支給）

第七十条　市町村は、介護給付費（療養介護に係るものに限る。）に係る支給決定を受けた障害者が、支給決定の有効期間内において、指定障害福祉サービス事業者等から当該指定に係る療養介護医療を受けたときは、厚生労働省令で定めるところにより、当該支給決定に係る障害者に対し、当該療養介護医療に要した費用について、療養介護医療費を支給する。

2　第五十八条第三項から第六項までの規定は、療養介護医療費について準用する。この場合において、必要な技術的読替えは、政令で定める。

（基準該当療養介護医療費の支給）

第七十一条　市町村は、特例介護給付費（療養介護に係るものに限る。）に係る支給決定を受けた障害者が、基準該当事業所又は基準該当施設から当該療養介護医療（以下「基準該当療養介護医療」という。）を受けたときは、厚生労働省令で定めるところにより、当該支給決定に係る障害者に対し、当該基準該当療養介護医療に要した費用について、基準該当療養介護医療費を支給する。

2　第五十八条第三項及び第四項の規定は、基準該当療養介護医療費について準用する。この場合において、必要な技術的読替えは、政令で定める。

（準用）

第七十二条　第六十一条及び第六十二条の規定は、療養介護医療を行う指定障害福祉サービス事業者等又は基準該当療養介護医療を行う基準該当事業所若しくは基準該当施設について準用する。

（自立支援医療費等の審査及び支払）

第七十三条　都道府県知事は、指定自立支援医療機関、療養介護医療を行う指定障害福祉サービス事業者等又は基準該当療養介護医療を行う基準該当事業所若しくは基準該当施設（以下この条において「公費負担医療機関」という。）の診療内容並びに自立支援医療費、療養介護医療費及び基準該当療養介護医療費（以下この条及び第七十五条において「自立支援医療費等」という。）の請求を随時審査し、かつ、公費負担医療機関が第五十八条第五項（第七十条第二項において準用する場合を含む。）の規定によって請求することができる自立支援医療費等の

額を決定することができる。

2　公費負担医療機関は、都道府県知事が行う前項の決定に従わなければならない。

3　都道府県知事は、第一項の規定により公費負担医療機関が請求することができる自立支援医療費等の額を決定するに当たっては、社会保険診療報酬支払基金法（昭和二十三年法律第百二十九号）に定める審査委員会、国民健康保険法に定める国民健康保険診療報酬審査委員会その他政令で定める医療に関する審査機関の意見を聴かなければならない。

4　市町村等は、公費負担医療機関に対する自立支援医療費等の支払に関する事務を社会保険診療報酬支払基金、連合会その他厚生労働省令で定める者に委託することができる。

5　前各項に定めるもののほか、自立支援医療費等の請求に関し必要な事項は、厚生労働省令で定める。

6　第一項の規定による自立支援医療費等の額の決定については、審査請求をすることができない。

（都道府県による援助等）

第七十四条　市町村は、支給認定又は自立支援医療費を支給しない旨の認定を行うに当たって必要があると認めるときは、厚生労働省令で定めるところにより、身体障害者更生相談所その他厚生労働省令で定める機関の意見を聴くことができる。

2　都道府県は、市町村の求めに応じ、市町村が行うこの節の規定による業務に関し、その設置する身体障害者更生相談所その他厚生労働省令で定める機関による技術的事項についての協力その他市町村に対する必要な援助を行うものとする。

（政令への委任）

第七十五条　この節に定めるもののほか、支給認定、医療受給者証、支給認定の変更の認定及び支給認定の取消しその他自立支援医療費等に関し必要な事項は、政令で定める。

第五節　補装具費の支給

第七十六条　市町村は、障害者又は障害児の保護者から申請があった場合において、当該申請に係る障害者等の障害の状態からみて、当該障害者等が補装具の購入、借受け又は修理（以下この条及び次条において「購入等」という。）を必要とする者であると認めるとき（補装具の借受けにあっては、補装具の借受けによることが適当である場合として厚生労働省令で定める場合に限る。）は、当該障害者又は障害児の保護者（以下この条において「補装具費支給対象障害者等」という。）に対し、当該補装具の購入等に要した費用について、補装具費を支給する。ただし、当該申請に係る障害者等又はその属する世帯の他の世帯員のうち政令で定める者の所得が政令で定める基準以上であるときは、この限りでない。

2　補装具費の額は、一月につき、同一の月に購入等をした補装具について、補装具の購入等に通常要する費用の額を勘案して厚生労働大臣が定める基準により算定した費用の額（その額が現に当該補装具の購入等に要した費用の額を超えるときは、当該現に補装具の購入等に要した費用の額。以下この項において「基準額」という。）を合計した額から、当該補装具費支給対象障害者等の家計の負担能力その他の事情をしん酌して政令で定める額（当該政令で定める額が基準額を合計した額の百分の十に相当する額を超えるときは、当該相当する額）を控除して得た額とする。

3　市町村は、補装具費の支給に当たって必要があると認めるときは、厚生労働省令で定めるところにより、身体障害者更生相談所その他厚生労働省令で定める機関の意見を聴くことがで

きる。

4 第十九条第二項から第五項までの規定は、補装具費の支給に係る市町村の認定について準用する。この場合において、必要な技術的読替えは、政令で定める。

5 厚生労働大臣は、第二項の規定により厚生労働大臣の定める基準を適正なものとするため、必要な調査を行うことができる。

6 前各項に定めるもののほか、補装具費の支給に関し必要な事項は、厚生労働省令で定める。

第六節　高額障害福祉サービス等給付費の支給

第七十六条の二　市町村は、次に掲げる者が受けた障害福祉サービス及び介護保険法第二十四条第二項に規定する介護給付等対象サービスのうち政令で定めるもの並びに補装具の購入等に要した費用の合計額（それぞれ厚生労働大臣が定める基準により算定した費用の額（その額が現に要した費用の額を超えるときは、当該現に要した額）の合計額を限度とする。）から当該費用につき支給された介護給付費等及び同法第二十条に規定する介護給付等のうち政令で定めるもの並びに補装具費の合計額を控除して得た額が、著しく高額であるときは、当該者に対し、高額障害福祉サービス等給付費を支給する。

一　支給決定障害者等

二　六十五歳に達する前に長期間にわたり障害福祉サービス（介護保険法第二十四条第二項に規定する介護給付等対象サービスに相当するものとして政令で定めるものに限る。）に係る支給決定を受けていた障害者であって、同項に規定する介護給付等対象サービス（障害福祉サービスに相当するものとして政令で定めるものに限る。）を受けているもの（支給決定を受けていない者に限る。）のうち、当該障害者の所得の状況及び障害の程度その他の事情を勘案して政令で定めるもの

2 前項に定めるもののほか、高額障害福祉サービス等給付費の支給要件、支給額その他高額障害福祉サービス等給付費の支給に関し必要な事項は、障害福祉サービス及び補装具の購入等に要する費用の負担の家計に与える影響を考慮して、政令で定める。

第七節　情報公表対象サービス等の利用に資する情報の報告及び公表

第七十六条の三　指定障害福祉サービス事業者、指定一般相談支援事業者及び指定特定相談支援事業者並びに指定障害者支援施設等の設置者（以下この条において「対象事業者」という。）は、指定障害福祉サービス等、指定地域相談支援又は指定計画相談支援（以下この条において「情報公表対象サービス等」という。）の提供を開始しようとするとき、その他厚生労働省令で定めるときは、厚生労働省令で定めるところにより、情報公表対象サービス等情報（その提供する情報公表対象サービス等の内容及び情報公表対象サービス等を提供する事業者又は施設の運営状況に関する情報であって、情報公表対象サービス等を利用し、又は利用しようとする障害者等が適切かつ円滑に当該情報公表対象サービス等を利用する機会を確保するために公表されることが適当なものとして厚生労働省令で定めるものをいう。第八項において同じ。）を、当該情報公表対象サービス等を提供する事業所又は施設の所在地を管轄する都道府県知事に報告しなければならない。

2 都道府県知事は、前項の規定による報告を受けた後、厚生労働省令で定めるところにより、当該報告の内容を公表しなければならない。

3 都道府県知事は、前項の規定による公表を行うため必要があると認めるときは、第一項の規定による報告が真正であることを確認するのに必要な限度において、当該報告をした対象事

業者に対し、当該報告の内容について、調査を行うことができる。

4　都道府県知事は、対象事業者が第一項の規定による報告をせず、若しくは虚偽の報告をし、又は前項の規定による調査を受けず、若しくは調査を妨げたときは、期間を定めて、当該対象事業者に対し、その報告を行い、若しくはその報告の内容を是正し、又はその調査を受けることを命ずることができる。

5　都道府県知事は、指定特定相談支援事業者に対して前項の規定による処分をしたときは、遅滞なく、その旨をその指定をした市町村長に通知しなければならない。

6　都道府県知事は、指定障害福祉サービス事業者若しくは指定一般相談支援事業者又は指定障害者支援施設の設置者が第四項の規定による命令に従わないときは、当該指定障害福祉サービス事業者、指定一般相談支援事業者又は指定障害者支援施設の指定を取り消し、又は期間を定めてその指定の全部若しくは一部の効力を停止することができる。

7　都道府県知事は、指定特定相談支援事業者が第四項の規定による命令に従わない場合において、当該指定特定相談支援事業者の指定を取り消し、又は期間を定めてその指定の全部若しくは一部の効力を停止することが適当であると認めるときは、理由を付して、その旨をその指定をした市町村長に通知しなければならない。

8　都道府県知事は、情報公表対象サービス等を利用し、又は利用しようとする障害者等が適切かつ円滑に当該情報公表対象サービス等を利用する機会の確保に資するため、情報公表対象サービス等の質及び情報公表対象サービス等に従事する従業者に関する情報（情報公表対象サービス等情報に該当するものを除く。）であって厚生労働省令で定めるものの提供を希望する対象事業者から提供を受けた当該情報について、公表を行うよう配慮するものとする。

第三章　地域生活支援事業

（市町村の地域生活支援事業）

第七十七条　市町村は、厚生労働省令で定めるところにより、地域生活支援事業として、次に掲げる事業を行うものとする。

　一　障害者等の自立した日常生活及び社会生活に関する理解を深めるための研修及び啓発を行う事業

　二　障害者等、障害者等の家族、地域住民等により自発的に行われる障害者等が自立した日常生活及び社会生活を営むことができるようにするための活動に対する支援を行う事業

　三　障害者等が障害福祉サービスその他のサービスを利用しつつ、自立した日常生活又は社会生活を営むことができるよう、地域の障害者等の福祉に関する各般の問題につき、障害者等、障害児の保護者又は障害者等の介護を行う者からの相談に応じ、必要な情報の提供及び助言その他の厚生労働省令で定める便宜を供与するとともに、障害者等に対する虐待の防止及びその早期発見のための関係機関との連絡調整その他の障害者等の権利の擁護のために必要な援助を行う事業（次号に掲げるものを除く。）

　四　障害福祉サービスの利用の観点から成年後見制度を利用することが有用であると認められる障害者で成年後見制度の利用に要する費用について補助を受けなければ成年後見制度の利用が困難であると認められるものにつき、当該費用のうち厚生労働省令で定める費用を支給する事業

　五　障害者に係る民法（明治二十九年法律第八十九号）に規定する後見、保佐及び補助の業務を適正に行うことができる人材の育成及び活用を図るための研修を行う事業

　六　聴覚、言語機能、音声機能その他の障害のため意思疎通を図ることに支障がある障害者等その他の日常生活を営むのに支障がある障害者等につき、意思疎通支援（手話その他厚生

労働省令で定める方法により当該障害者等とその他の者の意思疎通を支援することをいう。以下同じ。）を行う者の派遣、日常生活上の便宜を図るための用具であって厚生労働大臣が定めるものの給付又は貸与その他の厚生労働省令で定める便宜を供与する事業

七　意思疎通支援を行う者を養成する事業

八　移動支援事業

九　障害者等につき、地域活動支援センターその他の厚生労働省令で定める施設に通わせ、創作的活動又は生産活動の機会の提供、社会との交流の促進その他の厚生労働省令で定める便宜を供与する事業

2　都道府県は、市町村の地域生活支援事業の実施体制の整備の状況その他の地域の実情を勘案して、関係市町村の意見を聴いて、当該市町村に代わって前項各号に掲げる事業の一部を行うことができる。

3　市町村は、第一項各号に掲げる事業のほか、現に住居を求めている障害者につき低額な料金で福祉ホームその他の施設において当該施設の居室その他の設備を利用させ、日常生活に必要な便宜を供与する事業その他の障害者等が自立した日常生活又は社会生活を営むために必要な事業を行うことができる。

（基幹相談支援センター）

第七十七条の二　基幹相談支援センターは、地域における相談支援の中核的な役割を担う機関として、前条第一項第三号及び第四号に掲げる事業並びに身体障害者福祉法第九条第五項第二号及び第三号、知的障害者福祉法第九条第五項第二号及び第三号並びに精神保健及び精神障害者福祉に関する法律第四十九条第一項に規定する業務を総合的に行うことを目的とする施設とする。

2　市町村は、基幹相談支援センターを設置することができる。

3　市町村は、一般相談支援事業を行う者その他の厚生労働省令で定める者に対し、第一項の事業及び業務の実施を委託することができる。

4　前項の委託を受けた者は、第一項の事業及び業務を実施するため、厚生労働省令で定めるところにより、あらかじめ、厚生労働省令で定める事項を市町村長に届け出て、基幹相談支援センターを設置することができる。

5　基幹相談支援センターを設置する者は、第一項の事業及び業務の効果的な実施のために、指定障害福祉サービス事業者等、医療機関、民生委員法（昭和二十三年法律第百九十八号）に定める民生委員、身体障害者福祉法第十二条の三第一項又は第二項の規定により委託を受けた身体障害者相談員、知的障害者福祉法第十五条の二第一項又は第二項の規定により委託を受けた知的障害者相談員、意思疎通支援を行う者を養成し、又は派遣する事業の関係者その他の関係者との連携に努めなければならない。

6　第三項の規定により委託を受けて第一項の事業及び業務を実施するため基幹相談支援センターを設置する者（その者が法人である場合にあっては、その役員）若しくはその職員又はこれらの職にあった者は、正当な理由なしに、その業務に関して知り得た秘密を漏らしてはならない。

（都道府県の地域生活支援事業）

第七十八条　都道府県は、厚生労働省令で定めるところにより、地域生活支援事業として、第七十七条第一項第三号、第六号及び第七号に掲げる事業のうち、特に専門性の高い相談支援に係る事業及び特に専門性の高い意思疎通支援を行う者を養成し、又は派遣する事業、意思疎通支援を行う者の派遣に係る市町村相互間の連絡調整その他の広域的な対応が必要な事業

として厚生労働省令で定める事業を行うものとする。

2　都道府県は、前項に定めるもののほか、障害福祉サービス又は相談支援の質の向上のために障害福祉サービス若しくは相談支援を提供する者又はこれらの者に対し必要な指導を行う者を育成する事業その他障害者等が自立した日常生活又は社会生活を営むために必要な事業を行うことができる。

第四章　事業及び施設

（事業の開始等）
第七十九条　都道府県は、次に掲げる事業を行うことができる。
　一　障害福祉サービス事業
　二　一般相談支援事業及び特定相談支援事業三　移動支援事業
　四　地域活動支援センターを経営する事業
　五　福祉ホームを経営する事業
2　国及び都道府県以外の者は、厚生労働省令で定めるところにより、あらかじめ、厚生労働省令で定める事項を都道府県知事に届け出て、前項各号に掲げる事業を行うことができる。
3　前項の規定による届出をした者は、厚生労働省令で定める事項に変更が生じたときは、変更の日から一月以内に、その旨を都道府県知事に届け出なければならない。
4　国及び都道府県以外の者は、第一項各号に掲げる事業を廃止し、又は休止しようとするときは、あらかじめ、厚生労働省令で定める事項を都道府県知事に届け出なければならない。

（障害福祉サービス事業、地域活動支援センター及び福祉ホームの基準）
第八十条　都道府県は、障害福祉サービス事業（施設を必要とするものに限る。以下この条及び第八十二条第二項において同じ。）、地域活動支援センター及び福祉ホームの設備及び運営について、条例で基準を定めなければならない。
2　都道府県が前項の条例を定めるに当たっては、第一号から第三号までに掲げる事項については厚生労働省令で定める基準に従い定めるものとし、第四号に掲げる事項については厚生労働省令で定める基準を標準として定めるものとし、その他の事項については厚生労働省令で定める基準を参酌するものとする。
　一　障害福祉サービス事業に従事する従業者及びその員数並びに地域活動支援センター及び福祉ホームに配置する従業者及びその員数
　二　障害福祉サービス事業に係る居室及び病室の床面積並びに福祉ホームに係る居室の床面積
　三　障害福祉サービス事業の運営に関する事項であって、障害者の適切な処遇及び安全の確保並びに秘密の保持に密接に関連するものとして厚生労働省令で定めるもの並びに地域活動支援センター及び福祉ホームの運営に関する事項であって、障害者等の安全の確保及び秘密の保持に密接に関連するものとして厚生労働省令で定めるもの
　四　障害福祉サービス事業、地域活動支援センター及び福祉ホームに係る利用定員
3　第一項の障害福祉サービス事業を行う者並びに地域活動支援センター及び福祉ホームの設置者は、同項の基準を遵守しなければならない。

（報告の徴収等）
第八十一条　都道府県知事は、障害者等の福祉のために必要があると認めるときは、障害福祉サービス事業、一般相談支援事業、特定相談支援事業若しくは移動支援事業を行う者若しく

は地域活動支援センター若しくは福祉ホームの設置者に対して、報告若しくは帳簿書類その他の物件の提出若しくは提示を求め、又は当該職員に関係者に対して質問させ、若しくはその事業所若しくは施設に立ち入り、その設備若しくは帳簿書類その他の物件を検査させることができる。

2　第九条第二項の規定は前項の規定による質問又は検査について、同条第三項の規定は前項の規定による権限について準用する。

（事業の停止等）

第八十二条　都道府県知事は、障害福祉サービス事業、一般相談支援事業、特定相談支援事業又は移動支援事業を行う者が、この章の規定若しくは当該規定に基づく命令若しくはこれらに基づいてする処分に違反したとき、その事業に関し不当に営利を図り、若しくはその事業に係る者の処遇につき不当な行為をしたとき、又は身体障害者福祉法第十八条の二、知的障害者福祉法第二十一条若しくは児童福祉法第二十一条の七の規定に違反したときは、その事業を行う者に対して、その事業の制限又は停止を命ずることができる。

2　都道府県知事は、障害福祉サービス事業を行う者又は地域活動支援センター若しくは福祉ホームの設置者が、この章の規定若しくは当該規定に基づく命令若しくはこれらに基づいてする処分に違反したとき、当該障害福祉サービス事業、地域活動支援センター若しくは福祉ホームが第八十条第一項の基準に適合しなくなったとき、又は身体障害者福祉法第十八条の二、知的障害者福祉法第二十一条若しくは児童福祉法第二十一条の七の規定に違反したときは、その事業を行う者又はその設置者に対して、その施設の設備若しくは運営の改善又はその事業の停止若しくは廃止を命ずることができる。

（施設の設置等）

第八十三条　国は、障害者支援施設を設置しなければならない。

2　都道府県は、障害者支援施設を設置することができる。

3　市町村は、あらかじめ厚生労働省令で定める事項を都道府県知事に届け出て、障害者支援施設を設置することができる。

4　国、都道府県及び市町村以外の者は、社会福祉法（昭和二十六年法律第四十五号）の定めるところにより、障害者支援施設を設置することができる。

5　前各項に定めるもののほか、障害者支援施設の設置、廃止又は休止に関し必要な事項は、政令で定める。

（施設の基準）

第八十四条　都道府県は、障害者支援施設の設備及び運営について、条例で基準を定めなければならない。

2　都道府県が前項の条例を定めるに当たっては、第一号から第三号までに掲げる事項については厚生労働省令で定める基準に従い定めるものとし、第四号に掲げる事項については厚生労働省令で定める基準を標準として定めるものとし、その他の事項については厚生労働省令で定める基準を参酌するものとする。

　一　障害者支援施設に配置する従業者及びその員数

　二　障害者支援施設に係る居室の床面積

　三　障害者支援施設の運営に関する事項であって、障害者の適切な処遇及び安全の確保並びに秘密の保持に密接に関連するものとして厚生労働省令で定めるもの

　四　障害者支援施設に係る利用定員

3 国、都道府県及び市町村以外の者が設置する障害者支援施設については、第一項の基準を社会福祉法第六十五条第一項の基準とみなして、同法第六十二条第四項、第六十五条第三項及び第七十一条の規定を適用する。

（報告の徴収等）
第八十五条 都道府県知事は、市町村が設置した障害者支援施設の運営を適切にさせるため、必要があると認めるときは、当該施設の長に対して、必要と認める事項の報告若しくは帳簿書類その他の物件の提出若しくは提示を求め、又は当該職員に関係者に対して質問させ、若しくはその施設に立ち入り、設備若しくは帳簿書類その他の物件を検査させることができる。
2 第九条第二項の規定は前項の規定による質問又は検査について、同条第三項の規定は前項の規定による権限について準用する。

（事業の停止等）
第八十六条 都道府県知事は、市町村が設置した障害者支援施設について、その設備又は運営が第八十四条第一項の基準に適合しなくなったと認め、又は法令の規定に違反すると認めるときは、その事業の停止又は廃止を命ずることができる。
2 都道府県知事は、前項の規定による処分をするには、文書をもって、その理由を示さなければならない。

第五章 障害福祉計画

（基本指針）
第八十七条 厚生労働大臣は、障害福祉サービス及び相談支援並びに市町村及び都道府県の地域生活支援事業の提供体制を整備し、自立支援給付及び地域生活支援事業の円滑な実施を確保するための基本的な指針（以下「基本指針」という。）を定めるものとする。
2 基本指針においては、次に掲げる事項を定めるものとする。
一 障害福祉サービス及び相談支援の提供体制の確保に関する基本的事項
二 障害福祉サービス、相談支援並びに市町村及び都道府県の地域生活支援事業の提供体制の確保に係る目標に関する事項
三 次条第一項に規定する市町村障害福祉計画及び第八十九条第一項に規定する都道府県障害福祉計画の作成に関する事項
四 その他自立支援給付及び地域生活支援事業の円滑な実施を確保するために必要な事項
3 基本指針は、児童福祉法第三十三条の十九第一項に規定する基本指針と一体のものとして作成することができる。
4 厚生労働大臣は、基本指針の案を作成し、又は基本指針を変更しようとするときは、あらかじめ、障害者等及びその家族その他の関係者の意見を反映させるために必要な措置を講ずるものとする。
5 厚生労働大臣は、障害者等の生活の実態、障害者等を取り巻く環境の変化その他の事情を勘案して必要があると認めるときは、速やかに基本指針を変更するものとする。
6 厚生労働大臣は、基本指針を定め、又はこれを変更したときは、遅滞なく、これを公表しなければならない。

（市町村障害福祉計画）
第八十八条 市町村は、基本指針に即して、障害福祉サービスの提供体制の確保その他この法

律に基づく業務の円滑な実施に関する計画（以下「市町村障害福祉計画」という。）を定めるものとする。

2　市町村障害福祉計画においては、次に掲げる事項を定めるものとする。

一　障害福祉サービス、相談支援及び地域生活支援事業の提供体制の確保に係る目標に関する事項

二　各年度における指定障害福祉サービス、指定地域相談支援又は指定計画相談支援の種類ごとの必要な量の見込み

三　地域生活支援事業の種類ごとの実施に関する事項

3　市町村障害福祉計画においては、前項各号に掲げるもののほか、次に掲げる事項について定めるよう努めるものとする。

一　前項第二号の指定障害福祉サービス、指定地域相談支援又は指定計画相談支援の種類ごとの必要な見込量の確保のための方策

二　前項第二号の指定障害福祉サービス、指定地域相談支援又は指定計画相談支援及び同項第三号の地域生活支援事業の提供体制の確保に係る医療機関、教育機関、公共職業安定所その他の職業リハビリテーションの措置を実施する機関その他の関係機関との連携に関する事項

4　市町村障害福祉計画は、当該市町村の区域における障害者等の数及びその障害の状況を勘案して作成されなければならない。

5　市町村は、当該市町村の区域における障害者等の心身の状況、その置かれている環境その他の事情を正確に把握した上で、これらの事情を勘案して、市町村障害福祉計画を作成するよう努めるものとする。

6　市町村障害福祉計画は、児童福祉法第三十三条の二十第一項に規定する市町村障害児福祉計画と一体のものとして作成することができる。

7　市町村障害福祉計画は、障害者基本法第十一条第三項に規定する市町村障害者計画、社会福祉法第百七条第一項に規定する市町村地域福祉計画その他の法律の規定による計画であって障害者等の福祉に関する事項を定めるものと調和が保たれたものでなければならない。

8　市町村は、市町村障害福祉計画を定め、又は変更しようとするときは、あらかじめ、住民の意見を反映させるために必要な措置を講ずるよう努めるものとする。

9　市町村は、第八十九条の三第一項に規定する協議会（以下この項及び第八十九条第七項において「協議会」という。）を設置したときは、市町村障害福祉計画を定め、又は変更しようとする場合において、あらかじめ、協議会の意見を聴くよう努めなければならない。

10　障害者基本法第三十六条第四項の合議制の機関を設置する市町村は、市町村障害福祉計画を定め、又は変更しようとするときは、あらかじめ、当該機関の意見を聴かなければならない。

11　市町村は、市町村障害福祉計画を定め、又は変更しようとするときは、第二項に規定する事項について、あらかじめ、都道府県の意見を聴かなければならない。

12　市町村は、市町村障害福祉計画を定め、又は変更したときは、遅滞なく、これを都道府県知事に提出しなければならない。

第八十八条の二　市町村は、定期的に、前条第二項各号に掲げる事項（市町村障害福祉計画に同条第三項各号に掲げる事項を定める場合にあっては、当該各号に掲げる事項を含む。）について、調査、分析及び評価を行い、必要があると認めるときは、当該市町村障害福祉計画を変更することその他の必要な措置を講ずるものとする。

（都道府県障害福祉計画）

第八十九条　都道府県は、基本指針に即して、市町村障害福祉計画の達成に資するため、各市町村を通ずる広域的な見地から、障害福祉サービスの提供体制の確保その他この法律に基づ

く業務の円滑な実施に関する計画（以下「都道府県障害福祉計画」という。）を定めるものとする。

2　都道府県障害福祉計画においては、次に掲げる事項を定めるものとする。

一　障害福祉サービス、相談支援及び地域生活支援事業の提供体制の確保に係る目標に関する事項

二　当該都道府県が定める区域ごとに当該区域における各年度の指定障害福祉サービス、指定地域相談支援又は指定計画相談支援の種類ごとの必要な量の見込み

三　各年度の指定障害者支援施設の必要入所定員総数

四　地域生活支援事業の種類ごとの実施に関する事項

3　都道府県障害福祉計画においては、前項各号に掲げる事項のほか、次に掲げる事項について定めるよう努めるものとする。

一　前項第二号の区域ごとの指定障害福祉サービス又は指定地域相談支援の種類ごとの必要な見込量の確保のための方策

二　前項第二号の区域ごとの指定障害福祉サービス、指定地域相談支援又は指定計画相談支援に従事する者の確保又は資質の向上のために講ずる措置に関する事項

三　指定障害者支援施設の施設障害福祉サービスの質の向上のために講ずる措置に関する事項

四　前項第二号の区域ごとの指定障害福祉サービス又は指定地域相談支援及び同項第四号の地域生活支援事業の提供体制の確保に係る医療機関、教育機関、公共職業安定所その他の職業リハビリテーションの措置を実施する機関その他の関係機関との連携に関する事項

4　都道府県障害福祉計画は、児童福祉法第三十三条の二十二第一項に規定する都道府県障害児福祉計画と一体のものとして作成することができる。

5　都道府県障害福祉計画は、障害者基本法第十一条第二項に規定する都道府県障害者計画、社会福祉法第百八条第一項に規定する都道府県地域福祉支援計画その他の法律の規定による計画であって障害者等の福祉に関する事項を定めるものと調和が保たれたものでなければならない。

6　都道府県障害福祉計画は、医療法（昭和二十三年法律第二百五号）第三十条の四第一項に規定する医療計画と相まって、精神科病院に入院している精神障害者の退院の促進に資するものでなければならない。

7　都道府県は、協議会を設置したときは、都道府県障害福祉計画を定め、又は変更しようとする場合において、あらかじめ、協議会の意見を聴くよう努めなければならない。

8　都道府県は、都道府県障害福祉計画を定め、又は変更しようとするときは、あらかじめ、障害者基本法第三十六条第一項の合議制の機関の意見を聴かなければならない。

9　都道府県は、都道府県障害福祉計画を定め、又は変更したときは、遅滞なく、これを厚生労働大臣に提出しなければならない。

第八十九条の二　都道府県は、定期的に、前条第二項各号に掲げる事項（都道府県障害福祉計画に同条第三項各号に掲げる事項を定める場合にあっては、当該各号に掲げる事項を含む。）について、調査、分析及び評価を行い、必要があると認めるときは、当該都道府県障害福祉計画を変更することその他の必要な措置を講ずるものとする。

（協議会の設置）

第八十九条の三　地方公共団体は、単独で又は共同して、障害者等への支援の体制の整備を図るため、関係機関、関係団体並びに障害者等及びその家族並びに障害者等の福祉、医療、教育又は雇用に関連する職務に従事する者その他の関係者（次項において「関係機関等」という。）

資料

により構成される協議会を置くように努めなければならない。

2　前項の協議会は、関係機関等が相互の連絡を図ることにより、地域における障害者等への支援体制に関する課題について情報を共有し、関係機関等の連携の緊密化を図るとともに、地域の実情に応じた体制の整備について協議を行うものとする。

（都道府県知事の助言等）

第九十条　都道府県知事は、市町村に対し、市町村障害福祉計画の作成上の技術的事項について必要な助言をすることができる。

2　厚生労働大臣は、都道府県に対し、都道府県障害福祉計画の作成の手法その他都道府県障害福祉計画の作成上の重要な技術的事項について必要な助言をすることができる。

（国の援助）

第九十一条　国は、市町村又は都道府県が、市町村障害福祉計画又は都道府県障害福祉計画に定められた事業を実施しようとするときは、当該事業が円滑に実施されるように必要な助言その他の援助の実施に努めるものとする。

第六章　費用

（市町村の支弁）

第九十二条　次に掲げる費用は、市町村の支弁とする。

一　介護給付費等、特定障害者特別給付費及び特例特定障害者特別給付費（以下「障害福祉サービス費等」という。）の支給に要する費用

二　地域相談支援給付費、特例地域相談支援給付費、計画相談支援給付費及び特例計画相談支援給付費（第九十四条第一項において「相談支援給付費等」という。）の支給に要する費用

三　自立支援医療費（第八条第一項の政令で定める医療に係るものを除く。）、療養介護医療費及び基準該当療養介護医療費の支給に要する費用

四　補装具費の支給に要する費用

五　高額障害福祉サービス等給付費の支給に要する費用

六　市町村が行う地域生活支援事業に要する費用

（都道府県の支弁）

第九十三条　次に掲げる費用は、都道府県の支弁とする。

一　自立支援医療費（第八条第一項の政令で定める医療に係るものに限る。）の支給に要する費用

二　都道府県が行う地域生活支援事業に要する費用

（都道府県の負担及び補助）

第九十四条　都道府県は、政令で定めるところにより、第九十二条の規定により市町村が支弁する費用について、次に掲げるものを負担する。

一　第九十二条第一号、第二号及び第五号に掲げる費用のうち、国及び都道府県が負担すべきものとして当該市町村における障害福祉サービス費等及び高額障害福祉サービス等給付費の支給に係る障害者等の障害支援区分ごとの人数、相談支援給付費等の支給に係る障害者等の人数その他の事情を勘案して政令で定めるところにより算定した額（以下「障害福祉サービス費等負担対象額」という。）の百分の二十五

　二　第九十二条第三号及び第四号に掲げる費用のうち、その百分の二十五

2　都道府県は、当該都道府県の予算の範囲内において、政令で定めるところにより、第九十二条の規定により市町村が支弁する費用のうち、同条第六号に掲げる費用の百分の二十五以内を補助することができる。

（国の負担及び補助）

第九十五条　国は、政令で定めるところにより、次に掲げるものを負担する。

　一　第九十二条の規定により市町村が支弁する費用のうち、障害福祉サービス費等負担対象額の百分の五十

　二　第九十二条の規定により市町村が支弁する費用のうち、同条第三号及び第四号に掲げる費用の百分の五十

　三　第九十三条の規定により都道府県が支弁する費用のうち、同条第一号に掲げる費用の百分の五十

2　国は、予算の範囲内において、政令で定めるところにより、次に掲げるものを補助することができる。

　一　第十九条から第二十二条まで、第二十四条及び第二十五条の規定により市町村が行う支給決定に係る事務の処理に要する費用（地方自治法第二百五十二条の十四第一項の規定により市町村が審査判定業務を都道府県審査会に委託している場合にあっては、当該委託に係る費用を含む。）並びに第五十一条の五から第五十一条の七まで、第五十一条の九及び第五十一条の十の規定により市町村が行う地域相談支援給付決定に係る事務の百分の五十以内

　二　第九十二条及び第九十三条の規定により市町村及び都道府県が支弁する費用のうち、第九十二条第六号及び第九十三条第二号に掲げる費用の百分の五十以内

（準用規定）

第九十六条　社会福祉法第五十八条第二項から第四項までの規定は、国有財産特別措置法（昭和二十七年法律第二百十九号）第二条第二項第三号の規定又は同法第三条第一項第四号及び第二項の規定により普通財産の譲渡又は貸付けを受けた社会福祉法人に準用する。

第七章　国民健康保険団体連合会の障害者総合支援法関係業務

（連合会の業務）

第九十六条の二　連合会は、国民健康保険法の規定による業務のほか、第二十九条第七項（第三十四条第二項において準用する場合を含む。）、第五十一条の十四第七項及び第五十一条の十七第六項の規定により市町村から委託を受けて行う介護給付費、訓練等給付費、特定障害者特別給付費、地域相談支援給付費及び計画相談支援給付費の審査及び支払に関する業務を行う。

（議決権の特例）

第九十六条の三　連合会が前条の規定により行う業務（次条において「障害者総合支援法関係業務」という。）については、国民健康保険法第八十六条において準用する同法第二十九条の規定にかかわらず、厚生労働省令で定めるところにより、規約をもって議決権に関する特段の定めをすることができる。

（区分経理）
第九十六条の四　連合会は、障害者総合支援法関係業務に係る経理については、その他の経理
　　と区分して整理しなければならない。

第八章　審査請求

（審査請求）
第九十七条　市町村の介護給付費等又は地域相談支援給付費等に係る処分に不服がある障害者
　　又は障害児の保護者は、都道府県知事に対して審査請求をすることができる。
2　前項の審査請求は、時効の中断に関しては、裁判上の請求とみなす。

（不服審査会）
第九十八条　都道府県知事は、条例で定めるところにより、前条第一項の審査請求の事件を取
　　り扱わせるため、障害者介護給付費等不服審査会（以下「不服審査会」という。）を置くこと
　　ができる。
2　不服審査会の委員の定数は、政令で定める基準に従い、条例で定める員数とする。
3　委員は、人格が高潔であって、介護給付費等又は地域相談支援給付費等に関する処分の審理
　　に関し公正かつ中立な判断をすることができ、かつ、障害者等の保健又は福祉に関する学識
　　経験を有する者のうちから、都道府県知事が任命する。

（委員の任期）
第九十九条　委員の任期は、三年とする。ただし、補欠の委員の任期は、前任者の残任期間と
　　する。
2　委員は、再任されることができる。

（会長）
第百条　不服審査会に、委員のうちから委員が選挙する会長一人を置く。
2　会長に事故があるときは、前項の規定に準じて選挙された者が、その職務を代行する。

（審査請求の期間及び方式）
第百一条　審査請求は、処分があったことを知った日の翌日から起算して三月以内に、文書又
　　は口頭でしなければならない。ただし、正当な理由により、この期間内に審査請求をするこ
　　とができなかったことを疎明したときは、この限りでない。

（市町村に対する通知）
第百二条　都道府県知事は、審査請求がされたときは、行政不服審査法（平成二十六年法律第
　　六十八号）第二十四条の規定により当該審査請求を却下する場合を除き、原処分をした市町
　　村及びその他の利害関係人に通知しなければならない。

（審理のための処分）
第百三条　都道府県知事は、審理を行うため必要があると認めるときは、審査請求人若しくは
　　関係人に対して報告若しくは意見を求め、その出頭を命じて審問し、又は医師その他都道府
　　県知事の指定する者（次項において「医師等」という。）に診断その他の調査をさせることが
　　できる。

2　都道府県は、前項の規定により出頭した関係人又は診断その他の調査をした医師等に対し、政令で定めるところにより、旅費、日当及び宿泊料又は報酬を支給しなければならない。

（政令等への委任）

第百四条　この章及び行政不服審査法に定めるもののほか、審査請求の手続に関し必要な事項は政令で、不服審査会に関し必要な事項は当該不服審査会を設置した都道府県の条例で定める。

（審査請求と訴訟との関係）

第百五条　第九十七条第一項に規定する処分の取消しの訴えは、当該処分についての審査請求に対する裁決を経た後でなければ、提起することができない。

第九章　雑則

（連合会に対する監督）

第百五条の二　連合会について国民健康保険法第百六条及び第百八条の規定を適用する場合において、これらの規定中「事業」とあるのは、「事業（障害者の日常生活及び社会生活を総合的に支援するための法律（平成十七年法律第百二十三号）第九十六条の三に規定する障害者総合支援法関係業務を含む。）」とする。

（大都市等の特例）

第百六条　この法律中都道府県が処理することとされている事務に関する規定で政令で定めるものは、指定都市及び中核市並びに児童福祉法第五十九条の四第一項に規定する児童相談所設置市（以下「児童相談所設置市」という。）においては、政令で定めるところにより、指定都市若しくは中核市又は児童相談所設置市（以下「指定都市等」という。）が処理するものとする。この場合においては、この法律中都道府県に関する規定は、指定都市等に関する規定として指定都市等に適用があるものとする。

（権限の委任）

第百七条　この法律に規定する厚生労働大臣の権限は、厚生労働省令で定めるところにより、地方厚生局長に委任することができる。

2　前項の規定により地方厚生局長に委任された権限は、厚生労働省令で定めるところにより、地方厚生支局長に委任することができる。

（実施規定）

第百八条　この法律に特別の規定があるものを除くほか、この法律の実施のための手続その他その執行について必要な細則は、厚生労働省令で定める。

第十章　罰則

第百九条　市町村審査会、都道府県審査会若しくは不服審査会の委員若しくは連合会の役員若しくは職員又はこれらの者であった者が、正当な理由なしに、職務上知り得た自立支援給付対象サービス等を行った者の業務上の秘密又は個人の秘密を漏らしたときは、一年以下の懲役又は百万円以下の罰金に処する。

資料

2 第十一条の二第二項、第二十条第四項（第二十四条第三項、第五十一条の六第二項及び第五十一条の九第三項において準用する場合を含む。）又は第七十七条の二第六項の規定に違反した者は、一年以下の懲役又は百万円以下の罰金に処する。

第百十条 第十一条第一項の規定による報告若しくは物件の提出若しくは提示をせず、若しくは虚偽の報告若しくは虚偽の物件の提出若しくは提示をし、又は同項の規定による当該職員の質問若しくは第十一条の二第一項の規定により委託を受けた指定事務受託法人の職員の第十一条第一項の規定による質問に対して、答弁せず、若しくは虚偽の答弁をした者は、三十万円以下の罰金に処する。

第百十一条 第四十八条第一項（同条第三項において準用する場合を含む。）、第五十一条の三第一項、第五十一条の二十七第一項若しくは第二項若しくは第五十一条の三十二第一項の規定による報告若しくは物件の提出若しくは提示をせず、若しくは虚偽の報告若しくは虚偽の物件の提出若しくは提示をし、又はこれらの規定による当該職員の質問に対して、答弁せず、若しくは虚偽の答弁をし、若しくはこれらの規定による検査を拒み、妨げ、若しくは忌避した者は、三十万円以下の罰金に処する。

第百十二条 法人の代表者又は法人若しくは人の代理人、使用人その他の従業者が、その法人又は人の業務に関して前条の違反行為をしたときは、行為者を罰するほか、その法人又は人に対しても、同条の刑を科する。

第百十三条 正当な理由なしに、第百三条第一項の規定による処分に違反して、出頭せず、陳述をせず、報告をせず、若しくは虚偽の陳述若しくは報告をし、又は診断その他の調査をしなかった者は、三十万円以下の罰金に処する。ただし、不服審査会の行う審査の手続における請求人又は第百二条の規定により通知を受けた市町村その他の利害関係人は、この限りでない。

第百十四条 第十一条第二項の規定による報告若しくは物件の提出若しくは提示をせず、若しくは虚偽の報告若しくは虚偽の物件の提出若しくは提示をし、又は同項の規定による当該職員の質問若しくは第十一条の二第一項の規定により委託を受けた指定事務受託法人の職員の第十一条第二項の規定による質問に対して、答弁せず、若しくは虚偽の答弁をした者は、十万円以下の過料に処する。

第百十五条 市町村等は、条例で、正当な理由なしに、第九条第一項の規定による報告若しくは物件の提出若しくは提示をせず、若しくは虚偽の報告若しくは虚偽の物件の提出若しくは提示をし、又は同項の規定による当該職員の質問若しくは第十一条の二第一項の規定により委託を受けた指定事務受託法人の職員の第九条第一項の規定による質問に対して、答弁せず、若しくは虚偽の答弁をした者に対し十万円以下の過料を科する規定を設けることができる。

2 市町村等は、条例で、正当な理由なしに、第十条第一項の規定による報告若しくは物件の提出若しくは提示をせず、若しくは虚偽の報告若しくは虚偽の物件の提出若しくは提示をし、又は同項の規定による当該職員の質問若しくは第十一条の二第一項の規定により委託を受けた指定事務受託法人の職員の第十条第一項の規定による質問に対して、答弁せず、若しくは虚偽の答弁をし、若しくは同項の規定による検査を拒み、妨げ、若しくは忌避した者に対し十万円以下の過料を科する規定を設けることができる。

3 市町村は、条例で、第二十四条第二項、第二十五条第二項、第五十一条の九第二項又は第五十一条の十第二項の規定による受給者証又は地域相談支援受給者証の提出又は返還を求められてこれに応じない者に対し十万円以下の過料を科する規定を設けることができる。

●本法の附則についてはe-Govポータル
（https://www.e-gov.go.jp）にてご確認ください。

第一章　総則

（目的）

第一条　この法律は、全ての国民が、障害の有無にかかわらず、等しく基本的人権を享有するかけがえのない個人として尊重されるものであるとの理念にのっとり、全ての国民が、障害の有無によつて分け隔てられることなく、相互に人格と個性を尊重し合いながら共生する社会を実現するため、障害者の自立及び社会参加の支援等のための施策に関し、基本原則を定め、及び国、地方公共団体等の責務を明らかにするとともに、障害者の自立及び社会参加の支援等のための施策の基本となる事項を定めること等により、障害者の自立及び社会参加の支援等のための施策を総合的かつ計画的に推進することを目的とする。

（定義）

第二条　この法律において、次の各号に掲げる用語の意義は、それぞれ当該各号に定めるところによる。

一　障害者　身体障害、知的障害、精神障害（発達障害を含む。）その他の心身の機能の障害（以下「障害」と総称する。）がある者であつて、障害及び社会的障壁により継続的に日常生活又は社会生活に相当な制限を受ける状態にあるものをいう。

二　社会的障壁　障害がある者にとつて日常生活又は社会生活を営む上で障壁となるような社会における事物、制度、慣行、観念その他一切のものをいう。

（地域社会における共生等）

第三条　第一条に規定する社会の実現は、全ての障害者が、障害者でない者と等しく、基本的人権を享有する個人としてその尊厳が重んぜられ、その尊厳にふさわしい生活を保障される権利を有することを前提としつつ、次に掲げる事項を旨として図られなければならない。

一　全て障害者は、社会を構成する一員として社会、経済、文化その他あらゆる分野の活動に参加する機会が確保されること。

二　全て障害者は、可能な限り、どこで誰と生活するかについての選択の機会が確保され、地域社会において他の人々と共生することを妨げられないこと。

三　全て障害者は、可能な限り、言語（手話を含む。）その他の意思疎通のための手段についての選択の機会が確保されるとともに、情報の取得又は利用のための手段についての選択の機会の拡大が図られること。

（差別の禁止）

第四条　何人も、障害者に対して、障害を理由として、差別することその他の権利利益を侵害する行為をしてはならない。

2　社会的障壁の除去は、それを必要としている障害者が現に存し、かつ、その実施に伴う負担が過重でないときは、それを怠ることによつて前項の規定に違反することとならないよう、その実施について必要かつ合理的な配慮がされなければならない。

3　国は、第一項の規定に違反する行為の防止に関する啓発及び知識の普及を図るため、当該行為の防止を図るために必要となる情報の収集、整理及び提供を行うものとする。

（国際的協調）

第五条　第一条に規定する社会の実現は、そのための施策が国際社会における取組と密接な関係を有していることに鑑み、国際的協調の下に図られなければならない。

（国及び地方公共団体の責務）

第六条　国及び地方公共団体は、第一条に規定する社会の実現を図るため、前三条に定める基本原則（以下「基本原則」という。）にのつとり、障害者の自立及び社会参加の支援等のための施策を総合的かつ計画的に実施する責務を有する。

（国民の理解）

第七条　国及び地方公共団体は、基本原則に関する国民の理解を深めるよう必要な施策を講じなければならない。

（国民の責務）

第八条　国民は、基本原則にのつとり、第一条に規定する社会の実現に寄与するよう努めなければならない。

（障害者週間）

第九条　国民の間に広く基本原則に関する関心と理解を深めるとともに、障害者が社会、経済、文化その他あらゆる分野の活動に参加することを促進するため、障害者週間を設ける。

2　障害者週間は、十二月三日から十二月九日までの一週間とする。

3　国及び地方公共団体は、障害者の自立及び社会参加の支援等に関する活動を行う民間の団体等と相互に緊密な連携協力を図りながら、障害者週間の趣旨にふさわしい事業を実施するよう努めなければならない。

（施策の基本方針）

第十条　障害者の自立及び社会参加の支援等のための施策は、障害者の性別、年齢、障害の状態及び生活の実態に応じて、かつ、有機的連携の下に総合的に、策定され、及び実施されなければならない。

2　国及び地方公共団体は、障害者の自立及び社会参加の支援等のための施策を講ずるに当たつては、障害者その他の関係者の意見を聴き、その意見を尊重するよう努めなければならない。

（障害者基本計画等）

第十一条　政府は、障害者の自立及び社会参加の支援等のための施策の総合的かつ計画的な推進を図るため、障害者のための施策に関する基本的な計画（以下「障害者基本計画」という。）を策定しなければならない。

2　都道府県は、障害者基本計画を基本とするとともに、当該都道府県における障害者の状況等を踏まえ、当該都道府県における障害者のための施策に関する基本的な計画（以下「都道府県障害者計画」という。）を策定しなければならない。

3　市町村は、障害者基本計画及び都道府県障害者計画を基本とするとともに、当該市町村における障害者の状況等を踏まえ、当該市町村における障害者のための施策に関する基本的な計画（以下「市町村障害者計画」という。）を策定しなければならない。

4　内閣総理大臣は、関係行政機関の長に協議するとともに、障害者政策委員会の意見を聴いて、障害者基本計画の案を作成し、閣議の決定を求めなければならない。

5　都道府県は、都道府県障害者計画を策定するに当たつては、第三十六条第一項の合議制の機関の意見を聴かなければならない。

6　市町村は、市町村障害者計画を策定するに当たつては、第三十六条第四項の合議制の機関を設置している場合にあつてはその意見を、その他の場合にあつては障害者その他の関係者の意見を聴かなければならない。

7　政府は、障害者基本計画を策定したときは、これを国会に報告するとともに、その要旨を公表しなければならない。

8　第二項又は第三項の規定により都道府県障害者計画又は市町村障害者計画が策定されたときは、都道府県知事又は市町村長は、これを当該都道府県の議会又は当該市町村の議会に報告するとともに、その要旨を公表しなければならない。

9　第四項及び第七項の規定は障害者基本計画の変更について、第五項及び前項の規定は都道府県障害者計画の変更について、第六項及び前項の規定は市町村障害者計画の変更について準用する。

（法制上の措置等）

第十二条　政府は、この法律の目的を達成するため、必要な法制上及び財政上の措置を講じなければならない。

（年次報告）

第十三条　政府は、毎年、国会に、障害者のために講じた施策の概況に関する報告書を提出しなければならない。

第二章　障害者の自立及び社会参加の支援等のための基本的施策

（医療、介護等）

第十四条　　国及び地方公共団体は、障害者が生活機能を回復し、取得し、又は維持するために必要な医療の給付及びリハビリテーションの提供を行うよう必要な施策を講じなければならない。

2　　国及び地方公共団体は、前項に規定する医療及びリハビリテーションの研究、開発及び普及を促進しなければならない。

3　　国及び地方公共団体は、障害者が、その性別、年齢、障害の状態及び生活の実態に応じ、医療、介護、保健、生活支援その他自立のための適切な支援を受けられるよう必要な施策を講じなければならない。

4　　国及び地方公共団体は、第一項及び前項に規定する施策を講ずるために必要な専門的技術職員その他の専門的知識又は技能を有する職員を育成するよう努めなければならない。

5　　国及び地方公共団体は、医療若しくは介護の給付又はリハビリテーションの提供を行うに当たつては、障害者が、可能な限りその身近な場所においてこれらを受けられるよう必要な施策を講ずるものとするほか、その人権を十分に尊重しなければならない。

6　　国及び地方公共団体は、福祉用具及び身体障害者補助犬の給付又は貸与その他障害者が日常生活及び社会生活を営むのに必要な施策を講じなければならない。

7　　国及び地方公共団体は、前項に規定する施策を講ずるために必要な福祉用具の研究及び開発、身体障害者補助犬の育成等を促進しなければならない。

（年金等）

第十五条　　国及び地方公共団体は、障害者の自立及び生活の安定に資するため、年金、手当等の制度に関し必要な施策を講じなければならない。

（教育）

第十六条　　国及び地方公共団体は、障害者が、その年齢及び能力に応じ、かつ、その特性を踏まえた十分な教育が受けられるようにするため、可能な限り障害者である児童及び生徒が障害者でない児童及び生徒と共に教育を受けられるよう配慮しつつ、教育の内容及び方法の改善及び充実を図る等必要な施策を講じなければならない。

2　　国及び地方公共団体は、前項の目的を達成するため、障害者である児童及び生徒並びにその保護者に対し十分な情報の提供を行うとともに、可能な限りその意向を尊重しなければならない。

3　　国及び地方公共団体は、障害者である児童及び生徒と障害者でない児童及び生徒との交流及び共同学習を積極的に進めることによつて、その相互理解を促進しなければならない。

4　　国及び地方公共団体は、障害者の教育に関し、調査及び研究並びに人材の確保及び資質の向上、適切な教材等の提供、学校施設の整備その他の環境の整備を促進しなければならない。

（療育）

第十七条　　国及び地方公共団体は、障害者である子どもが可能な限りその身近な場所において療育その他これに関連する支援を受けられるよう必要な施策を講じなければならない。

2　　国及び地方公共団体は、療育に関し、研究、開発及び普及の促進、専門的知識又は技能を有する職員の育成その他の環境の整備を促進しなければならない。

（職業相談等）

第十八条　　国及び地方公共団体は、障害者の職業選択の自由を尊重しつつ、障害者がその能力に応じて適切な職業に従事することができるようにするため、障害者の多様な就業の機会を確保するよう努めるとともに、個々の障害者の特性に配慮した職業相談、職業指導、職業訓練及び職業紹介の実施その他必要な施策を講じなければならない。

2　　国及び地方公共団体は、障害者の多様な就業の機会の確保を図るため、前項に規定する施策に関する調査及び研究を促進しなければならない。

3　　国及び地方公共団体は、障害者の地域社会における作業活動の場及び障害者の職業訓練のための施設の拡充を図るため、これに必要な費用の助成その他必要な施策を講じなければならない。

（雇用の促進等）

第十九条　　国及び地方公共団体は、国及び地方公共団体並びに事業者における障害者の雇用を促進するため、障害者の優先雇用その他の施策を講じなければならない。

2　　事業主は、障害者の雇用に関し、その有する能力を正当に評価し、適切な雇用の機会を確保するとともに、個々の障害者の特性に応じた適正な雇用管理を行うことによりその雇用の安定を図るよう努めなければならない。

3　　国及び地方公共団体は、障害者を雇用する事業主に対して、障害者の雇用のための経済的負担を軽

減し、もつてその雇用の促進及び継続を図るため、障害者が雇用されるのに伴い必要となる施設又は設備の整備等に要する費用の助成その他必要な施策を講じなければならない。

（住宅の確保）

第二十条　国及び地方公共団体は、障害者が地域社会において安定した生活を営むことができるようにするため、障害者のための住宅を確保し、及び障害者の日常生活に適するような住宅の整備を促進するよう必要な施策を講じなければならない。

（公共的施設のバリアフリー化）

第二十一条　国及び地方公共団体は、障害者の利用の便宜を図ることによつて障害者の自立及び社会参加を支援するため、自ら設置する官公庁施設、交通施設（車両、船舶、航空機等の移動施設を含む。次項において同じ。）その他の公共的施設について、障害者が円滑に利用できるような施設の構造及び設備の整備等の計画的推進を図らなければならない。

2　交通施設その他の公共的施設を設置する事業者は、障害者の利用の便宜を図ることによつて障害者の自立及び社会参加を支援するため、当該公共的施設について、障害者が円滑に利用できるような施設の構造及び設備の整備等の計画的推進に努めなければならない。

3　国及び地方公共団体は、前二項の規定により行われる公共的施設の構造及び設備の整備等が総合的かつ計画的に推進されるようにするため、必要な施策を講じなければならない。

4　国、地方公共団体及び公共的施設を設置する事業者は、自ら設置する公共的施設を利用する障害者の補助を行う身体障害者補助犬の同伴について障害者の利用の便宜を図らなければならない。

（情報の利用におけるバリアフリー化等）

第二十二条　国及び地方公共団体は、障害者が円滑に情報を取得し及び利用し、その意思を表示し、並びに他人との意思疎通を図ることができるようにするため、障害者が利用しやすい電子計算機及びその関連装置その他情報通信機器の普及、電気通信及び放送の役務の利用に関する障害者の利便の増進、障害者に対して情報を提供する施設の整備、障害者の意思疎通を仲介する者の養成及び派遣等が図られるよう必要な施策を講じなければならない。

2　国及び地方公共団体は、災害その他非常の事態の場合に障害者に対しその安全を確保するため必要な情報が迅速かつ的確に伝えられるよう必要な施策を講ずるものとするほか、行政の情報化及び公共分野における情報通信技術の活用の推進に当たつては、障害者の利用の便宜が図られるよう特に配慮しなければならない。

3　電気通信及び放送その他の情報の提供に係る役務の提供並びに電子計算機及びその関連装置その他情報通信機器の製造等を行う事業者は、当該役務の提供又は当該機器の製造等に当たつては、障害者の利用の便宜を図るよう努めなければならない。

（相談等）

第二十三条　国及び地方公共団体は、障害者の意思決定の支援に配慮しつつ、障害者及びその家族その他の関係者に対する相談業務、成年後見制度その他の障害者の権利利益の保護等のための施策又は制度が、適切に行われ又は広く利用されるようにしなければならない。

2　国及び地方公共団体は、障害者及びその家族その他の関係者からの各種の相談に総合的に応ずることができるようにするため、関係機関相互の有機的連携の下に必要な相談体制の整備を図るとともに、障害者の家族に対し、障害者の家族が互いに支え合うための活動の支援その他の支援を適切に行うものとする。

（経済的負担の軽減）

第二十四条　国及び地方公共団体は、障害者及び障害者を扶養する者の経済的負担の軽減を図り、又は障害者の自立の促進を図るため、税制上の措置、公共的施設の利用料等の減免その他必要な施策を講じなければならない。

（文化的諸条件の整備等）

第二十五条　国及び地方公共団体は、障害者が円滑に文化芸術活動、スポーツ又はレクリエーションを行うことができるようにするため、施設、設備その他の諸条件の整備、文化芸術、スポーツ等に関する活動の助成その他必要な施策を講じなければならない。

（防災及び防犯）

第二十六条　国及び地方公共団体は、障害者が地域社会において安全にかつ安心して生活を営むことができるようにするため、障害者の性別、年齢、障害の状態及び生活の実態に応じて、防災及び防犯に関し必要な施策を講じなければならない。

資料

（消費者としての障害者の保護）

第二十七条　国及び地方公共団体は、障害者の消費者としての利益の擁護及び増進が図られるようにするため、適切な方法による情報の提供その他必要な施策を講じなければならない。

2　事業者は、障害者の消費者としての利益の擁護及び増進が図られるようにするため、適切な方法による情報の提供等に努めなければならない。

（選挙等における配慮）

第二十八条　国及び地方公共団体は、法律又は条例の定めるところにより行われる選挙、国民審査又は投票において、障害者が円滑に投票できるようにするため、投票所の施設又は設備の整備その他必要な施策を講じなければならない。

（司法手続における配慮等）

第二十九条　国又は地方公共団体は、障害者が、刑事事件若しくは少年の保護事件に関する手続その他これに準ずる手続の対象となつた場合又は裁判所における民事事件、家事事件若しくは行政事件に関する手続の当事者その他の関係人となつた場合において、障害者がその権利を円滑に行使できるようにするため、個々の障害者の特性に応じた意思疎通の手段を確保するよう配慮するとともに、関係職員に対する研修その他必要な施策を講じなければならない。

（国際協力）

第三十条　国は、障害者の自立及び社会参加の支援等のための施策を国際的協調の下に推進するため、外国政府、国際機関又は関係団体等との情報の交換その他必要な施策を講ずるように努めるものとする。

第三章　障害の原因となる傷病の予防に関する基本的施策

第三十一条　国及び地方公共団体は、障害の原因となる傷病及びその予防に関する調査及び研究を促進しなければならない。

2　国及び地方公共団体は、障害の原因となる傷病の予防のため、必要な知識の普及、母子保健等の保健対策の強化、当該傷病の早期発見及び早期治療の推進その他必要な施策を講じなければならない。

3　国及び地方公共団体は、障害の原因となる難病等の予防及び治療が困難であることに鑑み、障害の原因となる難病等の調査及び研究を推進するとともに、難病等に係る障害者に対する施策をきめ細かく推進するよう努めなければならない。

第四章　障害者政策委員会等

（障害者政策委員会の設置）

第三十二条　内閣府に、障害者政策委員会（以下「政策委員会」という。）を置く。

2　政策委員会は、次に掲げる事務をつかさどる。

一　障害者基本計画に関し、第十一条第四項（同条第九項において準用する場合を含む。）に規定する事項を処理すること。

二　前号に規定する事項に関し、調査審議し、必要があると認めるときは、内閣総理大臣又は関係各大臣に対し、意見を述べること。

三　障害者基本計画の実施状況を監視し、必要があると認めるときは、内閣総理大臣又は内閣総理大臣を通じて関係各大臣に勧告すること。

四　障害を理由とする差別の解消の推進に関する法律（平成二十五年法律第六十五号）の規定によりその権限に属させられた事項を処理すること。

3　内閣総理大臣又は関係各大臣は、前項第三号の規定による勧告に基づき講じた施策について政策委員会に報告しなければならない。

（政策委員会の組織及び運営）

第三十三条　政策委員会は、委員三十人以内で組織する。

2　政策委員会の委員は、障害者、障害者の自立及び社会参加に関する事業に従事する者並びに学識経験のある者のうちから、内閣総理大臣が任命する。この場合において、委員の構成については、政策委員会が様々な障害者の意見を聴き障害者の実情を踏まえた調査審議を行うことができることとなるよう、配慮されなければならない。

3　政策委員会の委員は、非常勤とする。

第三十四条　政策委員会は、その所掌事務を遂行するため必要があると認めるときは、関係行政機関の長に対し、資料の提出、意見の表明、説明その他必要な協力を求めることができる。

2　政策委員会は、その所掌事務を遂行するため特に必要があると認めるときは、前項に規定する者以外の者に対しても、必要な協力を依頼することができる。

第三十五条　前二条に定めるもののほか、政策委員会の組織及び運営に関し必要な事項は、政令で定める。

（都道府県等における合議制の機関）

第三十六条　都道府県（地方自治法（昭和二十二年法律第六十七号）第二百五十二条の十九第一項　の指定都市（以下「指定都市」という。）を含む。以下同じ。）に、次に掲げる事務を処理するため、審議会その他の合議制の機関を置く。

一　都道府県障害者計画に関し、第十一条第五項（同条第九項において準用する場合を含む。）に規定する事項を処理すること。

二　当該都道府県における障害者に関する施策の総合的かつ計画的な推進について必要な事項を調査審議し、及びその施策の実施状況を監視すること。

三　当該都道府県における障害者に関する施策の推進について必要な関係行政機関相互の連絡調整を要する事項を調査審議すること。

2　前項の合議制の機関の委員の構成については、当該機関が様々な障害者の意見を聴き障害者の実情を踏まえた調査審議を行うことができることとなるよう、配慮されなければならない。

3　前項に定めるもののほか、第一項の合議制の機関の組織及び運営に関し必要な事項は、条例で定める。

4　市町村（指定都市を除く。）は、条例で定めるところにより、次に掲げる事務を処理するため、審議会その他の合議制の機関を置くことができる。

一　市町村障害者計画に関し、第十一条第六項（同条第九項において準用する場合を含む。）に規定する事項を処理すること。

二　当該市町村における障害者に関する施策の総合的かつ計画的な推進について必要な事項を調査審議し、及びその施策の実施状況を監視すること。

三　当該市町村における障害者に関する施策の推進について必要な関係行政機関相互の連絡調整を要する事項を調査審議すること。

5　第二項及び第三項の規定は、前項の規定により合議制の機関が置かれた場合に準用する。

資料

●著者

弁護士法人AURA

身近な法的支援のパートナーとして、あらゆる法的ニーズに対応。
特別な支援が必要な障害を持つ方々や高齢者の方々へ法的サービ
スにも力を入れている。社会福祉に関連する複雑な問題でも、確か
な知識と経験でサポートする。

●執筆者

藤原洋一（ふじわら・よういち）弁護士　東京弁護士会
佐々木彩乃（ささき・あやの）　介護福祉士

●カバーイラスト：シブヤタクト

ずかいにゅうもん
図解入門ビジネス
しょうがいしゃそうごうし えんほう
障害者総合支援法が
ほん だい はん
よ〜くわかる本［第7版］

発行日	2023年12月24日	第1版第1刷

べんごしほうじんアウラ
著　者　弁護士法人AURA

発行者　斉藤　和邦
発行所　株式会社　秀和システム
　　　　〒135-0016
　　　　東京都江東区東陽2-4-2　新宮ビル2F
　　　　Tel 03-6264-3105（販売）Fax 03-6264-3094
印刷所　三松堂印刷株式会社　　　　Printed in Japan

ISBN978-4-7980-7126-8 C2032